穿行于规则之间

——中国对美贸易与美国反托拉斯法

Weaving Through the Rules:
American Antitrust Law And Its Impact on Chinese Companies

王长斌 著

人民出版社

前　言
与美国做贸易为什么要了解反托拉斯法

中国企业对于美国的反托拉斯法向来不太当一回事，这倒不是说中国企业存心蔑视美国反托拉斯法，而是因为中国改革开放以来，中国企业与美国反托拉斯法几乎没有发生过关系，甚至连“狼来了”的警告都没听到过。然而当时光流至2005年，正是阳历新年刚过、阴历新年未到的时候，美国反托拉斯法这只“狼”却突然出现在家门口，而且它并不是一只在旷野中流荡、偶然光顾的“狼”，而似乎是颇有目标，要不然怎么会过去从没出现过，现在却不仅来了，而且是一年内三次出现呢？

中国四大维生素厂商遭遇首例反托拉斯诉讼

2005年1月和2月，美国两个名不见经传的公司和几个消费者在一些律师的帮助下，分别向美国纽约东区联邦法院以及加州等州法院提起5起反托拉斯诉讼，指控河北维尔康制药有限公司、江苏江山制药有限公司、东北制药集团有限公司和石家庄维生药业有限公司四家中国维生素生产企业合谋操纵维生素C对美国的出口价格。

在全球市场上，维生素C主要用于药品、食品和饮料。与制药相关的用途占全球维生素C消费量的55%，食品和饮料用途占35%，其余10%用于饲料业。

原告在诉状中称，全球每年维生素C的产值超过5亿美金，其中美国的维生素 C 市场销售额每年在 1 亿美元以上。因此，原告称，上述维生素 C 生产厂商的价格共谋行为（即勾结定价）影响到几乎每一个美国家庭，涉案总价值达数百万美元。

20 世纪 90 年代早期，世界维生素 C 市场被欧洲各厂商支配，如霍夫曼—罗氏公司（F. Hoffmann La Roche, Ltd.）、莫科公司（Merck KgaA）、巴斯夫公司（BASF AG）以及日本武田药品工业株式会社（Takeda Chemical Industries, Ltd.）等。在 1990 年至 1995 年间，这些公司被控合谋固定维生素 C 的价格、从事阴谋压制竞争行为，结果被美国法院判决违反美国反托拉斯法，并被处以巨额罚款和赔偿。这是所谓第一次维生素 C 共谋活动。

20 世纪 90 年代后期，来自中国维生素 C 生产商的竞争瓦解了第一次维生素 C 共谋集团。到 1997 年，中国维生素 C 行业的竞争参与者有 22 家之多。在这一时期，中国竞争者在世界市场上发起了强劲的价格竞争。原告在诉状中称，中国竞争者这一行动的目的之一是将欧洲竞争者驱逐出市场。

从 1995 年起，世界维生素 C 价格开始下跌，到 1996 年初价格下降了一半。中国的维生素 C 行业也经历了一个兼并时期，最终形成了几个大型企业。

从 2000 年至 2001 年年底，维生素 C 的价格持续走低。当时日本武田药品工业株式会社已退出维生素 C 市场并且将生产设备卖给了巴斯夫。欧洲的竞争者莫科和霍夫曼—罗氏公司等也表示有意退出市场。此外，巴斯夫公司宣布停止在日本武田的新生产线。到 2001 年年底，除了罗氏和巴斯夫外，所有中国以外的主要维生素 C 竞争者都已经被其他公司收购或者干脆退出了该行业。此时，中国各维生素 C 厂商已获得世界维生素 C 市场将近 60% 的份额。

原告诉称，中国维生素 C 厂商在市场中占据主导地位后，即于 2001 年 12 月左右开始建立卡特尔组织，以控制维生素 C 的价格和出口量。2001 年 12 月，河北维尔康药业等中国企业在中国医药保健品进出口商会西药部组织的会议中，达成了维生素 C 出口数量和价格方面的协议，开始了联合与共谋活动，此即"第二次维生素 C 共谋活动"。共谋活动很快抬高了维生素 C 的市场价格。例如，美国维生素 C 的价格从 2001 年 12 月的大约每公斤 2.5 美元提高到 2002 年 12 月的每公斤 7 美元。

原告还说，在此期间，各被告和合作者还参与其他会议与谈话。在这些会议和谈话中，各被告和其他人同意消除和限制彼此之间的竞争。所采取的手段和行动包括:(1)至少自2001年12月起,商定固定、抬高、稳定或保持维生素C的价格;(2)至少自2001年12月起,商定控制并限制中国维生素C的出口数量;(3)促进、实施、执行、监控并隐瞒上述商定的价格;并且(4)以人为抬高后的价格向全美各地的消费者出售维生素C。

原告指控,由于中国维生素C厂商的共谋行为,全球维生素C市场供不应求,从而导致价格上升,使原告"支付了高于正常市场竞争条件下的购买价格",原告因此要求法院禁止被告实施出口价格卡特尔的行为,并判处被告三倍于损害数额的赔偿金,及承担原告的诉讼费用。

中国维生素C厂商在美国遭遇的诉讼是中国企业在对外贸易历史上所遭遇的首起反托拉斯诉讼。

17家中国镁砂和镁制品厂商再遇红灯

2005年9月7日,上述维生素C案件的原告之一,联合另外一个同样名不见经传的美国公司,在维生素C案件律师的指使下,向美国新泽西地区联邦法院起诉,指控中国五金矿产进出口总公司、中国中钢集团公司等17家企业合谋操纵镁砂和镁制品对美出口价格。

原告在起诉书中称,镁是地球上第八种含量最丰富的元素,据估计中国拥有全世界镁砂储藏量的80%。在美国出售的镁砂有三种主要形态,轻烧镁、重烧镁和电熔烧镁。1999年开始,镁砂价格呈下跌趋势。为了遏制这个颓势,大约在2004年4月,13家中国镁砂生产厂家和出口商,包括矿产品公司和贸易公司,组建了一个以出口镁砂为主的名为"嘉源镁砂出口集团"的卡特尔,并达成了固定出口价格、避免竞争压价的协议。在同一时期,第二个名为"华夏镁砂产品出口集团"的卡特尔集团问世。这两个卡特尔集团成员共同占有中国镁砂出口总量的70%以上。

作为此种卡特尔协议的结果,2000年间镁砂和镁砂产品的价格,与1999年相比,提高了45%以上。嘉源镁砂出口集团的总裁在2001年的年中报告中称,该卡特尔的努力获得成功,出口销售将多收入5千万美元。

2001年2月,两个集团合二为一,正式组合为单一的卡特尔,名为"中国镁砂出口联盟"。至此,该联盟的成员增加到包括众被告在内的23家出口公司。

自2000年4月以来,该镁砂卡特尔召开了数次包括被告及其他出口商在内的会议。2003年3月22日,包括被告在内的至少19家出口公司在沈阳开会。卡特尔成员同意加强自我管制与合作,降低镁砂出口业务中的竞争。该卡特尔同意以“中国镁砂论坛”的名义组建,并确立抑制竞争、限制出口供给以达到维持并抬高价格的目标。中国镁砂论坛的成员同意,关乎卡特尔的争端由其行业协会“中国五金矿产化工进出口商会”仲裁裁决。

在实现大幅度抬高价格之后,该卡特尔成功地稳定了镁砂和镁砂产品在美国的价格。即使在需求低落的情况下,仍能避免大幅度削价。

在所指控的联合共谋期间,被告及其同谋者参与了在中国及其他地点的会议和谈话,其中就镁砂和镁砂产品的价格、销售量和市场进行了讨论并达成协议。这些会议是与行业协会会议配合举行的,而被告均为此类协会成员。

在上述会议及共谋期间,被告及其他人同意通过下列手段消除、压抑并限制竞争:(1)讨论镁砂和镁砂产品的产量与价格;(2)同意控制镁砂和镁砂产品的出口供给;(3)同意抬高并维持镁砂和镁砂产品的价格。

被告的非法联合行动得益于其对镁砂和镁砂产品销售的集中控制。被告及其同谋者共同把持了镁砂的生产及其在世界和美国的销售。虽然非卡特尔成员的镁砂及其制品的销售量占据美国市场大约30%—40%,但卡特尔还是所向成功,因其他国家的生产厂家同中国厂家相比之下,要承受镁砂和镁砂产品的更高成本,包括汇率成本在内;中国厂家确立了一个台阶,在此之下其他厂家就无法竞争。卡特尔的存在使生产厂家能够持续将价格维持在远高于一个竞争市场应有的水平。例如,动物饲料业所用镁砂的价格在卡特尔期间稳步上涨,总体增长幅度达25%。

原告认为被告违反了美国反托拉斯法之一——《谢尔曼法》,要求法院向被告发出禁令,禁止其继续从事上述非法共谋,并赔偿原告及受损害群体的损失的三倍,以及原告的诉讼费用。

三家中国矾土生产企业又闻警报

在维生素C反托拉斯案发生后一年左右的时间,美国反托拉斯法第三次光顾中国企业。2006年2月22日,上述镁砂反托拉斯案的原告之一,在同一批律师的帮助下，在美国宾夕法尼亚西区的地区联邦法院提起诉讼，指控重庆南川有色集团公司、天津泽西矿产加工有限公司、米纳克（天津）矿业有限公司以及数家外国企业形成卡特尔，控制矾土的出口价格，违反了美国的反托拉斯法。尽管此次诉讼中被告不仅包括中国企业，而且还包括数家外国企业，但起诉书却是以中国市场和中国企业为重点的。

原告在起诉书中称，矾土是一种自然矿产资源，其主要用途是用于铝、钢、玻璃、水泥制品等。据估计中国矾土的储藏量有 7 亿吨，约占全球储藏量的 7%。中国的矾土产地以贵州和山西为中心。到 20 世纪 80 年代中期，中国成为精炼级矾土的主要生产国。目前，中国控制了国际精炼级矾土市场的 60%。

在 20 世纪 90 年代的中后期，矾土的主要生产厂家，例如 CMP（一家总部设在英国伦敦的有限公司）和米纳克（天津）公司，纷纷在中国设立加工厂，并按照西方质量标准出口。2002 年，中国出口的产品占美国精炼级矾土的 25%，但到 2004 年的时候，中国已经控制了美国 75% 的精炼级矾土市场。在此期间，美国的精炼级矾土价格上涨了一倍。

本案中的被告及其关联企业都是中国五矿进出口商会矾土分会的会员。作为会员，被告及其关联企业要遵守分会章程和关于限制供应和提高价格的决定。被告南川公司和泽西公司在 2003 年 11 月之前即加入了该分会，之后半年的时间内，精炼级矾土的价格上涨了 50%。被告还在中国以及其他地方与共谋者多次开会和会谈，讨论并就精炼级矾土的价格、销售量和市场达成协议。其活动的具体内容包括：（1）讨论精炼级矾土的产量和价格；（2）就控制精炼级矾土的出口数量达成一致；（3）就提高和维持精炼级矾土的价格达成一致。

因为被告的上述行为，原告及其代表的集团在美国购买精炼级矾土的价格被固定、提高、维持以及稳定在人为的非竞争性水平上，同时，精炼级矾土销售在美国的竞争遭到了限制。被告行为显然违反了美国反托拉斯法，原告据此要求法院禁止被告继续从事上述行为，并要求三倍损害赔偿以及赔偿原告的诉讼费用。

媒体的重视

中国企业被诉违反美国反托拉斯法显然不是小事情，除了中国媒体进行了报道外，美国大牌媒体也上阵了。2006 年 2 月 11 日，美国《华尔街日报》以《中国维 C 厂商在美国遭遇反垄断[1]诉讼》[2]为题，对维生素 C 和镁砂反垄断案进行了综合报道。该报道称："随着中国制造业大国身份的崛起，中国在决定工业产品及消费品定价方面的能力稳步提升。因此，从维 C 到炼钢用的矿石，中国制造商越来越多地与西方反垄断法发生了碰撞。这些法律纠纷可能成为中美关系的另一个摩擦点，而两国关系已经因纺织品关税和贸易逆差等问题屡屡经受考验。"

为什么中国企业过去从未经历过反托拉斯诉讼，而自 2005 年以来一年左右的时间却遭受三起？《华尔街日报》的上述引文给了我们一个很好的解释：在很多领域，中国企业已从价格的接受者变成了价格的决定者。过去，中国企业的产品在国际市场上所占份额较少，只能被动接受国际市场上的价格，很少能够自主定价，所以不会发生固定价格等反托拉斯法所关注的问题。但随着中国制造业大国身份的崛起，中国在产品的定价方面越来越具有话语权，与西方反托拉斯法的冲突将不可避免。

《华尔街日报》的报道也暗示："有迹象表明出现在维 C 产品上的这一幕可能在中国其他出口商品上重演。行业机构的网站上刊载的一次会议纪要显示，业内企业表达了效仿维 C 行业进行行业自律的热切期望。之后，止痛药扑热息痛的价格就调高了 20%。糖精、人造纤维和镁砂等产品的中国制造商最近也组成了类似的联盟。"提起首宗针对中国维 C 和镁砂生产商民事诉讼的华盛顿律师威廉·伊萨克森（William Isaacson）表示，这些诉讼案不是互相孤立的。他认为："一旦中国企业控制了市场，（提价）将成为他们的惯用手法。"

山雨欲来风满楼。看起来，中国企业将会越来越多地被提起反托拉斯诉讼。然而，中国企业对反托拉斯法律还相当陌生。普衡律师事务所的律师克比·贝何（Kirby Behre）表示："今天的中国就好比 10 年前的日本和韩国，他们对这些诉讼以及可能导致的刑事调查的严重程度并没有充分认识。"[3]

那么，什么是反托拉斯法？美国的反托拉斯法都禁止哪些行为？在国际贸

[1] 反垄断诉讼和反托拉斯诉讼的意思相同，因为美国一般称反托拉斯法，而本书主要涉及对美贸易，所以本书一般用反托拉斯法、反托拉斯诉讼等名词。

[2] 《中国维 C 厂商在美国遭遇反垄断诉讼》，载《华尔街日报》2006 年 2 月 11 日，available at http://www.chinese.wsj.com/gb/20060210/bch210626.asp。

[3] 同上。

易领域，美国的反托拉斯法是如何规定的，这些规定又是如何被执行的？为什么中国企业在中国境内的行为仍然有可能被美国法院追究？中国企业在对美贸易中如何避免违反美国反托拉斯法？倘若发生了反托拉斯诉讼应当如何处理？本书将针对这些问题展开介绍。

本书的目的是对中国企业在对美贸易中如何遵守反托拉斯法提供一般性的指导或建议，相信对于中国企业的管理人员、法律顾问以及执业律师都会有所帮助。但本书只是对相关法律问题的基本的和尽可能通俗的介绍，并不能解决具体的法律争执——任何包治百病的灵药，不都是骗人的么？遇到具体的法律争执，读者或者涉案的中国企业一定要找反托拉斯法的专业律师，获得他们的指导和帮助。本书倘能增强一点中国企业在反托拉斯方面的免疫力，或者说为中国企业在国外反托拉斯法的环境下能够成功经营指出一个大方向，已属心满意足。

还应指出，美国是一个联邦制的国家，不仅联邦有立法权，各州也在自己的权限范围内有立法权。因此，美国不仅有联邦反托拉斯法，而且几乎所有的州都有自己的反托拉斯法，有些州的反托拉斯法的历史比美国第一个联邦反托拉斯法《谢尔曼法》还要早。因此，在与美国做贸易的时候，不仅需要了解美国联邦反托拉斯法，也要意识到具体州的反托拉斯法。但是，在美国，多数州反托拉斯法规只不过是《谢尔曼法》的翻版。事实上，许多州法院判决，用以解释联邦反托拉斯法的联邦判例法应被认为州反托拉斯法的先例。因此，尽管需要注意各州反托拉斯法与美国联邦反托拉斯法的可能的微小差异，但对一般读者而言，了解美国联邦反托拉斯法即属已足。本书因此主要讨论美国联邦反托拉斯法。

本书的另外一个主要目的，是为中国反垄断法的执法提供一定的借鉴。反垄断法所涉及的内容十分复杂，看似相同的行为，在不同的环境中可能产生不同的效果。这就要求执法人员能够识别出这种不同，根据不同的环境作出正确的判断。否则不仅反垄断法的好处未得，反而对中国经济或企业产生一定的伤害。本书将深入研讨美国的具体判例，阐述制定法条文背后的司法规则。同时，本书也将提供一些案例的判词。读者可以通过阅读这些规则和判词，了解美国法官的思维逻辑，从而有助于分析处理中国的反垄断案件[1]。不能不承认，在中国，

---

[1] 但是，为适应本书的需要，以及中国读者的阅读背景和阅读习惯，作者对本书所选案例进行了删节或者说编辑。读者如欲在学术著作中引用，请务必与原文核对。

从学术界到具体的执法、司法人员，从普遍意义上而言，对反垄断法的复杂性和可能产生的负面效果认识不足。通过本书的努力，希望执法、司法人员能够认识到这种不足，从而能够谨慎处理反垄断案件。

鉴于本书的实际应用目的，所以本书只是在“是什么”的层面上介绍美国反托拉斯法，基本不涉及或较少涉及“为什么”的问题。也就是说，本书只介绍美国反托拉斯法的规则，而不评论其是否合理。美国现行的反托拉斯法规则并非一定具有合理性，读者对此一定要有清醒的认识。尤其是执法和司法人员，切忌盲从。实际上，尽管美国反托拉斯法已有一百多年的历史，但对美国反托拉斯法的争议从来就没有间断过。有些已经施行多年的原则或规则，可能并没有合理的理由。但对从事对美贸易的实务人员而言，了解“是什么”是第一位的。美国反托拉斯法即使有可能不合理，但仍旧是现行有效的法律，与美国做贸易的中国企业，必须学会穿行于这些规则之间，或者更进一步，为我所用。

第一章
美国反托拉斯法概况

美国反托拉斯法并不是一部法律，而是由几部法律组成的。最早的是1890年的《谢尔曼法》(The Sherman Act)，而后是1914年的《联邦贸易委员会法》和《克莱顿法》(The Clayton Act)，后来美国又对这几部法律修修补补，陆陆续续地制定了其他几部法律，如《鲁宾逊—帕特曼法》(The Robinson-Patman Act)、《赛勒—凯弗维尔法》(The Celle-Kefauver Act)、《哈特—斯考特—罗迪诺反托拉斯改进法》(The Hart-Scott-Rodino Antitrust Improvements Act of 1976)等。这些法律，或者针对企业通过合同等行为联合起来排斥正常竞争，或者针对具有市场势力的企业单方面排斥市场竞争，或者二者兼有。除了这些专门的反托拉斯法律，还有其他一些法律涉及反托拉斯问题，例如1918年通过的外贸领域的《韦伯—鲍默林法》(The Webb-Pomerene Act)等。

因此，在美国，反托拉斯法是一个概括性的称呼，它试图通过防止垄断、惩罚联合限制竞争行为(联合限制竞争行为又称卡特尔)等手段来控制企业的经济势力，目的是使市场始终保持生机勃勃的竞争环境。

本章的目的是为从来没有接触过反托拉斯法或对美国反托拉斯法了解较少的读者描述美国反托拉斯法的基本内容，为读者提供一个轮廓性的框架，回答一般读者最关心，也是最基本的问题：美国反托拉斯法到底是干什么的？美国反托拉斯法都包括哪些法律？美国反托拉斯法禁止哪些行为？

第一节 《谢尔曼法》的制定：一个反托拉斯法故事的开端

反托拉斯法，这个让中国人听起来新鲜、陌生又有些头痛的法律，在美国却是有些年头了。美国第一部反托拉斯法《谢尔曼法》制定于1890年，距离现在已经百年有余。尽管《谢尔曼法》并不是世界上第一部反托拉斯法，但却是影响最大的一部现代意义上的反托拉斯法。所以它几乎被公认为现代反托拉斯法律的鼻祖。为什么美国人制定了这么一部奇怪的法律？让我们从头说起。

19世纪中叶以后，为了开发西部地区，美国资产阶级大力修筑铁路。到1850年的时候，美国铁路网之长已居世界首位。于是铁路系统的大公司迅速发展起来。铁路的发展有力地推动了钢铁、煤炭等重工业的发展，促使这类公司的规模也很快得到扩大。随着生产和资本的进一步积聚与集中，美国社会开始出现垄断组织。起初，在钢铁、煤炭、缫丝等行业，形成了一种叫做"联营"的以商定价格为中心的卡特尔。但卡特尔违反从英国继承来的习惯法，不具有法律的约束力，因此它是不稳定的，不能带来支配市场的实效，因而垄断组织的形式很快发展到主要是托拉斯。

最初的托拉斯是两家或更多公司的股东把他们控制的一部分股票存入作为受托人的托拉斯，以换得信托证书，受托者行使股份的议决权，支配各公司的事务，接受红利分配，并把这些红利分配给信托证书持有人，所以托拉斯是股票所有者的一种实际联合。后来，托拉斯成了美国垄断现象的代名词，因此，凡是反对反竞争行为或垄断行为的法律在美国都叫反托拉斯法。这就是美国反托拉斯法名称的由来。

托拉斯威胁着中小企业的生存，托拉斯的种种做法也引起了公众的反感和恐惧。深受铁路托拉斯高运价之苦的农民组织直言不讳地谴责了垄断和大企业。美国的自由主义派出于经济的和政治的考虑也对托拉斯表示了极大忧虑。他们唯恐美国正在创立的各种组织如此富有，以致能败坏全部政治并永远毁掉自由社会的基础。迫于公众压力，各州政府不得不采取措施控制托拉斯的活动。但各州的法律对于那些经营范围超过一个州的垄断组织无能为力，反对托拉斯的人们只好转向联邦政府请求帮助。国会终于于1890年通过了第一个反托拉斯法，因为这部法律是以参议员谢尔曼为首提出的，所以它通常被简称为《谢尔曼法》，这是美国反托拉斯法律中第一部也是最基本的法律。

这部法律的内容相当简单，关键的条款是第一条和第二条。简单而言，《谢尔曼法》的第一条禁止企业通过合同等手段联合起来排斥竞争，例如固定产品价格或产量、联合瓜分市场等；第二条禁止具有市场势力的企业垄断市场或企图垄断市场。

《谢尔曼法》不仅规定美国司法部和地方检察官有义务禁止和限制违反《谢尔曼法》的行为，而且赋予受害方提起三倍损害赔偿诉讼的权利。如今，美国司法部是执行《谢尔曼法》的联邦政府机构之一，但是私人一方也可以根据该法对另一方提起诉讼。事实上，根据《谢尔曼法》所提起的私人诉讼要比政府诉讼多。中国企业所遭遇的三起反托拉斯诉讼，均为私人提起的诉讼，并非美国政府的行为。据美国《华尔街日报》的报道，美国政府机构正在对维生素 C 案件进行调查，但到目前为止并未采取任何行动。[1]

《谢尔曼法》起初在实践上收效甚微。《谢尔曼法》的颁布对于减少托拉斯的数目并无明显影响，在 1904 年积极活动的 380 家大工业托拉斯中，除了 23 家，其余都是该法颁布以后组成的。[2] 在《谢尔曼法》颁布后的头十年，该法几成一纸空文。这主要是因为 19 世纪末 20 世纪初，支配美国人思想的仍然是自由放任主义哲学。自由放任主义者始终认为，成功获得高额利润的垄断者，在不会太长的时间内，就会沦为其成功的牺牲品。因为其利润将把新的生产者吸引到他的行业中来，产量将会提高，价格将会降低。这种普遍存在的自由放任思想使国会、法院和行政执法人员都对《谢尔曼法》的执行采取了消极的态度。

第二节 《联邦贸易委员会法》和《克莱顿法》及有关法律

《谢尔曼法》的这种困境到西奥多·罗斯福总统执政的时候终于开始有所

---

❶ 参见《中国维 C 厂商在美国遭遇反垄断诉讼》，载《华尔街日报》2006 年 2 月 11 日，available at http://www.chinese.wsj.com/gb/20060210/bch210626.asp。

❷ 参见吉尔伯特·C. 菲特等著：《美国经济史》，司徒淳、方秉铸译，辽宁人民出版社 1981 年版，第 565 页。

改变。美孚石油公司——大工业托拉斯的代表——引人注目的成就引发了对古典经济学以及自由放任主义哲学的疑问，到 1906 年止，这个公司在炼油业居高利垄断地位已达三十年之久。同时，1899—1901 年，美国经济中出现了第一次大兼并浪潮，进一步动摇了人们对自由放任主义的信念。不少托拉斯为了攫取利润拼命争夺权势，几乎毫不顾及竞争对手或顾客的权益。他们生产了次品，欺骗了老实的投资人，榨取了工人的血汗，滥用了国家的自然资源。托拉斯的巧取豪夺激起了声势浩大的反托拉斯斗争。鉴于这些变化，西奥多·罗斯福以及其后的几届总统——塔夫脱·威尔逊等都对托拉斯进行了严厉的打击。这些反托拉斯斗争虽然并未取得完全的成功，但它表明自由放任主义的市场观念开始缩小。这一时期在立法上的成果主要是 1914 年颁布了两部新的法律:《联邦贸易委员会法》和《克莱顿法》。

《联邦贸易委员会法》和《克莱顿法》是在威尔逊总统的大力推动下制定的。威尔逊总统认为，《谢尔曼法》之所以没有得到强有力的贯彻实施，在相当程度上是因为缺乏一个具备专业能力的执法机构，同时也因为《谢尔曼法》太不具体，法院在实施这部法律的时候进行了较宽松的解释。所以《联邦贸易委员会法》的主要内容是建立一个反托拉斯法的执行机构——联邦贸易委员会。这是一个由专家组成的机构，律师和经济学家构成了该机构的主体，其职责范围是：搜集和编纂情报资料，对商业组织和商业活动进行调查，并对不正当的商业活动发布命令。联邦贸易委员会在反托拉斯方面的权力几乎与司法部是相同的，但联邦贸易委员会没有刑事调查权，所以如果需要对反竞争行为进行刑事调查，总是由司法部进行的。因为两个机构存在权力重叠，所以它们建立了联系机制，以避免发生管辖权的冲突。

应当注意，美国的反托拉斯体制是一个以司法为中心的体制，也就是说，司法部没有独立的处罚权力，在完成对反竞争行为的调查后，如果认为企业违反了反托拉斯法，它就必须向法院起诉，由法院来判决是否给予处罚。这一点是中国的读者需要留意的地方，中国的行政机关有处罚权，但美国的司法部反托拉斯局和联邦贸易委员会则没有这个权力，连罚款的权力也没有（罚款在美国反托拉斯法中属于刑事处罚）。

在《联邦贸易委员会法》被批准几天后，《克莱顿法》也获得通过。这个联邦法律针对四种反竞争行为：有利于大买主的价格歧视（第二条）、具有反竞争效果的排他性交易(第三条)、通过购买竞争者的股票进行合并(第七条)以及竞争者之间的连锁董事会(第八条)。[1] 其中前三种行为并非自动违法,只有其结果可能实质性地削弱竞争或有助于在任何商业领域内形成垄断时才构成违法。《克莱顿法》是对《谢尔曼法》的最重要的修改和补充。但是,《克莱顿法》的条文规定也和《谢尔曼法》一样含混笼统,法院同样需要对其中的很多概念进行解释。

《克莱顿法》是美国控制企业合并的重要法律。如果一个中国的企业想在美国并购一个企业,就很可能会遭遇《克莱顿法》。随着中国越来越多地进行海外并购,相信《克莱顿法》今后会成为在中国媒体上曝光频率较高的一个词。

1936 年,国会通过了《鲁宾逊—帕特曼法》,对《克莱顿法》第二条规定的价格歧视作了全面的修改,并且扩大了《克莱顿法》所列举的不公平竞争的范围。

1950 年,国会通过了《赛勒—凯弗维尔法》,对《克莱顿法》的第七条进行了重大修改。原来的条文仅涉及企业合并的一种方式,即购买一个企业的股票,不涉及通过购买一个企业的资产实现合并的情况。《赛勒—凯弗维尔法》弥补了这个漏洞。该法规定,在国内,任何地区任何商业行为中,凡是购买竞争性企业的股票或资产从而引起垄断和集中趋势的行为均属违法。

1976 年的《哈特—斯考特—罗迪诺反托拉斯改进法》对《克莱顿法》第七条又作了进一步的修改。原规定中的"法人"(corporations)一词被"人"(persons)这个词所替代。这样,像独立核算的大型合伙企业和不具备法人资格的合营企业的合并都要受到该法的管辖。该法的另一个重要特点是规定了合并的预先申报制度,也就是说,凡是达到一定标准的合并,必须得到司法部或联邦贸易委员会的批准后才能进行。关于这个具体标准和申报程序,我们也将在以后的章节中详细介绍。

第三节　与反托拉斯法相关的进出口贸易法律

美国与反托拉斯法相关的进出口贸易法律主要包括《1894 年威尔逊关税法》(The Wilson Tariff Act of 1894),《1916 年反倾销法》(The Antidumping Act of 1916),《1930 年关税法》(The Tariff Act of 1930),《韦伯—鲍默林出口贸易法》(The Webb-Pomerene Export Trade Act)。

---

[1] 关于这些名词的具体含义,我们将在下面相关章节中具体解释。

《1894 年威尔逊关税法》第 73 条规定，两人之间或更多人之间的所有联合（combination）、共谋（conspiracy）、托拉斯（trust）、协议（agreement）或合同（contract），如果涉及从外国进口物品到美国，只要其意在限制合法贸易，或者意在提高美国境内任何进口物品的市场价格，或者意在提高由这些进口物品所组成的制造物的价格，均属违法和"无效"。违反《1894 年威尔逊关税法》属于轻罪（misdemeanor），可处以 5000 美元以下的罚款或一年以下的监禁。该法还规定，可以扣押违法者的进口货物。

《1916 年反倾销法》规定，如果商品进口到美国境内或在美国销售的价格大大低于其出口时的实际市场价值或批发价格（加上进口到美国以及在美国出售的必要费用），而且其目的是摧毁或者损害美国的一个行业，阻止在美国建立一个行业，或限制或垄断美国的贸易或商业的任一部分，则属违法。《1916 年反倾销法》后来被《1921 年反倾销法》所修改，后来又被《1979 年贸易协定法》（The Trade Agreement Act of 1979）所取代。《1979 年贸易协定法》规定，如果财政部裁定"倾销"，且美国国际贸易委员会裁定对一个美国行业造成了损害，则要征收反倾销税。

《1930 年关税法》包含了涉及进口贸易中不公平行为的条款。该法授权国际贸易委员会调查商品进口到美国和在美国销售中的不公平竞争手段或不公平行为。

《韦伯—鲍默林出口贸易法》实际上是规定了《谢尔曼法》的一个例外情况。它规定，如果一个协会的组成，或者此类协会在出口贸易过程中所制定的协议或行为，其唯一目的是为了出口贸易，且实际上只做出口贸易，只要其不限制美国境内的贸易，也不限制此类出口协会的国内竞争对手的出口贸易，则不属违法。这就是我国反垄断法学者经常说的所谓"出口贸易豁免"。也就是说，任何托拉斯行为，只要不影响美国国内市场，不影响美国国内的竞争者，均不属违法；至于是否影响其他国家的市场，那是其他国家的事，于美国没有干系。[1]

以上这些就是在与美国做贸易或到美国投资办厂所可能遇到的主要美国反托拉斯成文法律，对于中国企业来讲，最重要的就是《谢尔曼法》和《克莱顿法》。

---

[1] 出口贸易的反托拉斯法豁免也为世界各国法律所仿效。随着反托拉斯法在世界各国的不断制定，这种出口贸易豁免对本国企业的帮助越来越小。因为，虽然出口国放任，进口国却不能容忍。因而，在对美贸易中，我国企业并不能拿我国反垄断所规定的出口贸易豁免作挡箭牌。如上所述，中国法律豁免，不等于美国法律豁免。中国法律豁免的行为，正是美国法律禁止的行为；反之亦然。

在本书中我们要经常与这些法律打交道，也许你这一生中也要多次与这些法律打交道，因为你已身不由己地卷入了一个全球化的经济中。

同时还要注意，美国法院在反托拉斯方面的判例是美国反托拉斯法非常重要的组成部分。如果不了解这些判例，则无法对美国反托拉斯法获得全面的认识。但美国在反托拉斯方面的判例并不始终一致。从美国的判例中总结出一般原则，为读者提供一个简洁明快的介绍和解释，是本书的目的之一，也是本书的意义之所在。

第四节　反托拉斯法的基本内容

本节将对上述法律进行简要的总结，整理出美国反托拉斯法所规范、禁止或要求的行为。[1] 但本节的介绍仍然是基本的，具体、详细的介绍和讨论将在以下的章节中逐渐展开。

一、竞争对手之间签订的横向协议

具有竞争关系的企业之间签订的协议称为横向协议。横向协议如果限制了协议各方之间的竞争，则有可能引起反托拉斯问题。关于横向协议和下文所称的纵向协议的反托拉斯规定，体现在《谢尔曼法》第一条。

应当注意，这里所谓的协议并不是指严格意义上的合同。一般情况下，只要竞争对手之间就价格或其他事项达成了一致，即使没有书面的合同，也被认为是达成了协议。在实际生活中，企业为了逃避反垄断诉讼，在很多情况下并不签订书面的协议，它们往往只是“默契”地采取共同行动，因此默示性协议也属于反托拉斯法调整的范围。

横向协议包括以下几种类型：

1. 固定价格

美国反托拉斯法认为，竞争对手之间就价格或与价格有关的事项达成一致，则属于最严重的违法行为。价格经常是企业竞争的最主要的方式，如果竞争对手之间没有价格竞争，则对于很多产品来讲，几乎等于没有竞争。在美国，如果

---

[1] 本节的内容主要参考了美国联邦贸易委员会：Promoting Competition, Protecting Consumers: A Plain English Guide to Antitrust Laws. Available at www. ftc. gov。

竞争对手之间签订的价格协议与企业的经营行为没有合理的联系,也就是说,如果价格协议非企业经营所必需,就被称为一项“赤裸裸”(naked)的价格协议,也被称为一个“硬核”卡特尔(hard-core cartel)。在美国,赤裸裸的价格协议不仅是违法的,而且被视为刑事犯罪行为。中国企业在美国遭遇的三起反托拉斯诉讼,全都是被指控签订了控制价格的协议。

2. 限制产量

限制产量的协议之所以是违法的,是因为减少产品或服务的供应将不可避免地导致价格上升,损害消费者利益。2001 年前后,中国八大生产彩色显像管的企业订立盟约,宣布限制产量或无限期停产,即属限制产量的协议,这种协议如果发生在美国则可能被控违反反托拉斯法的行为。

3. 联合抵制

联合抵制(boycott),或称联合拒绝交易,是指两个或多个企业约定都不与一个第三方做交易。如果该联合抵制协议被用来强迫第三方支付更高的价格,则属违法行为。

如果联合抵制的目的是阻止一个企业进入市场或意在给竞争对手带来不利的局面,亦属违法。例如,一些医生联合抵制一个卫生组织在弗吉尼亚州建立一个与他们的业务相竞争的健康医疗设施,曾经被判违法;一些零售商联合起来,强迫制造商减少其通过另一个无店铺零售商销售商品的数量,也被判违法。

有时候需要考察联合抵制对竞争产生的效果以及其他合理的理由,才能判断这种协议是否构成违法。例如,加利福尼亚州的一些汽车销售商为了阻止一家报纸刊登关于消费者如何利用价格批发信息的报道,就联合起来抵制与这家报纸做交易。联邦贸易委员会认为这种联合抵制妨碍了价格竞争,也没有任何其他合理的理由,因此是违法的。

4. 划分市场

划分市场是指竞争对手之间就销售地域或顾客达成协议。这种协议本质上是避免相互之间的竞争,所以被认为是违法的。例如,几个有线电视公司之间达成协议,约定互不进入对方的市场,即属此类协议。

5. 限制做广告

如果一项限制做价格广告的协议剥夺了消费者知道重要信息的权利,那么它就可能是违法的。就价格之外的其他方面进行限制是否违法?如果能够证明该限制有反竞争效果，且该限制缺乏合理的商业方面的理由，也有可能构成违法。例如，联邦贸易委员会曾经指控一些汽车销售商限制比较广告和折扣广告违反了消费者利益。

6. 利用行业规则限制竞争

如果行业规则不合理地限制了专业人员之间的竞争途径，也有可能构成违法。例如，联邦贸易委员会曾经判决美国医疗协会的道德守则违反了反托拉斯法律，因为它限制了医生参与其他形式的医疗保健服务的权利。

7. 其他形式的限制竞争行为

其他形式的协议也有可能达到限制竞争的效果。例如底特律地区的很多汽车销售商就限制展示时间（包括星期六关门）达成一致。联邦贸易委员会认为该协议减少了销售商正常提供的服务，使消费者难以进行比较，因此是违法的。再如，一些牙医达成协议，拒绝向保险公司提供患者的 X 光照片。联邦贸易委员会认为该协议限制了对患者的服务，也限制了与报销有关的信息，因此是违法的。

二、买卖双方签订的纵向协议

具有买方和卖方关系的企业之间签订的协议，也有可能是违法的，与价格有关的协议尤其如此。但如果所签订的协议与价格无关，那么反托拉斯执法机构要考察企业是否有合理的理由，并考察协议对竞争造成的影响，然后作出判断。

1. 转售价格维持协议

转售价格维持协议（Resale Price Maintenance Agreements）是一种纵向的固定价格协议，是指供应商与经销商（或制造商与零售商）之间签订的固定产品的最低零售价格的协议，其目的是减少价格方面的竞争。

传统上，这种协议是明显违反反托拉斯法的[1]。但同时，反托拉斯法也给了制造商一定程度的自由，即如果制造商预先提出所希望的零售价格，零售商独立自主地决定接受该价格，而不是签订转售价格维持协议，则是可以允许的。在这种情况下，如果零售商不遵守制造商的转售价格维持政策，制造商也可以停止与其交易。也就是说，制造商可以在“要么接受，要么走开”（take it or leave it）的基础上采取这种政策。

如果买卖双方之间签订的是维持最高价格协议，那么这种协议是否违法要

[1] 美国最高法院 2008 年关于 Leegin 案的判决使情况变得复杂起来，具体参见本书第六章。

具体情况具体分析。在某些情况下,维持最高价格有可能对消费者有利,但在另外一些情况下,维持最高价格协议有可能是限制竞争的工具。我们在以后的章节中还要具体分析。

2. 制造商与经销商之间签订的非价格协议

制造商与经销商之间签订的非价格协议,是指买卖双方达成的关于限制买方如何销售或者在哪里销售产品的协议。简而言之,就是限制销售方式、所销售的顾客类型或所销售的地域范围等。例如,制造商要求经销商在销售一种产品时必须提供售后服务,或者要求经销商必须在一定地域范围内销售产品。一般而言,这样的协议并不一定违法,因为它们有可能激发经销商促进产品销售的努力或者提供更好的服务,以及促进与其他牌号的产品的竞争。但有些协议可能具有反竞争的效果,例如独家销售协议有可能导致其他制造商丧失进入市场的途径,从而使该市场缺乏竞争。

3. 搭售

搭售(tie-in sales)是指消费者购买一种商品必须以购买另一种商品或服务为先决条件,而被搭售的商品是消费者所不需要或者可以以较低的价格从其他出售者手中买到的。如果这种搭售安排限制竞争,就是违法的。例如,联邦贸易委员会曾经认为这样一个案件违法:一个药品制造商在销售一种抗精神病药物的时候,要求以提供血液检测和监督服务为条件。

分析:横向关系与纵向关系

分析横向关系还是纵向关系,要放在具体产品环境中。有时,两个公司虽然生产相同或类似产品,但其产品并不互相竞争,所以并不构成横向关系。试看下面的例子。

[案例一][1]

一、案情

A公司生产农业机械。它开发了一种新废气控制技术,用在拖拉机发

[1] 例一和例二见:Antitrust Guidelines for the Licensing of Intellectual Property, issued by the U.S. Department of Justice and the Federal Trade Commission, April 6, 1995。

动机上，该技术并且获得了专利权。它将该技术许可给F公司使用，后者也生产农业机械。在废气控制方面，A公司的技术远胜于F公司，F公司的技术根本无法与A公司的技术相竞争。A公司的废气控制专利范围很广。F公司在可预见的将来对废气控制技术所可能进行的任何改进都会侵犯A公司的专利权。

二、讨论

因为F公司的废气控制技术不可能限制A公司的竞争行为，所以A公司和F公司的废气控制技术不是紧密替代产品。F公司是A公司技术的一个顾客，在超级废气控制技术这个相关产品市场上，F公司实际上不是A公司的竞争对手。甚至，F公司在相关产品市场上也不可能是A公司的一个潜在竞争对手，因为，即使F公司能够开发一种改进的废气控制技术，它也很可能会侵犯A公司的专利权。这意味着，在供应和使用废气控制技术方面，A公司与F公司之间的关系是纵向关系。但是，如果在销售农业机械产品方面A公司与F公司是实际的或潜在的竞争对手，则在农业机械相关产品市场上，它们之间的关系是横向的。

[案例二]

一、案情

F公司为其发动机开发了一种新型阀门技术，因此与A公司签订了一个交叉许可协议，即F公司将阀门技术许可A公司使用，A公司将废气控制技术许可给F公司使用。A公司已经拥有另一种阀门技术，这种阀门技术可以取得与F公司阀门技术相类似的效果，对消费者而言，两种技术的成本相当。在采纳F公司的技术之前，A公司在其生产的发动机上使用自己的阀门技术，并把自己的阀门技术许可给他人使用。与案例一一样，F公司的废气控制技术与A公司的废气控制技术不能互相替代。而且，与案例一一样，因为A公司拥有专利，F公司不可能开发可与A公司废气控制技术相替代的废气控制技术。

二、讨论

在废气控制技术方面，F公司是A公司的顾客，而非竞争对手。因此在废气控制技术方面，它们之间的关系是纵向关系。在发动机阀门技术的相关市场上,A 公司与 F 公司的关系部分是纵向关系,部分是横向关系。之所以说部分纵向关系,是因为 A 公司与 F 公司是互补关系——A 公司是 F 公司所提供技术的顾客。之所以说部分横向关系,是因为在阀门技术的许可上,F 公司与 A 公司是实际的竞争对手——它们的技术可取得相似的效果,成本也相当。两个公司之间是否将其技术许可给另一方,对于判定在阀门相关市场上二者是否横向关系并不重要。即使 A 公司将自己的阀门技术仅仅使用在自己的产品上,仍然不影响判定它们属于横向关系,因为两个阀门技术在同等价格水平上是互相替代的。与案例一一样,在农业机械这个相关产品市场上,A 公司与 F 公司的关系是横向关系。

三、获得或维持垄断地位

关于获得或维持垄断地位的规定,体现在《谢尔曼法》的第二条。在美国反托拉斯法中,拥有市场垄断地位并不是违法的,但如果一个企业通过某些手段(例如将另外的企业排挤出市场或在实质意义上削弱它们的竞争能力)维持垄断地位或谋求获得垄断地位,则是违法的。一个企业通过其单方面的行为垄断市场,或者一组企业共同垄断市场,都可能导致违法。在美国反托拉斯法中,将获得或维持垄断地位称为"垄断化"(monopolization)。

最常见的垄断市场的手段是所谓"掠夺性定价"(predatory pricing),也就是以低于成本的价格销售产品,因为它可能把小企业排挤出市场,从而减少市场上的竞争,为大企业谋求垄断地位提供方便。但一个大零售商能够提供较低的价格也可能因为它有较高的效率,所以只有当掠夺性行为最终将导致较高的价格时,反托拉斯执法机构和法院才会对其采取行动。

四、企业合并

关于企业合并的规定,主要体现在《克莱顿法》的第七条。美国反托拉斯法上的企业合并范围非常广泛,除了包括两个企业合为一体外,还包括一个企业控制另一个企业但企业并不融合在一起的情况。绝大多数的企业合并因为能够带来效率,所以无论对于竞争者还是消费者,都是有利的。但某些合并也有可能产生减少竞争的问题,进而可能导致产品或服务价格的提高以及市场上商品或服务数量和质量的减少或降低,并阻碍企业的创新精神。

企业合并可以分为三种形式:横向合并、纵向合并以及混合合并。横向合并是指竞争对手之间的合并，纵向合并是指卖方和买方的合并，混合合并是指除横向合并和纵向合并之外的合并。其中横向合并最有可能带来竞争方面的问题，因为它直接减少市场上竞争者的数量，造成市场集中度的增加，为企业达成限制竞争协议或垄断市场创造条件。因此，反垄断执法机构总是对横向合并予以重点关注。但在某些市场条件下，后两种合并也会产生减少竞争的问题。

美国反托拉斯法要求，对于达到一定规模的企业合并，在企业合并前要向反托拉斯主管机构申报，反托拉斯主管机构同意后才能完成合并。

五、价格歧视

关于价格歧视的规定，主要是《罗宾逊—帕特曼法》。价格歧视是指对于相同的商品，卖方对有竞争关系的买方收取不同的价格，或向有竞争关系的买方提供数额不同的“津贴”（例如卖方对经销商做广告推销商品和提供其他服务给予一定的补偿）。这种价格歧视使得到好处的买方在与其他买方的竞争中处于优势地位，而这种优势地位与其效率可能并没有直接的联系。

尽管如此，如果价格歧视是因为买方条件差别很大，或者是因为卖方与竞争对手进行竞争的需要，则价格歧视一般而言是合法的。

第二章 伸过太平洋的手:美国反托拉斯法的域外管辖

第一节　从属地原则到效果原则

当中国的企业家被告知因为违反美国反托拉斯法而被告上美国法庭时,他们最初的反应是迷惘:我从来没在美国做生意,怎么可能违反美国反托拉斯法?美国人是否吃错了药?继而是愤怒:我堂堂中国企业怎么能受美国法律的管辖?美国人简直太霸道了!

我们冷静下来,问,到底是怎么回事?

当这样问的时候,我们发现了美国反托拉斯法管辖范围中的所谓“效果原则”(effect doctrine),汉语中有时也翻译成影响原则。

不错,传统上,美国的法律和中国的法律一样,原则上奉行“属地原则”,也就是说,一个国家的法律只能适用于其领土范围之内,不能适用于其领土范围之外。美国反托拉斯法最初也适用这一原则。霍姆斯大法官 1909 年曾经在一个反托拉斯案中言之凿凿:“一般的、几乎也是普遍适用的原则是:一个行为的性质是合法还是非法,必须完全由行为发生地所在国家的法律来决定。”[1]在此后四十年,美国一直沿用这一原则。

但在 1945 年的美国铝公司(ALCOA)[2]一案中,美国法院突破了这个原则,

---

[1] American Banana Co. v. United Fruit Co., 213 U. S. 347 (1909).

[2] United States v. Aluminum Co. of America, 148 F2d 416 (2d Cir. 1945).

而将反托拉斯法扩大适用于影响美国商业或贸易的在国外发生的行为，创立了所谓“效果原则”。

美国铝公司一案的案情如下：1928 年，ALCOA 在加拿大成立了一个独立的有限公司，目的在于接收 ALCOA 在美国以外的利益。1931 年，加拿大铝有限公司与两家德国公司、一家法国公司、一家英国公司及一家瑞士公司共同参与组建一个卡特尔，该卡特尔通过瑞士一家公司运作。参与者同意按照各自在瑞士公司的股份比例作为配额的分配基础，限制各自的铝产量。由于 ALCOA 本身并未参与该卡特尔协议，所以参与者均非美国公司，且卡特尔系在美国之外运作，鉴于这些情况，美国联邦地区法院判决 ALCOA 并未违法。但上诉法院推翻了地区法院的判决。主审法官汉德认为：“对于发生在一个国家境外但却在境内产生结果的行为，如果该行为为该国所谴责，那么该国也可以课以责任，即使承担责任的人对于该国没有忠诚义务。”这就是后来所称的“效果原则”的最初表达。

这个效果原则无疑突破了属地原则，将美国法院的管辖权延伸到国外，是一种“扩权”行为。但从另一角度来看，效果原则也是一种“限权”行为。《谢尔曼法》第一条规定：“任何旨在限制州际或与外国间贸易或商业的合同、以托拉斯或其他形式的联合或共谋，都是不合法的。”“任何……限制与外国间贸易或商业”一词，几乎赋予原告无限的起诉权。在 ALCOA 一案的判决中，汉德法官显然意识到，对贸易的每一种限制都可能在很多市场上产生影响，但并不能因此赋予每一个受到影响的人在联邦法院提起诉讼的权利。一个人如若提起诉讼，必须证明被诉行为“意在影响（美国的）进口并且事实上也影响了美国的进口”，这就给《谢尔曼法》的规定附加了一定的限制。

ALCOA 一案中表达的效果原则在后来最高法院的判决中得到接受，并进行了一些修改，修改的方向是限制反托拉斯法被过度地域外适用。在哈特福特火灾保险公司[1]一案中，19 个州政府和许多私营的保险公司作为原告，起诉哈特福特火灾保险公司等被告违反《谢尔曼法》。被告一方为四家国内首要承包人（它们向其他保险公司提供再保险）、两家国内贸易协会、一家国内再保险经纪公司和总部在伦敦的一些再保险公司。原告诉称，被告共谋迫使某些首要承保人修改其标准国内商用综合责任险保单的条款，违反了《谢尔曼法》。被告之一伦敦

[1] Hartford Fire Insurance Co. v. California, 509 U. S. 764 (1993).

再保险公司认为其行为不受美国法律的管辖。但美国最高法院认为:"《谢尔曼法》适用于意在产生并事实上在美国产生了某种实质性影响的外国行为。"这里,在"影响"前面又加上了"实质性"(substantial)一词,是对效果原则的进一步限制。这里的"实质性"是指较大的而非可以忽视的影响。

1982 年,美国国会制定了《对外贸易反托拉斯改进法》(the Foreign Trade Antitrust Improvements Act of 1982, FTAIA),就进口贸易或商业之外的对外贸易领域的反托拉斯法适用问题进行了明确规定。按照该法,发生在进口贸易或进口商业之外的对外贸易领域的反竞争行为必须对相关市场造成了直接的、实质性的以及可以合理预见的影响时,才适用美国反托拉斯法。也就是说,效果原则在适用于非进口贸易领域时,适用的条件更加严格,除了"实质性"之外,还要有"直接的"、"可以合理预见的"影响。

这样,美国关于反托拉斯法的域外适用,产生了两个稍微有些区别的原则:对发生在进口贸易领域的行为,适用哈特福特案确立的原则(即实质性影响),但对发生非进口贸易领域的行为,则适用《对外贸易反托拉斯改进法》确立的原则(即直接的、实质性的以及可以合理预见的影响)。之所以有这样的区别,主要是因为进口贸易对美国市场产生直接的影响,而非进口贸易对美国市场产生的影响相对而言较不明显,并且基于管辖权等原因,美国法院对非进口贸易领域的管理可能也相对困难。

效果原则由于侵害了其他国家的管辖权,所以引起不少国家的反弹。有些国家针锋相对,制定报复性法律阻止美国反托拉斯法的域外适用,就连美国的铁杆朋友也起来反对这一原则。例如英国 1980 年制定了《贸易利益保护法》,澳大利亚 1984 年制定了《外国程序管辖过度法》,加拿大 1985 年制定了《外国域外措施法》等,专门对付外国法律在本国的适用。这些法律条文的内容可以被细分为以下三类:(1)保密规定:要求当事人遵守保密义务,不准随便为外国司法机构提供信息,但受益人可以放弃或免除这一保护;(2)阻挡规定:禁止特定当事人服从外国搜集证据的命令,且不准当事人放弃这一保护;(3)索回(claw-back)规定:当美国反托拉斯判决命令当事人赔偿三倍损失时,当事人可以向其法院请求美国原告偿还三分之二的金额。

但是效果原则却逐渐得到接受,如今在德国等国家的立法和司法实践中均已得到体现,我国的反垄断法也规定了这一原则。原因主要是:第一,由于经济全球化的发展，市场日益超出一个国家的范围，如果一个国家的法律不能适用于国家范围之外，则其商业或贸易很容易遭到伤害。第二，目前国际上还没有一个统一的反托拉斯法律，也没有一个统一的反托拉斯执法机构，各国只能借助自己的力量维护自己国家的利益。第三，就我国而言，如果我国的反垄断法能够适用于在外国发生的、危害我国市场的行为，则我国企业无疑多了一个保护自己的法律武器。我国已成为世界贸易大国，需要反垄断法对付国际卡特尔对我国的侵害。

然而，话又说回来，反托拉斯法的域外适用究竟是不平等的。对于那些经济实力弱或者综合国力弱的国家来说，仍然是"人为刀俎，我为鱼肉"，在强大的跨国公司和事实上的霸权主义下，仍然只有任人宰割的份。因为，如果一个跨国公司在一个小国家根本没有投资或投资可以小到忽略不计，或者，这个跨国公司完全可以忽略与这个小国家的贸易利益，那么，即便这个小国家的反托拉斯法规定了域外管辖，又能如何？这个可怜的国家实际上无法执行它的反托拉斯法。

第二节 《美国国际经营反托拉斯执法指南》对管辖权的解释

1995 年 4 月，美国司法部与联邦贸易委员会联合发布了《美国国际经营反托拉斯执法指南》，对美国反托拉斯法如何适用于国际经营领域进行了详细的解释。该指南虽然对司法机关和执法机关均没有约束力，但指南所总结的原则是被普遍接受的，从事国际经营的企业完全可以将其作为行为准则，因此非常重要。下面我们详细介绍该指南对美国司法和执法机构管辖权的解释。

一、对进口商业行为的管辖权

指南认为，某种产品进口到美国对美国国内市场肯定产生直接影响，至于是否产生实质性影响，取决于不同案件的具体事实。

[案例一]

一、案情

A、B、C 和 D 是在不同国家生产某一产品的外国公司。它们当中没有一家公司在美国生产，也没有任何美国子公司。为了提高该产品的价格，它们组成了卡特尔。卡特尔成员生产的产品，无论就绝对数量来说，还是相对于美国的总消费量来说，对美国的销售量都是巨大的。

二、讨论

上述事实就直接向美国境内销售产品问题提供了一个直白的案例。毫无疑问，该交易构成了对美国的进口，并且该销售行为直到商品抵达美国后方告完成。根据哈特福特案所表达的反托拉斯法的基本原则，美国对该事务的管辖权是非常清楚的。但该案例可能引起关于属人管辖权[1]的疑问。

三、案后缀语

正如我国企业遭遇的维生素C案，尽管被诉的几家企业都是中国公司，但因为它们向美国销售维生素C，并且销售的数量较大，按照该范例所表述的原则，美国法院有可能主张管辖权；美国政府有关部门，例如司法部，也有可能采取行动。

二、对其他外国商业行为的管辖权

（一）发生在国外的、对美国进口贸易或国内商业产生影响的行为

如果在外国发生的行为不是针对美国进口商业，但对美国的进口交易或美国国内的商业有影响，则适用《对外贸易反托拉斯改进法》确立的"直接的、实质性的以及可以合理预见的影响"标准。例如，当外国企业组成的卡特尔或外国垄断者通过任何除直接销售之外的机制（例如利用一个非关联的中间商），将产品销售到美国境内，或者当外国纵向限制行为或知识产权许可安排对美国商业产生反竞争效果时，即适用该标准。

［案例二］

一、案情

同案例一一样，外国卡特尔在数个国家生产一种产品。没有一个卡特尔成员在美国生产产品，它们在美国也没有任何子公司。它们组织卡特尔的目的是提高上述产品的价格。与案例一不同的是，它们不是直接向美国境内销售产品，而是将产品销售给一个在美国之外的中间商，但它们知道该中间商将向美国境内销售产品。中间商不是卡特尔成员。

---

[1] 关于属人管辖权，将在下文涉及。

二、讨论

管辖权分析与案例一稍有不同，因为所争议的行为不仅是由外国卡特尔所实施的，而且最初也是在外国完成的，卡特尔成员并没有将产品直接销售到美国。尽管判断标准不同，但这些事实所导致的最终处理结果很可能与案例一是相同的。对进口之前发生的非法行为，适用《对外贸易反托拉斯改进法》。反托拉斯执法机构必须判断所争议的行为是否对美国国内或进口商业产生了"直接、实质性和可以合理预见的影响"。而且，因为"任何违反《谢尔曼法》第一条行为的核心，是非法合同本身——而不是为了执行协议而实施的公开行为"❶，所以反托拉斯执法机构将重点分析如果合谋成功将可能带来的潜在伤害，而不是合谋之后的实际行为是否事实上给州际或对外商业造成了妨碍性的效果。

三、案后缀语

如果我国企业并不直接向美国销售产品，而是先卖给一个专业的外贸公司，由外贸公司将产品销售到美国。按照案例二所表述的原则，这并不能逃脱美国反托拉斯法的管辖。但是，对这种行为所适用的原则比案例一表述的情形要严格，要看是否对美国国内商业或进口商业产生了"直接、实质性和可以合理预见的影响"，而不仅仅是"实质性影响"。

[案例三]

一、案情

1. 情形(1)

某种小器具既在美国制造又在全世界其他不同的国家制造。非美国制造商在美国境外私下聚会，同意把价格提高到商定水平。他们达成的协议清楚地表明，在美国境内销售或销售到美国境内的产品不包括在该协议范围之内，所以每家厂商自由、独立地决定其在美国市场上的价格。一段时间后，卡特尔成员开始将过剩的产品销往美国。这些销售产生了稳定外国市场卡特尔的效果。在美国市场上，这些"过剩"产品的定价水平低于没有卡特尔时美国市场上的应有价格，但并没有证据显示该定价属于掠夺性定价。

---

❶ 58 Summit Health, Ltd. v. Pinhas, 500 U. S. 322, 330 - 31 (1991).

结果,数个美国小器具制造商削减了自己的产量,国内总体产出下降,留在市场上的制造商不能追加投资以形成新的或改进的生产能力。

2. 情形(2)

现在,假设卡特尔协议特别规定,卡特尔成员将把美国市场上的价格设定在某种水平上,在该价格水平上,可以吸收因国外市场价格上涨产生的产品数量过剩。卡特尔成员在定期召开的会议上设定美国市场价格水平,每个参加者在会议上说明它必须以这种方式处理的货物量。结果,卡特尔成员在美国市场上以固定价格销售货物,降低了美国市场上通行的价格水平,产生了与情形(1)类似的结果。

二、讨论

1. 情形(1)

情形(1)所产生的管辖权问题是:原始卡特尔协议的可以预见的经济效果,以及向美国境内的独立销售,是否足以支持美国具有管辖权的理由。仅有存在美国销售以及卡特尔协议最终会影响美国价格水平的事实,既不足以适用哈特福特案设定的标准,也不足以适用《对外贸易反托拉斯改进法》设定的标准。而且,在缺少针对美国市场的协议的情况下,以非掠夺性价格向美国境内销售产品,并不会引起反托拉斯法的关注。

2. 情形(2)

在情形(2)中,构成对美国有直接、故意影响效果的外国固定价格协议的关键因素就存在了。卡特尔相信其美国价格为"合理"水平的事实,或该价格水平可以对美国价格形成下降压力的事实,并不能免除其无罪。在情形(2)的案例中,反托拉斯执法机构需要在掌握能够证明该违法协议存在的明确证据之后,才会考虑采取行动。如果对于美国市场的显著效果是对消费者有益,那么反托拉斯执法机构将会特别谨慎。

三、案后缀语

情形(1)说明:美国人很实际,只要对美国没有影响,美国人才不管什么卡特尔不卡特尔。但请注意,如果我国企业这样做,则有可能触犯我国的反垄断法!

情形(2)说明:当企业被诉违反反托拉斯法时,是不能以价格"合理"作为抗辩理由的。美国人相信,价格"合理"不"合理",由市场说了算,企业自己说了不算数。如果价格没有被控制，说不定还会更低、更“合理”呢！

(二)关于出口贸易

对于涉及美国出口贸易的反竞争行为的管辖权，《对外贸易反托拉斯改进法》规定了判断标准。该法对两类行为作出了规定。

第一，如果限制美国出口的反竞争行为(1)对美国出口的产品或服务造成了直接、实质性以及可以合理预见的影响，并且(2)美国法院可以获得对从事该行为的人或法人的管辖权，反托拉斯执法机构在合适的情况下可能会对该反竞争行为采取执法行动。如果该行为根据进口国的反托拉斯法也属违法行为；同时，根据该国的反托拉斯法，如果该国的主管机构更适合处理该行为，且如果他们准备采取的行动将可能解决美国的关切，则美国反托拉斯主管机构也准备与该国的主管机构进行合作。

第二，如果美国出口商实施的反竞争行为对美国境内的贸易或商业，或者进口贸易或商业，产生了直接、实质性以及可以合理预见的影响，美国反托拉斯执行机构在合适的情况下也会采取执法行动。在以下两种情况下，出口商实施的反竞争行为可能对美国境内商业产生影响：(1)在美国对产品的供求不是特别有弹性的情况下(也就是说，价格提高不会引起产品供给或需求数量的大幅度下降)，如果美国企业就产品出口签订了一个协议，且签订协议的企业占相关市场的大部分份额，该协议可能减少美国市场上的供给并抬高美国市场的价格。(2)看起来，与出口相关的行为可能影响在美国境内出售或转售的价格。例如，如果美国公司固定了一种原材料的出口价格，使用这种原材料在海外制造的产品最终将销往美国境内，就可能出现这种效果。

[案例四]

一、案情

E公司和F公司是Y国生产Q产品的仅有的厂家，Y国是世界上销售Q产品的最大的市场之一。E和F联合起来占了Y国Q产品销售额的99%。为了阻止一个美国竞争对手进入Y国市场，E和F商定，两个公司都不购买或分销美国产品，并且，它们将采取“所有可行的”手段把美国公司挡在市场之外。E和F没有具体讨论它们将采取哪些手段实施这个计划，但它们约见了其分销商，并且采取很多威胁利诱手段，使所有的分销商答应不销售美国产品。对美国生产商来说，没有其他商业上行得通的替代分销渠道。由于E和F的行为，美国生产商无法找到任何分销商经销其产品，因此无法在Y国进行任何销售。

二、讨论

E和F之间签订的不购买或不分销美国产品的协议明显对美国的出口商业产生了直接的和可以合理预见的影响，因为其目标就是阻止美国的出口商进入Y国。对美国出口的影响是否具有"实质性"则要看E和F作为Q产品购买者和分销者的重要性，尽管根据案件事实，Y国几乎全部的市场都已对美国厂商封闭(在确定管辖权意义上来说，根据这一点几乎可以确定地认为构成了"实质性"影响)。但是，如果反托拉斯执法机构认为在确定属人管辖权方面或获得有效的救济方面有困难，它们将可能寻求与所在国监管该交易的机构合作，解决存在的问题。

三、案后缀语

这就叫鞭长莫及。如果E和F两公司在美国境内没有利益，美国法院即使主张管辖权也是无意义的，E和F完全可以不理会它。这时候，山姆大叔最可能采取的办法就是外交手段，利用自己超级大国的地位，向E和F的所在国施加压力，或寻求与该外国政府的合作。

[案例五]

一、案情

P、O、R和S是根据A国法律成立的公司，均制造和销售建筑设备。该设备的许多部分在所销售国家受到专利权的保护，包括在A国。所有这些公司都属于一个私人成立的贸易协会，该协会确定的工业标准经常(尽管并非总是如此)被A国的行业管理机构所采用。这些公司感受到来自美国的竞争的威胁，它们于是在一次贸易协会组织的会议上同意：(1)拒绝采用任何美国公司的技术作为工业标准，并且(2)抵制美国建筑设备的分销。美国公司已经采取了所有必要的行动来保护其A国法律项下的知识产权。

二、讨论

在该案例中，联合行动在两方面伤害了美国公司：一是其技术被抵制（即使美国公司愿意许可使用其知识产权）；二是它们无法使用分销渠道。管辖权方面的问题是：这些行为是否对美国公司的出口产生了直接、实质性以及可以合理预见的影响。仅仅因为美国公司被排斥在A国市场之外这个事实不足以认定产生这样一个效果。如果被排除在A国市场之外的产品数量，就实际的贸易量而言如此微不足道，以致对美国的出口商业不能造成实质性影响，则缺乏行使管辖权的基础。但该案例中涉及的产品是建筑设备，总体而言它们是价格昂贵的资本性商品，所以被排挤出A国市场很可能构成《对外贸易反托拉斯改进法》关于管辖权的"实质性"标准。这种安排似乎是专门针对来自美国的竞争而创造的，表明对美国出口的影响既是直接的，又是可以预见的。

三、案后缀语

企业协会的决定常常被美国人视为企业自身的决定，他们认为企业协会的决定不过是一个形式。所以，当被诉违反美国反托拉斯法时，以"企业协会的决定"作为抗辩理由通常是不奏效的。但是，我国的企业协会往往是政府的机构之一，并非企业自己组织起来的；对于企业协会所作的决定，成员企业必须遵守，就像遵守政府法令一样。如果是这种情况，被诉企业则可以尝试以"政府行为"作为抗辩理由。我国目前比较尴尬的是，在当前正在进行政企分开的改革背景下，政府倾向于把企业协会的性质表述为企业的"自律"组织。

三、与美国政府融资或购买有关的管辖权

如果美国政府采购或主要由美国政府提供资金采购在海外消费或使用的货物或服务，则反托拉斯执法机构在合适的情况下会采取执法行动。如果与这些货物与服务的销售有关的反竞争行为的效果主要落在美国纳税人身上，则可以根据联邦反托拉斯法寻求救济。一般来看，如果作为其支付或融资的结果，美国政府对该交易承担一半以上的成本，则反托拉斯执法机构会认为对美国商业有充分的影响，足以支持确定有关管辖权。

[案例六]

一、案情

几个美国公司和贝塔国的当地公司联合创建了一个基地在美国的联营企业，目的是为“贝塔环境控制署”建造一个主要的污染控制厂。合营企业获得了美国政府的优惠融资，该融资贷款本金和利息的未来预期偿还的现值将不到其面值的一半。其成员已经秘密同意，一旦该合营企业开始运作，即提高向贝塔环境控制署的报价，以获得更多的资金。

二、讨论

美国政府承担了该交易一半以上的融资风险这一事实足以支持获得管辖权。管辖权确立后，反托拉斯执行机构将进而就是否存在明显的串通投标进行调查。

[案例七]

一、案情

美国在其他国家设有很多军事基地和其他设施。这些设施从东道国供应商采购绝大部分的货物和服务。在X国家，美国当地军事基地的司令注意到，供应某些建筑服务的报价被操纵了。

二、讨论

外国当事方向美国政府，包括向位于外国的美国机构的销售，当该销售的反竞争效果主要落在美国纳税人身上时，则属于美国反托拉斯法的管辖范围。操纵向美国政府的销售是一种可以导致反托拉斯行动的行为。在美国，这种行为通常由司法部作为刑事犯罪来处理。实际上，在可能的情况下，司法部总是与东道国反托拉斯机构合作，根据当地法律寻求救济。已经有数个案例获得了成功。

四、关于企业合并行为的管辖权

如上所述，企业合并主要适用《克莱顿法》第七条来处理。对于涉及外国商业行为的管辖权，反托拉斯执法机构适用与《谢尔曼法》相同的原则。

[案例八]

一、案情

两个外国公司,一个在欧洲,另一个在加拿大。两个公司通过直接进口向美国销售某种产品,两公司占有美国市场的相当大的份额。尽管两公司在美国都没有生产性资产,但它们在美国有销售办公室,因此美国对其有属人管辖权。它们签订了合并合同。

二、讨论

《克莱顿法》第七条所用的语言清楚地表明,该条适用于通过收购股票或资产实现合并的"与外国"进行贸易和商业的人。因此,在判断对于美国境外的合并有无管辖权的时候,反托拉斯执法机构可以基于合并对美国进口的影响来确定。如果将上述事实修改为拟议中的合并会对美国的出口商业有影响,而不是对进口贸易有影响,那么在根据《克莱顿法》评估管辖权问题时,反托拉斯执法机构将采取与《对外贸易反托拉斯改进法》一致的方式分析对商业的影响问题,即它们将审查对美国国内或进口商业的影响是否直接、实质性以及可合理预见的。这样做是合适的,因为《对外贸易反托拉斯改进法》阐明了美国国会认为必要的有关外国商业的影响的类型,虽然它并没有修改《克莱顿法》。

在这两种情形下,反托拉斯执法机构将会认为,在技术上,第七条的管辖权是存在的。但是,如果难以获得有效的救济,那么反托拉斯执法机构将寻求与正在审查该交易的其他机构进行合作。

三、案后缀语

在全球经济一体化的大背景下,企业的很多行为都具有国际色彩。企业合并以往只要达到国内法的要求就足够了,但现在却不得不同时考虑到其他国家法律的要求,否则有可能莫名其妙地吃官司。这就要求我国企业的法律顾问有一点国际意识。

第三节 属人管辖权

根据美国宪法的正当程序条款,只有当美国法院具有属人管辖权时,反托拉斯主管机构才可以向法院提起诉讼,法院才可以受理。在很多反托拉斯案件中,因为没有属人管辖权,美国法院只将外国公司列为"共谋者"(co-conspirators),而不是被告。美国法律要求,被告必须与美国有最低程度的联系(the minimum contacts),法院才有属人管辖权。

一、最低程度的联系

在"国际鞋公司案"中,最高法院这样表达最低程度联系原则:"正当程序要求,为了使判决对被告生效,如果他没有在法庭管辖的地域之内,他就必须与该地域有最低程度的联系,以便支持该诉讼不至于违反'公平审判和实质正义的传统观念'。"[1]

美国最高法院在1987年的Asahi案[2]中,讨论了最低程度联系规则。该案涉及一家台湾公司和一个日本制造商Asahi。Asahi在加利福尼亚没有代理,也没有办公室和资产。它在日本制造阀门,然后卖给一家台湾公司,台湾公司做成摩托车后,再卖到加利福尼亚。审理该案法官的多数意见认为,Asahi在制造和出售阀门的过程中,意识到其一部分产品会卖到加利福尼亚,但这并不足以形成最低程度的联系。

在该案中,法官指出,判断"最低程度的联系"通常要考虑:是否在美国做生意(doing business);在美国是否有办公室、雇员或财产;在美国是否有销售系统;或者是否为美国市场设计专门的产品[3]。以上这些标准必须综合考虑,仅考虑其中一两项是不够的;另外也要注意具体案件具体分析。

判断是否在美国做生意要考虑到程度问题。例如,如果只在美国做广告而没有实际销售产品,则没有达到"做生意"(doing business)的程度。在United States v. De Beers Consolidated Mines, Ltd[4]案中,美国司法部认为,基于以下几点,美国应对外国被告主张管辖权:外国被告在纽约有数个银行账户;通过一个广告公司,以橱窗、杂志、广播和电影等手段,在美国进行了广泛的产品推介;广告公司的办公室有时由前来访问的被告公司使用等。但法院认为,被告的这些

[1] International Shoe Co., v. Washington, 326 U.S. 310, 316, 66 S. Ct. 154, 158 (1945).

[2] Asahi Metal Ind. Co. v. Superoir Court of Cal., 480 U.S. 102, 107 S. Ct. 1026 (1987). 请注意,该案并非反托拉斯案件。

[3] 同上。

[4] Civ. No. 29-446, 1948—1949 Trade Cases (CCH)¶62,248 (S.D.N.Y. 1948).

行为尚不足以达到“做生意”(doing business)的程度，只是“conduct business”。

另外，美国法院也不仅以在美国有办公室、雇员、财产，甚或全资子公司，作为是否主张属人管辖权的标准。全资子公司的行为有可能仅仅是该子公司的行为，并不涉及外国的母公司。但是，如果子公司仅是母公司的工具，或者说是母公司的一个“壳”，则美国法院很可能会主张属人管辖权。一般地，考察母子公司关系主要考虑：母公司对子公司的实际控制情况，是否有共同的办公室，是否有共同的高层管理人员，利用子公司销售母公司产品的情况，母公司对子公司日常活动的参与情况等❶。

二、美国政府有可能以扣押资产作为获得对外国公司管辖权的手段

在美国司法部经办的反托拉斯案件中，美国司法部还可能以扣押资产为手段，强迫外国公司接受美国法院的管辖。尽管美国政府不常使用这种手段，但如果它不能通过其他方式获得管辖权，扣押资产仍然是一个潜在的威胁❷。

在反托拉斯历史上，美国政府曾经三次使用这一措施。第一次是1907年的“烟草案”❸，第二次是1920年的“奎宁案”❹，第三次是1952年的“ABC罐头公司案”❺。

但应当指出，如果属于私人提起的民事诉讼，外国公司则不会遭遇这种扣押。所以，如果中国企业没有在美国“做生意”(例如只是把产品卖给国内的外贸公司)，在美国也没有分支机构，则美国法院很难主张属人管辖权。因此，在遭遇反托拉斯诉讼时，我国企业可以在管辖权方面做文章，尽早脱离诉讼，因为在美国法院应诉是非常昂贵的。

第四节　如何推回这只伸过太平洋的手

随着经济全球化的发展，我国企业的经营范围日益扩大。如果企业在美国市场上有巨大利益，就不能忽视美国反托拉斯法这只伸过太平洋的手。有的企

---

❶ 参见王长斌著：《企业集团法律比较研究》，北京大学出版社2004年版。

❷ 美国政府的这种权力，来自《谢尔曼法》第六条和《威尔逊关税法》第七十六条。

❸ U. S. v. One Hundred and Seventy-five Cases of Cigarettes, Cr. No. 9506 - 02.

❹ United States v. 383, 340 Ounces of Quinine Derivatives, Adm. No. 98 - 242 (S. D. N. Y. 1928).

❺ U. S. v. ABC Canning Co., Eq. No. 54 - 93.

业在接到起诉书后，试图采取不应诉的方式，回避诉讼。笔者认为，在大部分情况下，不宜采取这种方式。因为被美国司法部提起诉讼的外国当事人，或在私人三倍赔偿诉讼中的外国当事人，如果不到庭应诉，则有被缺席判决的危险。在 Westinghouse Electric Corp. v. Rio Algom, Ltd[1]案中，原告诉称被告共谋在世界市场上固定铀价格，并影响到美国市场。外国当事人就属事管辖权（subject-matter jurisdiction）提出抗辩，被法院驳回，之后不再出庭应诉。法院不顾5个国家的抗议和"法庭之友"的意见，基于原告的起诉，判决法院有管辖权，并判决被告不得将资产转移出美国。

所以，如果企业在美国有利益，或者今后还要赚美国人的钱，就最好不要采取不应诉的方式。如果应诉，则可以首先从管辖权入手，研究美国法院是否有属人管辖权和属事管辖权。其次，可以考虑被诉行为是否有政府因素，如果有政府因素，则可以考虑从本节即将讨论的以下几个方面应诉。最后再考虑从反托拉斯实体法方面应诉。

本节以下讨论涉及政府的反托拉斯应诉问题。对于涉及外国政府的反托拉斯行为，美国国会和法院发展了四种特殊理论，分别是：外国主权豁免理论（the doctrine of foreign sovereign immunity）、外国主权强制理论（the doctrine of foreign sovereign compulsion）、国家行为理论（the act of state doctrine）以及向主权请愿理论（the doctrine of petitioning of sovereigns）。这些理论并非截然分开，而是互有交叉。它们对中国企业而言尤其有用，应当引起中国企业的高度重视。首先，中国国有企业众多。其次，中国政府对企业行为的管制比较具体。因此，中国企业的许多行为都掺杂了政府因素。

一、外国主权豁免

根据《1976年外国主权豁免法》，除了以下情况外，外国政府的行为不受美国法院管辖：(1)外国政府明示或默示放弃其豁免；(2)外国政府从事商业行为；(3)外国政府违反国际法没收财产；(4)外国政府获得美国财产；(5)外国政府在美国境内实施了某些侵权行为，或同意就一个争端进行仲裁。

如果外国政府从事商业行为，则在任何情况下都不能获得豁免。至于何为"外国政府从事商业行为"，《1976年外国主权豁免法》并没有给出定义，而是要

---

[1] 617 F.2d 1248 (7th Cir. 1980).

根据“行为或特定交易过程的性质来判断，而不是根据其目的进行判断”。美国法院在区分商业行为和主权行为的时候，要看该行为按惯例是否被用来营利，以及该行为是否属于仅主权政府才能实施的类型。从美国的司法实践来看，外国政府拥有的企业在市场上的绝大多数行为都受美国反托拉斯法的管辖，其程度正如外国私人所拥有的企业所实施的行为。

外国政府的商业行为必须与美国有相当程度的联系，美国法院才有可能行使管辖权。《1976年外国主权豁免法》规定了三个衡量标准：“该行为是基于外国在美国境内实施的商业活动，或者基于在美国境内的活动，而该活动与外国在美国境外的商业活动相关，或者基于在美国境外的活动，而该活动与外国在美国境外的商业活动相关，并且，该活动对美国产生直接影响。”也就是说，第一，外国政府所实施的商业行为发生在美国境内；或者第二，外国政府的活动发生在美国境内，并且该活动与外国在美国境外的商业活动相关；或者第三，尽管外国政府的活动发生在美国境外，但该活动与在美国境外的商业活动相关，并且，该活动对美国境内产生直接影响。

二、外国主权强制

有时候，外国企业所实施的违反美国反托拉斯法的行为，并非出于企业的自愿或自觉，而是外国政府或法律的要求。如果是这种情况，则处罚外国企业显然是不公平的。所以，如果外国企业能够证明其行为是出于政府的强制，则可以免除处罚。

美国法院在衡量企业行为是否出于“外国政府的强制”时，所适用的标准是相当严格的。第一，外国法律与美国反托拉斯法的冲突必须是直接的。如果企业既能遵守外国法律的规定，又能遵守美国反托拉斯法的规定，则外国法律的要求不能作为免除适用美国反托拉斯法的借口。第二，外国政府的要求必须达到“强制”的程度，仅仅“鼓励”、“批准”、“允许”是不够的。所谓强制，是指如果外国企业不遵守外国政府的要求，则会受到处罚或其他严厉的制裁。如果外国政府的措施不足以达到“强制”的程度，则不能据以获得豁免。第三，外国政府的强制行为必须局限在其领土范围内。如果外国政府强制企业实施的行为发生在美国，则美国司法和执法机关不会考虑豁免问题。例如，如果外国政府要求其在美国的子公司组成卡特尔，则明显违反美国反托拉斯法。第四，外国政府的命令必须是政府管理行为，不能是我们上面讨论过的商业行为。

[案例九]

一、案情

在过去两三年里，商品X的产量大幅上升，大量涌入国际市场，有相当一部分流入美国。商品X的美国生产商无法确定是否能在反倾销和反补贴案件中胜诉，所以他们决定不提起贸易法诉愿。外国三个国家的官员与其各自的国内企业见面，敦促他们联合起来降低产量，实现生产的“合理化”。其中一个政府命令其企业降低产量，否则将会予以严厉惩罚。另外两个国家的生产商自己达成一致意见，相应降低产量，但其政府并没强制要求他们这样做。

二、讨论

假设海外降低产量对美国必然产生影响，因此美国对此案有管辖权。对于强迫其企业降低产量并设定严厉处罚的国家，如果其企业以主权强制为由进行辩护，美国反托拉斯执法机构将予以承认。而对于另外两个国家的企业，美国反托拉斯执法机构将不承认这一辩护理由。

三、国家行为

国家行为理论是美国司法实践中形成的规则。这一理论的基础是国际礼让以及权力分立。只有当被诉具体行为是外国主权在其境内的公共行为，且该行为涉及的事务是有关政府主权的事务时，才能适用这一理论。

当限制竞争行为直接来自于外国主权行为时，例如颁发许可证、奖励一份合同、没收资产等，美国反托拉斯执法机构将基于国家行为理论，不采取执法行动。例如，如果案件事实涉及以下情形，美国反托拉斯行政执法机构则不采取行动：(1)被控告的具体行为是一个主权的公共行为，(2)该行为是在该主权的管辖范围内实施的，以及(3)所涉行为是政府性的，而不是商业性的。

如果美国法院遇到类似情况，要求法院就一个外国主权行为的合法性作出判断时，美国法院将基于国家行为理论拒绝进行这样的裁判。

四、向主权请愿

如果一个企业向美国政府或外国政府施加影响，或请求政府机构采取措施，则属于向主权请愿行为。对于向主权请愿行为，即使其意图或效果是限制竞争或垄断贸易，也不适用《谢尔曼法》。

[案例十]

一、案情

几个生产商发起了反倾销控诉。主管部门要求他们证明该美国工业因为倾销而受到伤害。这些生产商代表了美国产量的75%。在准备材料的过程中，这些生产商交换了所要求提供的信息。所有这些信息交换都是通过第三方间接进行的，这些信息体现在一张总表上，没有标明每个生产商的具体身份。

二、讨论

竞争对手在反倾销案件准备过程中交换信息的行为可以视为向主权请愿行为。只要这些交换是为准备共同的请愿而合理必要的，就是为贸易法律所允许的。如果当事人已经采取了必要措施，保证商务部和国际贸易委员会所要求提供的敏感信息不被利用来进行反竞争目的，则他们很可能获得豁免。在这种情况下，信息交换相对于请愿来说是次要的，不会受到反托拉斯法的处罚。如果当事人直接交换有关成本、产品价格、价格趋势以及利润的广泛信息，包括超出所要求提供的事实范围的具体交易信息，则可能不会得到豁免。

三、案后缀语

总之，我国企业应当采取积极态度，采取多种方式，避免美国反托拉斯诉讼，并推回美国这只伸过太平洋的手。以下是几个一般性的规则：

■遵守我国的反垄断法。我国已经颁布的反垄断法与美国的反托拉斯法有很多方面具有共通性，只要遵守我国自己的反垄断法，在很大程度上就能够避免违反美国的反托拉斯法。

■在与美国人做贸易的时候，增强法律意识，预防在前，向法律专家请教，哪些行为是安全的，哪些有可能违法。

■如果企业行为发生在美国境外，则美国人在搜集证据方面毕竟面临巨大困难，所以在日常经营中要加强自律，避免授人以柄。

■企业协会应当进一步深化改革，找准自己的位置，不要充当企业商谈价格的平台。

■如果被诉，也不要惊慌，要学会利用美国法律，尽早脱身。例如以上所介绍的管辖权问题，就有不少文章可做。我国企业在接到诉状后，应当首先考虑美国法院有没有属事管辖权和属人管辖权，可以首先就管辖权问题向法院提出异议。

第三章 美国联邦反托拉斯法的执行

美国反托拉斯法的域外管辖权是实实在在的,如果你在美国有资产,或者还想与美国人做生意,你就要把美国反托拉斯法当回事。这时,相信几个问题已经悄然浮现在你的脑海里:美国反托拉斯法是通过什么方式执行的? 当违反了美国反托拉斯法的时候,企业通常面临什么样的惩罚,将遭受什么样的损失? 显然,弄明白这个问题,是你正确决策的关键环节之一。

按照向美国联邦法院提起反托拉斯诉讼的主体,可以将美国联邦反垄断法的执行体制分为三种:公共执行、"准公共"执行和私人执行。所谓公共执行和"准公共"执行是指由政府机构为主导的执行体制,私人执行是指由受影响企业或消费者向法院提起诉讼来执行反托拉斯法的体制。

第一节 公共执行的机构和程序

联邦反托拉斯法的公共执行大部分掌握在司法部和联邦贸易委员会手里。司法部设立了一个反托拉斯局(the Antitrust Division of the Department of Justice),专司《谢尔曼法》和《克莱顿法》的执行工作。从性质上看,司法部反托拉斯局是一个纯粹的行政机关。

联邦贸易委员会是由威尔逊政府推动成立的,其法律依据是1914年的《联邦贸易委员会法》。委员会由5名委员组成,任期7年。总统任命委员会成员,但要经过参议院的确认。联邦贸易委员会性质上属于独立管制机构,在执法过程中，它是作为一个能宣布自己裁决的准司法机构行使职权的。之所以称为"准"司法机构，是因为它虽然有裁决权，但权力内容十分有限，这一点我们要在下文详细介绍。联邦贸易委员会有权执行所有的联邦反托拉斯法律。

由于历史和法律解释的原因，两个机构的权力存在重叠。但两个机构已经发展了一套程序，以便在对案件进行调查或提起诉讼之前及时通知对方。如果发现双方都在处理同一桩案件，则两个机构将进行协商，根据各自的专长、经验、人手等因素，决定由哪个机构处理。但如果案件有可能涉及刑事诉讼，则由司法部反托拉斯局专属处理，因为联邦贸易委员会没有向法院提起刑事诉讼的权力。违反《联邦贸易委员会法》和《克莱顿法》并不会导致刑事诉讼，但违反《谢尔曼法》则有可能导致刑事诉讼，违反《罗宾逊—帕特曼法》的价格歧视条款也会引发刑事诉讼[1]。

联邦贸易委员会和司法部反托拉斯局的调查权和案件选定程序是类似的。但是，一旦决定启动起诉案件，两个机构的程序就迥然不同。反托拉斯局在联邦法院提起刑事诉讼和民事诉讼，其程序遵守刑事诉讼和民事诉讼的一般规则。而联邦贸易委员会则可以在法律规定的限度内，以自己的名义对案件作出裁决。

一、司法部反托拉斯局的执法程序

司法部反托拉斯局的主要执行活动是对案件进行调查以及向法院提起刑事诉讼和民事诉讼。调查可能由于企业或个人的控诉，也可能由于反托拉斯局自己得到的信息。调查的最初阶段只根据公开的信息，如果获得了一些证据，则开始正式的调查。在正式调查阶段，可以向有关个人提出问题，或要求提供有关文件。如果公司的主要营业地在国外，司法部主要采取非正式协商以及与所涉及公司达成协议的方式收集证据。调查完毕后，根据调查情况，反托拉斯局可以决定终止调查，或者决定向联邦地区法院提起刑事诉讼或民事诉讼。

(一)刑事诉讼

一般而言，反托拉斯局只对案情清楚明确且当事人故意违反反托拉斯法的案件提起刑事诉讼。采取刑事诉讼手段处理的案件绝大部分属于固定价格、划

---

[1] 根据《罗宾逊—帕特曼法》的规定，违法者可能被判处不超过一年的监禁或不超过5000美元的罚款，也可二者并处，但在实践中，司法部很少根据《罗宾逊—帕特曼法》的规定提起刑事诉讼。绝大多数的刑事诉讼是根据《谢尔曼法》提起的。

分市场或串通投标案件。在对美国石膏公司案❶的判决中，最高法院认为，只有当反托拉斯局能够证明当事人有违法故意时，才能予以刑事制裁。这就是说，反托拉斯局必须证明被告的行为已经产生或可能产生反竞争的效果，同时还要证明被告早就知道会产生这种可能的效果。反托拉斯局认为，刑事违法有以下典型的特点：(1)行为涉及实际的、潜在的或明显的竞争对手之间签订的合同（除非在垄断市场案件中涉及可以单独实施的违法行为，例如贿赂或人身侵害）；(2)该协议本质上很有可能抬高价格（或在买方垄断的情况下，降低价格）和限制产量，并且没有任何具有实质意义的效率上的好处；(3)该协议一般而言是秘密的或具有欺诈性的；(4)共谋者一般而言意识到其行为可能带来的反竞争后果。❷

如果我们用以上几个要件衡量中国企业所遭遇的反托拉斯诉讼，可以发现这几个案件明显不符合第三个要件。中国企业其实没有违反反托拉斯法的故意，它们之间的协调行为（如果存在这样的协议）不是秘密的，有些甚至进行大张旗鼓的公开宣传，有关企业协会甚至将其作为自己的"政绩"大肆宣扬。

按照《华尔街日报》的说法，对于中国企业所遭遇的维生素 C 案件，尽管美国检察官和联邦调查局（FBI）的官员正在进行调查，但尚未对中国企业提起刑事诉讼，其原因在于："串通价格的刑事诉讼案要胜诉非常困难。调查人员往往无法接触到相关证人和证据。而且，刑事反垄断诉讼还会牵扯到种种政治和经济影响。"❸

刑事起诉开始后，被告可以申请法院进入一种特别的抗辩，即 nolo contendere（不愿辩护而又不承认有罪的抗辩）。法院经常愿意接受这种抗辩，因为可以节省法院审判的时间与费用。这种抗辩可以使被告得到较轻的处罚，并且此种抗辩在私人三倍损害赔偿诉讼❹中不能作为初步证据。

---

❶ United States v. United States Gypsum Co., 438 U. S. 422, 98 S. Ct. 2864 (1978).

❷ Department of Justice, International Operations Antitrust Enforcement Policy 22 (Nov. 10, 1998), reprinted at 4 Trade Reg. Rep. (CCH) ¶ 13, 109 (superceded). Cited by Herbert Hovenkamp, *Federal Antitrust Policy: the Law of Competition and Its Practice,* at pp. 585 – 586, second edition, West Group, 1999.

❸ 《中国维 C 厂商在美国遭遇反垄断诉讼》，载《华尔街日报》2006 年 2 月 11 日，available at http://www.chinese.wsj.com/gb/20060210/bch210626.asp。

❹ 见本节有关部分。

（二）刑事制裁的措施

刑事制裁的形式，主要是罚款和监禁。按照《谢尔曼法》的现行规定，如果法院判决刑事违法成立，则可对法人处以1亿美元以下的罚款，对个人处以100万美元以下的罚款。除此之外，对个人还可以并处10年以下的监禁。对个人的监禁也可以单处。

但是，根据《1984年刑事罚款改进法》（the Criminal Fines Improvement Act of 1984）[1]，罚款也可以是违法者获利或受害者损失的两倍。如果以后一种方式计算，实际的罚款可能大大超过《谢尔曼法》规定的数额。在1999年罗氏公司等固定价格案中，罗氏公司被处以5亿美元的罚款，巴斯夫公司被处以2.25亿美元的罚款，是一个创纪录的数字[2]。在2005年韩国三星公司反托拉斯诉讼案中，三星公司被处以3亿美元的罚款，同案中的德国英飞凌科技公司被处以1.6亿美元的罚款，韩国HYNIX（海力士）公司被处以1.85亿美元的罚款。[3]

自《谢尔曼法》制定以来，其所规定的罚款数额和监禁期限经过数次调整，总体呈现上升的趋势。1890年，《谢尔曼法》规定罚款的最高限额为5000美元，监禁期最长不超过1年。1955年的修正案将罚款的最高限额增加到50000美元。1974年的修正案规定对公司的罚款从5万美元增加到100万美元，对个人的罚款从5万美元增加到10万美元，并且监禁期也从1年增加到3年。同时，该修正案还将违反《谢尔曼法》的犯罪行为视为重罪而非轻罪。[4] 1990年的修正案规定，对公司的罚款增加到1000万美元，对个人的罚款增加到35万美元。2004年6月22日后，《谢尔曼法》规定的罚款数额已经上升到对公司1亿美元，对个人100万美元，或10年以下监禁。尽管这些数字的调整一方面是为了适应通货膨胀的水平，但另一方面显然可以看出美国对违反反托拉斯法行为加重处罚的倾向。

除了对违反反托拉斯法行为本身进行处罚以外，被判违法者还可能因为同

---

[1] See 18 U.S.C.A. § § 3621－3624; Criminal Fines Improvements Act of 1987 (re-enacted), 101 Stat. 1279, 1289.

[2] Status Report: Criminal Fines, available at www.usdoj.gov.

[3] 《美重罚三星3亿美元》，载《环球时报》2005年10月19日。

[4] 参见马歇尔·C.霍华德著：《美国反托拉斯法与贸易法规——典型问题与案例分析》，孙南申译，中国社会科学出版社1991年版，第54—55页。

时触犯其他罪名而被数罪并罚，例如信件或无线通讯欺诈罪（18 U.S.C. § § 1341，1343），勾结冒犯或欺诈美国罪（18 U.S.C. § 371），勾结欺诈政府罪（18 U.S.C. § 286），作错误、编造或欺诈陈述罪（18 U.S.C. § 287），向政府机构作错误陈述罪（18 U.S.C. § 1001）等。

（三）近年来美国反托拉斯刑事制裁的特点

近年来，美国反托拉斯刑事制裁呈现出以下三个特点：

第一，罚款的数额呈上升趋势。这一倾向明显地体现在司法部近年来的司法实践中[1]，前面所举的罗氏案和三星公司案是很好的例证。而且，罗氏案和三星公司案并非偶然的例子。2007 年，司法部反托拉斯局指控英国航空公司（British Airways Plc）勾结固定国际货运费率、固定长途国际空运旅客燃油附加费，指控大韩航空公司（Korean Air Lines Co.，Ltd）勾结固定国际货运费率、固定美国飞韩国航线票价。两公司均被处以 3 亿美元罚金。

第二，对个人监禁措施的使用频率和刑期均呈上升趋势。美国司法部 2004 年的《情况报告：反托拉斯局刑事执行项目最新发展综述》（以下简称“情况报告”）指出，2002 年，所有被告被判监禁的天数的总和超过 1 万天，平均刑期超过了 18 个月，这是一个创纪录的数字。从 1999 年到 2002 年 4 年间，被判刑期超过 1 年的人数比之前十年的总人数还要多。这一趋势仍在延续，2007 年被告被判监禁的天数是 31391 天，又创新高[2]。

第三，更多地将目标对准国际卡特尔行为。《情况报告》开宗明义地指出：自从 20 世纪 90 年代中期以来，反托拉斯局的策略是将执法资源集中到危害美国商业和消费者利益的国际卡特尔上。这个执行重点的变化已经取得了令人瞩目的成就，打击了国际卡特尔，主要共谋者被判刑，并且获得了创纪录的罚款。该《情况报告》还指出，在 40 个被罚款超过 1 千万美元的案例中，34 个属于国际卡特尔。国际卡特尔约占反托拉斯局刑事调查案件的一半；所调查的国际卡特

---

[1] 参见 2004 年美国司法部的《情况报告：反托拉斯局刑事执行项目最新发展综述》（Status Report: An Overview of Recent Developments In The Antitrust Division's Criminal Enforcement Program, 2004. Available at www.usdoj.gov.）以及《Recent Developments, Trends, Milestones In The Antitrust Division's Criminal Enforcement Program》, March 26, 2008, available at www.usdoj.gov。

[2] 同上。

尔涉及的领域包括维生素、纺织品、建筑、食品和饲料添加剂、化工产品、石墨电极(用于钢铁制造)、美术作品拍卖以及海上建筑和海上运输服务。1997年以来,在超过20亿美元的罚款中,超过90%来自与国际卡特尔有关的活动。此外,反托拉斯局已经对来自英国、德国、比利时、荷兰、法国、瑞士、意大利、瑞典、加拿大、南非、墨西哥、日本和韩国的公司官员提起了刑事指控,他们被处以巨额罚款,有些还被处以监禁;2001财政年度以来,大约1/3被指控的个人是外国公民。来自加拿大、德国、瑞士、瑞典和法国的被告已经因为违反美国反托拉斯法在美国监狱服刑。2001年,反托拉斯局把被控告的逃犯列入国际刑警组织的"红色通缉令"中,而且通过这一方式,有几个人已经被逮捕。

统计报告:刑事罚款

自从1997财政年度之初以来,美国司法部反托拉斯局已经获得了超过17亿美元的刑事罚款——比1890年以来因违反谢尔曼法而获得的刑事罚款的总和还要高许多倍。这些罚款中的90%以上因指控国际卡特尔活动而取得。

●受影响的商业交易量。国际卡特尔所影响的商业交易量非常大。在某些方面来说,受合谋影响的商业交易量每年远远超过10亿美元;在所调查的超过半数的案件中,在合谋存续期间,受影响的商业交易量远远超过1亿美元。

●对法人的罚款数额急剧上升。因为国际卡特尔影响到如此大量的美国商业,也因为《美国刑事处罚指南》在很大程度上基于被卡特尔影响的商业交易量,所以在最近几年中,反托拉斯局获得的罚款数量大幅度上升。

●年度罚款总额。1997财政年度之前的10年间,反托拉斯局获得的刑事罚款每年平均为2900万美元。1997财政年度,反托拉斯局获得了2.05亿美元的罚款——比反托拉斯局成立以来的任何一年都要高500%。1998财政年度,反托拉斯局获得了2.65亿美元的刑事罚款。1999财政年度,反托拉斯局获得了11亿美元的罚款,其中包括霍夫曼·罗氏公司的5亿美元和巴斯夫公司的2.25亿美元。2000财政年度,反托拉斯局获得了超过1.5亿美元的罚款。

●较高的年度罚款。6年前，违反《谢尔曼法》最大的单笔罚款为200万美元。然而，在过去5年里，1千万以上的罚款变成了家常便饭。反托拉斯局已在6个案件中获得了1千万或者更多的罚款：

• 罗氏公司被处以5亿美元罚款（维生素卡特尔，1999年5月），在所有类型的刑事处罚中数额最高；

• 巴斯夫公司被处以2.25亿美元罚款（维生素卡特尔，1999年5月）；

• SGL Carbon AG 公司被处以1.35亿美元罚款（石墨电极卡特尔，1999年5月）；

• 三菱公司被处以1.34亿美元罚款（石墨电极卡特尔，2001年5月）；

• UCAR International 公司被处以1.1亿美元罚款（石墨电极卡特尔，1998年4月）；以及

• Archer Daniels Midland 公司被处以1亿美元罚款（赖氨酸和柠檬酸卡特尔，1996年10月）。

●国际卡特尔：1千万美元或以上罚款。反托拉斯局已从指控美国、荷兰、德国、日本、比利时、瑞士、英国和挪威的公司的案件中获得1千万美元或更多的罚款。在反托拉斯局获得罚款1千万美元或以上罚款的34个案件中，24个案件的被告是外国公司。这些数字反映的事实是：典型的卡特尔倾向于由一个美国公司和其三到四个竞争者组成，这些竞争者在欧洲、亚洲和全世界范围内是市场的领导者。

因违反《谢尔曼法》而被处以1千万美元或以上的罚款的案件表
（截至2008年12月16日共64项）

反托拉斯局因违反《谢尔曼法》而被处以1千万美元或以上罚款的案件				
被告（财政年度）	产品	罚款（百万美元）	地理范围	国家和地区
F. Hoffmann-La Roche, Ltd. (1999)	维生素	$ 500	国际	瑞士
LG Display Co., Ltd LG Display America (2009)	液晶显示器	$ 400	国际	韩国
Societe Air France and Koninklijke Luchtvaart Maatschappij. N. V. (2008)	航空运输（货运）	$ 350	国际	法国（Societe Air France）、荷兰（KLM）

反托拉斯局因违反《谢尔曼法》而被处以1千万美元或以上罚款的案件				
被告(财政年度)	产品	罚款(百万美元)	地理范围	国家和地区
Korean Air Lines Co., Ltd.(2007)	航空运输(货运和客运)	$ 300	国际	韩国
British Airways PLC(2007)	航空运输(货运和客运)	$ 300	国际	英国
Samsung Electronics Company, Ltd. Samsung Semiconductor, Inc.(2006)	存储芯片	$ 300	国际	韩国
BASF AG(1999)	维生素	$ 225	国际	德国
Hynix Semiconductor Inc.(2005)	存储芯片	$ 185	国际	韩国
Infineon Technologies AG(2004)	存储芯片	$ 160	国际	德国
SGL Carbon AG(1999)	石墨电极	$ 135	国际	德国
Mitsubishi Corp.(2001)	石墨电极	$ 134	国际	日本
Sharp Corporation(2009)	液晶显示器	$ 120	国际	日本
Japan Airlines International Co., Ltd.(2008)	航空运输(货运)	$ 110	国际	日本
UCAR International, Inc.(1998)	石墨电极	$ 110	国际	美国
Archer Daniels Midland Co.(1997)	赖氨酸和柠檬酸	$ 100	国际	美国
Elpida Memory, Inc.(2006)	存储芯片	$ 84	国际	日本
Dupont Dow Elastomers L. L. C.(2005)	氯丁橡胶	$ 84	国际	美国
Takeda Chemical Industries, Ltd.(1999)	维生素	$ 72	国际	日本
Bayer AG(2004)	橡胶化工	$ 66	国际	德国
Qantas Airways Limited(2008)	航空运输(货运)	$ 61	国际	澳大利亚
Cathay Pacific Airways Limited(2008)	航空运输(货运)	$ 60	国际	中国香港、台湾
Bilhar International Establishment(2002)	建筑	$ 54	国际	列支根斯坦
Daicel Chemical Industries, Ltd.(2000)	山梨醋酸	$ 53	国际	日本
ABB Middle East & Africa Participations AG(2001)	建筑	$ 53	国际	瑞士

反托拉斯局因违反《谢尔曼法》而被处以1千万美元或以上罚款的案件				
被告(财政年度)	产品	罚款(百万美元)	地理范围	国家和地区
SAS Cargo Group, A/S(2008)	航空运输(货运)	$ 52	国际	丹麦
Crompton(2004)	橡胶化工	$ 50	国际	美国
Haarmann & Reimer Corp.(1997)	柠檬酸	$ 50	国际	德国母公司
HeereMac v. o. f.(1998)	海上建筑	$ 49	国际	荷兰
Sotheby's Holdings Inc.(2001)	美术作品拍卖	$ 45	国际	美国
Odfjell Seachem AS(2003)	集装箱运输	$ 42.5	国际	挪威
Martinair Holland N. V.(2008)	航空运输(货运)	$ 42	国际	荷兰
Solvay S. A.(2006)	过氧化氢	$ 40.8	国际	比利时
Eisai Co., Ltd.(1999)	维生素	$ 40	国际	日本
Hoechst AG(1999)	山梨醋酸	$ 36	国际	德国
Bayer Corporation(2004)	聚酯型多元醇	$ 33	国际	德国母公司
Showa Denko Carbon, Inc.(1998)	石墨电极	$ 32.5	国际	日本
Akzo Nobel Chemicals International B. V.(2006)	过氧化氢	$ 32	国际	荷兰
Philipp Holzmann AG(2000)	建筑	$ 30	国际	德国
Irving Materials, Inc(2005)	成品混凝土	$ 29.2	国内	美国
Arteva Specialties(2003)	聚酯棉	$ 28.5	国际	卢森堡
Daiichi Pharmaceutical Co., Ltd.(1999)	维生素	$ 25	国际	日本
Nippon Gohsei(1999)	山梨醋酸	$ 21	国际	日本
Pfizer Inc.(1999)	异维C钠/酚	$ 20	国际	美国
Fujisawa Pharmaceuticals Co.(1998)	葡萄糖酸钠	$ 20	国际	日本
Jo Tankers, B. V.(2004)	包裹油轮运输	$ 19.5	国际	荷兰
Dockwise N. V.(1998)	海上运输	$ 15	国际	比利时
Dyno Nobel(1996)	炸药	$ 15	国内	挪威母公司
F. Hoffmann-La Roche, Ltd.(1997)	柠檬酸	$ 14	国际	瑞士
Merck KgaA(2000)	维生素	$ 14	国际	德国
Degussa-Huls AG(2000)	维生素	$ 13	国际	德国
Akzo Nobel Chemicals, BV(2001)	一氯乙酸	$ 12	国际	荷兰

反托拉斯局因违反《谢尔曼法》而被处以 1 千万美元或以上罚款的案件				
被告(财政年度)	产品	罚款(百万美元)	地理范围	国家和地区
Hoechst Aktiengesellschaft(2003)	一氯乙酸	$ 12	国际	德国
Ueno Fine Chemicals Industry, Ltd. (2001)	山梨醋酸	$ 11	国际	日本
Eastman Chemical Co. (1998)	山梨醋酸	$ 11	国际	美国
Jungbunzlauer International AG (1997)	柠檬酸	$ 11	国际	瑞士
Zeon Chemicals L. P. (2005)	丁腈橡胶	$ 10.5	国际	日本母公司
Lonza AG(1998)	维生素	$ 10.5	国际	瑞士
De Beers Centenary AG(2004)	工业钻石	$ 10	国际	瑞士
Morganite, Inc. (2003)	炭精产品	$ 10	国际	英国母公司
Akzo Nobel Chemicals, BV & Glucona, BV(1997)	葡萄糖酸钠	$ 10	国际	荷兰
ICI Explosives(1995)	炸药	$ 10	国内	英国母公司
Mrs. Baird's Bakeries(1996)	面包	$ 10	国内	美国
Ajinomoto Co., Inc. (1996)	赖氨酸	$ 10	国际	日本
Kyowa Hakko Kogyo, Co., Ltd. (1996)	赖氨酸	$ 10	国际	日本

(四)对企业的宽大政策(leniency policy)❶

如果企业能够在较早的时间向司法部报告其违法反托拉斯活动,则有可能获得"宽大"处理。这里的"宽大"是指,就所报告的活动而言,司法部不对该企业提起刑事诉讼。

1. 在司法部开始调查之前即前往报告的宽大政策

如果违法企业在司法部开始调查之前,即前往报告违法行为,则可以获得宽大处理,但必须满足下列六个条件:

(1)在企业前来报告违法活动的时候,司法部反托拉斯局尚未从其他渠道接到违法活动信息;

(2)该企业一经发现该违法活动,即采取迅速和有效措施终止其违法活动;

❶ 美国司法部于 1993 年 8 月 10 日发布该项政策。

(3)该企业能够坦率、完整地报告错误行为,并在司法部的整个调查过程中与司法部进行全面、不间断以及完整的合作;

(4)须公司前来承认错误行为,而非执行官或管理人员个人前来承认错误行为;

(5)如果可能,企业已向受损害的当事人作了偿还或赔偿;以及

(6)该企业没有强迫另一方参与违法行为,并且明显不是该活动的领导或发起人。

2. 其他条件

如果前来报告违法活动的企业没有满足以上全部六个条件,但能够满足以下七个条件,则该企业无论在司法部开始调查之前还是之后,都可以获得宽大处理:

(1)该企业是第一个前来报告的企业,并且就所报告的违法活动而言,符合获得宽大处理的条件;

(2)在该企业前来报告的时候,司法部尚未获得能够证明其犯罪的证据;

(3)该企业一经发现该违法活动,即采取迅速和有效措施终止其违法活动;

(4)该企业能够坦率、完整地报告错误行为,并与司法部进行全面、不间断以及完整的合作,以加快司法部的调查过程;

(5)经公司前来承认错误行为,而非执行官或管理人员个人前来承认错误行为;

(6)如果可能,企业已向受损害的当事人作了偿还或赔偿;以及

(7)考虑到违法活动的性质,坦白企业在其中的角色,以及该企业前来报告的时间,司法部认为予以宽大处理不会对其他企业造成不公平。

在适用第(7)条的时候,司法部主要考虑企业前来报告的时间有多早,以及该企业是否强迫另一方参与违法活动,或是否明显是违法活动的领导或发起人。如果该企业在司法部开始调查违法活动之前即前来报告,则对是否满足第(7)条的要求可以宽松。这个条件将增加司法部获得能够证明犯罪的证据的可能性。

3. 对公司董事、管理人员和雇员的宽大政策

如果一个公司满足了上述第1部分列出的获得宽大处理的条件,则其所有承认卷入违法反托拉斯活动的董事、管理人员和雇员,如果能够坦率、完整地承

认其错误行为,并在整个调查过程中不间断地帮助司法部,都将获得宽大处理,即司法部对其违法活动不提起刑事诉讼。如果一个公司不符合上述第1部分列出的条件,与其公司一起前来报告的董事、管理人员和雇员将视同个人前来报告,被考虑免除刑事追诉。

4. 宽大处理的程序

如果接待报告的官员认为公司符合宽大处理的条件并认为应当给予宽大处理,则他/她将向"行动办公室"(the Office of Operations)提交一份报告,建议予以宽大处理,并说明给予宽大处理的理由。接待官员不得迟延提交建议报告,必须在作出建议起诉其他人的事实备忘录之前提交该建议报告。行动办公室处长将审查建议报告,并将其转交助理司法部长作最终决定。如果接待官员建议不予宽大处理,则公司法律顾问可以预约与行动办公室处长见面,表明观点。公司法律顾问并没有法定权利要求这样一次会面,但一般而言会给予一个会面的机会。

(五)对个人的宽大政策❶

对个人的宽大政策,是针对前往司法部坦白违法活动的个体的人,他们只代表自己,而不是作为企业的一部分。

1. 宽大政策对个人的要求

如果满足以下三个条件,则在司法部开始调查之前报告违反反托拉斯活动的个人,将获得宽大处理:

(1)在个人前来报告违法活动的时候,司法部尚未从其他渠道接到违法行为的信息;

(2)该个人能够坦率、完整地报告错误行为,并在司法部的整个调查过程中与司法部进行全面、不间断以及完整的合作;以及

(3)该个人没有强迫他人参加违法活动,并且明显不是该活动的领导或发起人。

2. 该政策的适用性

不符合本政策第1部分所列条件的个人也可被考虑免予刑事诉讼,这种豁免或者出于制定法的规定,或者属于非正式决定。此豁免决定将由司法部在行

❶ 美国司法部于1994年8月10日发布该政策。

使检察权的时候根据案件具体情况作出。

如果一个公司试图满足“企业宽大政策”的条件，则任何与公司一起来坦白的董事、管理人员或雇员将只能根据“企业宽大政策”的条款被考虑豁免。

3. 宽大程序

如果接到宽大要求的官员认为该个人符合宽大处理的条件并认为应当给予宽大处理，则他/她应当向负责诉讼的副助理司法部长提交一份报告，建议予以宽大处理，并说明给予宽大处理的理由。接待官员不得迟延提交建议报告，必须在作出建议起诉其他人的事实备忘录之前提交该建议报告。负责诉讼的副助理司法部长将审查所提出的宽大要求，并将其转交助理司法部长作最终决定。如果接到宽大要求的官员建议不予宽大处理，则该个人及其法律顾问可以预约与负责诉讼的副助理司法部长见面，表明观点。该个人及其法律顾问并没有法定权利要求这样一次会面，但一般而言会给予一个会面的机会。

（六）民事诉讼

如果反托拉斯局难以发现当事人故意违法的证据，或者不符合上述刑事违法的特点，它就倾向于启动民事救济程序。对于民事调查，司法部反托拉斯局通常使用“民事调查要求令”（Civil Investigative Demands, CIDs）。该传票可以向任何被认为了解信息的人发出，可以要求其提供文件，也可以要求其口头作证，或者要求回答问题。通过该手段得到的信息，可以与联邦贸易委员会共享，偶尔也会向国会公开，但除此之外，则必须为当事人保密。

在民事调查程序中，为了迅速处理案件并减少双方诉讼开支，司法部和被告往往就如何解决问题达成一项协议，根据协议，被告将停止进行政府所指控的违法活动。如果协议获得法官的批准，法院就会发布一项“同意判决”（Consent Judgment）或称“同意令”（Consent Decree）。同意令可以在任何时间作出，例如在提起诉讼之后不久，提交证据之后、法院开始审理之前，开始审理之后，判决承担义务之后，甚至判决不承担义务之后。[1] 绝大多数民事调查以同意令方式结束。同意令不得作为私人三倍损害赔偿诉讼的初步证据。

民事违法的救济手段通常是由法院发布禁止令（injunction decree）。禁止令

---

[1] Areeda & Kaplow, *Antitrust Analysis: Problems, Text, and Cases*, fifth edition, p. 63, Aspen Law & Business, 1997.

的目的不是惩罚,而是防止或限制违法行为。法院可以用来禁止被告继续实施违法行为,也可以强迫被告交出违法所得并恢复竞争秩序。法院发布的禁止令的内容可以是多种多样的,例如可以命令被告(1)处置子公司,(2)创建一个新的公司,以与被告进行有效竞争,(3)以合理的费用甚至无偿许可其竞争对手使用专利、商标或专有技术,(4)向所有希望购买的人提供商品或服务,(5)修改被告进行买卖的条件,以及(6)取消、删减或修改与竞争者、供应商或顾客签订的合同。❶

如果美国政府因为被告的违法行为而受到损害,例如在政府采购中受害于被告形成的价格卡特尔,那么美国政府也可以像私人受害者一样,要求三倍损害赔偿。

二、联邦贸易委员会的执法程序

联邦贸易委员会有自己独立处理案件的程序,可以自己进行裁决。案件的一般程序是:首先由联邦贸易委员会的竞争局对案件进行调查,如果竞争局认为当事人违法,则向一个行政法官(Administrative Law Judge)提出指控。行政法官虽然是联邦贸易委员会的雇员,但独立履行职责。在听证程序中,联邦贸易委员会的律师负有举证责任,地位相当于民事诉讼的原告,当事人则通过其律师进行辩护。行政法官审理完毕后作出初审判决,然后将初审判决报请联邦贸易委员会核准。如果联邦贸易委员会认为被告并不违法,则它可以撤销这个案件。如果联邦贸易委员会认为被告违法,则通常是发出“停止违法行为令”(cease-and-desist order)。在某些案件中,联邦贸易委员会的措施超出停止违法行为令,而命令采取积极的纠正措施,例如联邦贸易委员会曾经命令当事人以合理的费用许可竞争对手使用其专利;在一个合并案件中,联邦贸易委员会曾经命令被告处置通过违法合并获得的企业❷。联邦贸易委员会没有罚款的权力❸。但是如果当事人不遵守联邦贸易委员会停止违法行为的命令,则联邦贸易委员会可以向法院要求给予当事人每日最高达1万美元的民事制裁,具体数额由联邦贸易委员会计算并向法院提出。当然,对于联邦贸易委员会的命令,被告可以在60天

---

❶ Areeda & Kaplow, *Antitrust Analysis: Problems, Text, and Cases*, fifth edition, p. 63, Aspen Law & Business, 1997.

❷ Ibid.

❸ 罚款在美国反托拉斯法中被视为刑事处罚,需要由司法部反托拉斯局向法院提起诉讼,由法院判决决定。

内向上诉法院提出上诉。一般而言,如果联邦贸易委员会对案件事实的认定总体上有大量的证据支持,法院有义务接受该认定。关于对案件所涉及的法律的解释,法院不受联邦贸易委员会的制约,但通常会尊重联邦贸易委员会的解释。

联邦贸易委员会也有"同意令"(consent order)制度。但与司法部反托拉斯局的同意令(consent decree)不同,联邦贸易委员会的同意令不必经过法院的批准。在提起正式指控之前,或者在行政法官举行听证期间,都可以进行同意令的谈判。但是,拟发出的同意令在被联邦贸易委员会最终确认之前,必须予以公开,让公众评论。对当事人而言,同意令的好处是可以避免对所指控的违法行为进行全面的诉讼。同意令并不等于被告承认违法,但它具有与联邦贸易委员会根据完全程序而产生的命令同样的法律效力。在任何情况下,联邦贸易委员会根据同意令公布后的60天内的公众评论,对同意令进行分析。如果评论的信件所揭露的情况表明,同意令是不合适或不充分的,联邦贸易委员会就必须对同意令作出修改。

三、司法部和联邦贸易委员会的"预审"

无论司法部还是联邦贸易委员会,都有一个"预审"程序,也就是预先咨询程序。企业可以利用这个程序咨询其拟采取的行动是否合法。这个程序既适用于国内贸易领域,也适用于国际贸易领域。

于法律而言,司法部并没有向企业预先提供其行为是否合法的意见的权力。但是,长期以来,司法部事实上接受企业的请求,对企业拟采取的行动进行审查。根据这个程序,企业向司法部提出预审请求,详细描述拟采取的行动。企业必须完全公开相关事实。并且,如果司法部要求,企业必须提供进一步的信息。在此基础上,司法部发出一封信函,说明它是否会对该行为提起刑事诉讼。司法部所发出的信函只代表截至发信日期时司法部的态度,司法部保留以后采取任何行动的权利。但是,历史上,如果司法部在此信函中表明它不打算采取刑事措施,则它从来没有采取过此类措施。

联邦贸易委员会同样提供咨询意见。联邦贸易委员会下设"行业指导办公室",该办公室下面有一个"咨询意见处"。联邦贸易委员会可以对管辖范围内的事项为企业提供咨询意见。这些咨询意见的要点会发表出来,作为一般性的指导,但发表时不公布当事人姓名。

[案例:通用汽车公司案][1]

一、案例

通用汽车公司和丰田汽车公司组成了一个合营企业,设在通用汽车公司位于加州的工厂。该合营企业年产小型汽车200000—250000辆,汽车型号与丰田公司的Sprinter相似,该型号当时仅在日本销售。该合营企业每年生产的汽车都卖给通用公司,价格最初由合营者商定一个具体数字,以后根据一个特别的指数调整。两个母公司在合营企业中持有相同的股份,并任命相同数量的董事。主管人员由丰田任命。

1984年,联邦贸易委员会调查了该合营企业。调查结束后,因合营者接受以下条件,委员会决定不提起正式程序(两名委员反对):1. 禁止两公司之间组成任何其他合营企业;2. 将该合营企业的期限限定为12年;3. 将丰田销售给通用的汽车限定在每年250000辆;4. 禁止两个母公司交换或互相讨论或与合营企业讨论任何下列未公开的信息:(1)两个母公司新汽车或新组件的价格,除非按照在正常生意过程中形成的供应商—顾客关系;(2)两个母公司产品的成本;(3)除合营企业产品及其市场销售计划之外的任何产品的销售或生产预测或计划;5. 禁止交换或讨论以下非公开信息:当前或将来型号的变化,合营企业产品的设计,其销售或生产预测,或母公司向合营企业所提供产品的成本,除非仅为完成合营企业的合法目的或功能所必需;以及6. 要求提供某些记录和报告。

附加这些限制之后,联邦贸易委员会的多数意见认为,合营企业将不会违反反托拉斯法律。一般认为,该合营企业将对美国公众带来三点重大促进竞争的好处:首先,合营企业很可能使在美国销售的小型汽车的总数量增加,因此使美国消费者在较低价位上有更多的选择;其次,合营企业汽车的生产成本较通用公司被迫立即使用的其他生产资源低;最后,合营企业提供了一个宝贵的机会,使通用公司能够向更有效率的日本制造和管理技能学习;另外通用公司能够获得深入的好处,在细节上不断积累知识。美国汽车工业将变得更有效率,更有竞争性。

---

[1] General Motors Corp., 103 F. T. C. 374, 384, 387 - 388, 393 (1984).

持反对意见的委员认为,通用公司已经知道有效率的日本方法。他们还担心,合营企业将使通用公司降低关于日本技术先进性认识的不确定性,并进而降低其在产品创新上的积极性。他们还担心可能出现相反的价格效果:丰田可能提高其另一个相关产品 Corolla 的价格,因为这将抬高指数,迫使通用以更高的价格购买合营企业产品,并使通用提高其其他产品的价格,以维持其在小型汽车上的通常利润;该价格然后又被这个高度集中的市场上的其他日本和美国生产商看齐。

注:1993 年,联邦贸易委员会废除了最初的命令,因为市场发生了根本的变化。到 1992 年,12 条日本的和 2 条欧洲的汽车装配厂在北美(包括墨西哥)开业,增加了 2500 万单位的生产能力。Honda/Acura 已经超过丰田,成为最大的外国汽车销售公司。福特与马自达以及与尼桑成立了合营企业,克莱斯勒与三菱也有一个合作安排。通用公司还与另外一个日本厂家建立了合作关系。联邦贸易委员会认为,面对着这样的市场进入和扩张,通用与丰田的合营企业不可能产生市场势力或为市场势力的行使提供便利。因此,所有关于合营期限和产量的限制均被撤销。并且,为了使通用和丰田能够进行合营企业运转所必需的交流,联邦贸易委员会决定,限制信息流动已不实际。

二、案后缀语

读者通过本案例可以了解到:

(一)美国司法部或联邦贸易委员会同意令的内容非常灵活,随案件情况而变化;

(二)司法部或联邦贸易委员会在设定同意令内容的时候,其职能其实相当于贸易管制机构,因为它们具体规定企业可以做什么,不可以做什么;

(三)本案例对理解我国《反垄断法》第四十五条"事实发生重大变化",亦有帮助。

第二节 "准公共"执行:州检察长的地位和作用

除了联邦司法部和联邦贸易委员会外,各州的检察长也有权力执行联邦反托拉斯法。但当各州执行联邦反托拉斯法的时候,其地位等同于私人。因此,在联邦反托拉斯诉讼中,各州检察长担当双重角色。就州检察长与联邦法律的关系而言,他不过是私人原告的特例,对于私人诉讼的大多数限制也适用于他们。但就他们在其政治领域中所负的责任而言,各州检察长同时又是公共机构。因此各州检察长对联邦反托拉斯法的执行被称为“准公共”执行❶。

各州的反托拉斯执行,通常涉及对固定价格行为的三倍损害赔偿诉讼。但像私人三倍损害赔偿一样,如果各州不是该产品的直接购买者,则不能够提起此类诉讼。各州也有权执行关于企业合并的法律,并可以提起诉讼,要求分解一个业已完成的合并,即使该合并已得到联邦贸易委员会的批准❷。

1976 年的《哈特—斯考特—罗迪诺反托拉斯改进法》允许各州代表居住在该州的自然人提起“政府监护诉讼”(parens patriae actions),并对违反《谢尔曼法》的行为要求损害赔偿。如果此类诉讼将导致一个最终判决(a final judgment)❸,则它所代表的自然人将无权提起私人诉讼,除非这些自然人选择退出此类诉讼。这种政府监护诉讼在赔偿数额的计算和支付方式上与私人诉讼是有区别的。首先,法律允许采用抽样调查等方式计算损害金额,而不必计算每一个人所受的实际损失。其次,赔偿可以直接支付给州政府,也可以采用法院批准的其他方式。

1983 年,全国州检察长协会(The National Association of Attorneys General, NAAG)创立了一个多地区反托拉斯工作小组(The Multistate Antitrust Task Force)。以该组织的创立为标志,各州加强了在反托拉斯诉讼上的协调。创立该小组的重要原因之一,是因为在各州看来,联邦机构在反托拉斯执行上越来越不积极。各州之间的协调主要集中于以下案件类型:固定价格、转售价格维持、搭售、具有反竞争效果的合营以及保险业的联合抵制等。同时,在合并案件上,各州也加强了协调。1987 年,各州联合发布了一个横向合并指南,并于 1992 年进行了修改,该指南比联邦机构发布的指南更加严厉。

---

❶ Herbert Hovenkamp, *Federal Antitrust Policy: The Law of Competition and Its Practice*, p. 590, second edition, West Group, 1999.

❷ See California v. American Stores, 495 U. S. 271, 110 S. Ct. 1853 (1990).

❸ 当一个判决就当事人各方的所有权利以及所涉及的所有争议均予解决时,该判决被视为最终判决。如果作出了这样一个判决,就意味着法院没有必要为解决争议而在将来采取措施。

除了执行联邦反托拉斯法以外，各州检察长当然也负责执行本州的反托拉斯法。大多数的州反托拉斯法与联邦反托拉斯法相似。

第三节 私人执行

《克莱顿法》第四条规定："任何人，如果其经营或财产所受到的损害是由于反托拉斯法所禁止的任何行为而引起的，都可以在任何地区法院提起诉讼……并且将得到他所蒙受的实际损失的三倍赔偿，以及诉讼费用，包括合理的律师费用的开支。"这是私人三倍损害赔偿的法律依据。除了三倍损害赔偿诉讼外，私人诉讼者还可以要求法院禁止被告的违法行为。中国企业所遭遇的三起反托拉斯案件，都是私人诉讼，都要求三倍损害赔偿以及禁止被告的违法行为。

私人诉讼之所以在美国产生了这么大的威力，在很大程度上是因为三倍损害赔偿的刺激。可以说，是三倍损害赔偿使私人诉讼成为重要的反托拉斯执行工具。从1941年到20世纪60年代中期，私人案件和政府案件的比率大致是6:1。从20世纪60年代中期到20世纪70年代末期，私人案件和政府案件的比率是20:1。20世纪80年代，私人诉讼大幅度下降，私人案件和政府案件的比例大致稳定在10:1。[1]

按照《克莱顿法》的规定，任何受反竞争行为损害的人都可以向法院提起诉讼。但如果不加任何限制，符合这个要求的名单有可能会很长，因为不仅存在直接受害的人，还存在大量间接受害的人。如果间接受害的人可以向法院提起诉讼，不仅会给法院增加很多工作量，而且也无法计算损害数额。例如，一个石油领域的卡特尔不仅抬高了石油的价格，而且也有可能抬高与之相关的所有商品的价格，因此，受损害的不仅是石油的直接购买者（例如私家车拥有者），而且包括间接购买者，甚至影响到每一个人。鉴于此，美国制定法和美国法院对私人诉讼的能力设定了一些限制。第一，如果诉讼目的是为了得到三倍损害赔偿，则原告必须证明被告的行为损害了其"营业或财产"。但如果诉讼目的只是要求禁

---

[1] Ernest Gellhorn & William E. Kovacic, *Antitrust Law and Economics: in a Nutshell*, p.462, West Publishing Company, 1994.

止违法行为，则只需证明违法行为使其营业或财产"有丢失或损害的危险"即可❶。第二，必须证明其损害属于反托拉斯损害，而不是其他类型的损害❷，即损害是由于托拉斯行为引起的。第三，原告必须有诉讼资格。换言之，并不是稍微受一点违法行为影响的每一个人都有提起三倍损害赔偿的权利❸。例如，在总承包商协会诉加利福尼亚木工理事会❹一案中，一个建筑承包商协会及其成员强迫第三方不与一个工会的承包商和分包商做生意，工会向法院提起了三倍损害赔偿诉讼。法院认为工会没有诉讼资格，因为工会既不是受限制竞争行为影响的市场的消费者，也不是该市场上的竞争者，不是《克莱顿法》第四条所称的"人"。第四，只有产品的直接购买者才有资格提起损害赔偿诉讼。除非在特殊情况下，间接购买者不能享有诉权。除此之外，根据《克莱顿法》第4B条和5(i)条的规定，私人诉讼必须从原告受到损害时算起四年内提出，但如果联邦政府已经对案件提起诉讼，那么在联邦政府的诉讼结束后一年内，还可以提起诉讼。因为根据第5(a)条，私人原告可以把政府反托拉斯诉讼中的判决或命令作为初步证据。

由于赔偿额是实际损失额的三倍，而且，私人往往提起集团诉讼，所以被告如果败诉，将面临巨额赔偿❺。典型的三倍损害赔偿诉讼是对固定价格行为的指控，中国企业到目前为止所遭遇的三起反托拉斯诉讼均为固定价格。但是，其他行为也有可能引起三倍损害赔偿诉讼，因此企业对其他行为也不能掉以轻心。例如，1978年，20家独立的制片商对三家大型电视联播公司提起标的为1.8亿美元的反托拉斯诉讼，指控它们通过拒绝购买和安排制作的新闻及公共事务节目来限制贸易和垄断新闻。1976年，亨兹公司对坎布尔肥皂公司提起标的为1.05亿美元的反托拉斯诉讼，指控其对肥皂实行掠夺性价格。

---

❶ Cargill, Inc. v. Monfort of Colorado, Inc., 479 U. S. 104, 1986.

❷ Brunswick Corp. v. Pueblo Bowl-O-Mat, Inc., 429 U. S. 477, 97 S. Ct. 690, 50 L. Ed. 2d 701 (1977).

❸ Blue Shield of Virginia v. McCready, 457 U. S. 465, 102 S. Ct. 2540, 73 L. Ed. 2d 149 (1982).

❹ Associated General Contractors, Inc. v. California State Council of Carpenters, 459 U. S. 519, 103 S. Ct. 897, 74 L. Ed. 2d 723 (1983).

❺ 关于损失额的计算，见下文。

第四节 诉讼文书的送达

在美国,任何诉讼的第一步均是由原告向法院递交起诉状并送达对方。原告既可以直接将诉状副本和传票送达至被告的办公地点,也可以将诉状副本和传票送达给被告指定的诉讼文书接收代理人。如果原告未能按符合法律要求的方式向被告送达诉状和传票,则被告可以此作为驳回原告起诉的理由,但原告可以重新起诉并按规定的方式送达。

美国《联邦民事诉讼程序规则》规定有诉讼文书送达规则,适用于在联邦法院提起的案件❶。除此之外,美国的各州都有各自的诉讼文书送达规则,适用于在州法院提起的案件。如果被告在美国境外,则除了有限的例外情况,联邦法院和州法院都要求原告按照《关于向国外送达民事或商事司法文书和司法外文书的海牙公约》(简称《海牙送达公约》)执行送达程序。但是,如果被告在美国有分支机构或送达代理,就不适用《海牙送达公约》。

中国是《海牙送达公约》的缔约国,原告必须按照公约规定向在中国境内的每个被告送达文书,除非被告在美国有分支机构或送达代理。《海牙送达公约》要求原告向美国司法部或其指定的代理提交两份传票、起诉状以及相应的翻译件,由后者将文件转交中国司法部,由中国司法部送达被告。

《联邦民事诉讼程序规则》第4(d)条规定:"任何将被送达或按照本段规定的方式接收诉讼通知的个人、公司或组织有义务避免任何不必要的送达传票的成本。为节省成本,原告可以通知该被告诉讼程序的开始,并要求被告放弃传票的送达。"为了使被告放弃正式送达传票的要求,原告必须首先通知被告其已经提起诉讼,并请求被告放弃正式送达传票的要求。原告的这一通知和放弃请求都应当以书面形式送达被告。如果该被告位于美国境内且没有遵从放弃送达的要求,法院可以要求被告承担送达成本。而对于美国境外的被告则没有此种处罚。

如果在美国境内没有注册营业地址的被告企业从原告处收到的是起诉通知,以及要求被告放弃通过正式渠道送达传票及诉状的请求函,而不是法院的传

---

❶ Fed. R. Civ. P. 4(f).

票,则该被告企业既可以选择在放弃送达传票请求上签字,也可以选择要求传票的正式送达。

一、被告回应的时间期限

根据《联邦民事诉讼程序规则》第12(a)(1)(B)条,在联邦诉讼案中,从《海牙送达公约》规定的送达完成之日起,被告有20天的时间对起诉状作出回应。如果被告放弃送达,则将有90天的时间作出回应。这个日期经常可以通过协议或法院命令被推迟,但被告必须在规定的回应时间截止前提出申请。

二、被告对起诉状的回应形式

被告对起诉状的回应通常采取两种形式:答辩或者提出驳回起诉的动议。

答辩就是针对起诉状中的指控作出相应的辩解,或者承认指控,或者否认指控并提出抗辩。答辩也可以声明被告没有足够的信息判断某些指控是否准确。答辩中也可以提出反请求,要求金钱赔偿或要求其他救济。

如果被告有理由提起驳回起诉的动议,则通常在作出答辩之前提起该项动议。根据《联邦民事诉讼程序规则》第12(b)条的规定,被告可以根据以下主张提出驳回动议:(1)对所涉事项没有管辖权;(2)对所涉人员没有管辖权;(3)地点不恰当;(4)程序不正确;(5)诉讼文书送达不充分;(6)没有提出可以支持所寻求救济的主张;以及(7)没有按照第19条加入当事方。

在驳回动议阶段,被告不可以正式提起事实争议,只能对起诉状中的表面主张作出回应。法院则必须对所有怀疑作有利于原告的判断。

如果要求驳回诉讼的动议被驳回,不论是部分驳回还是整体驳回,被告从法院作出裁定之日起将有十天的时间提出答辩。被告也可以请求上诉。此类上诉请求通常不会得到法院支持。如果上诉请求未获批准,则被告必须及时对诉状中的指控提出书面答辩。

三、集团认定

在美国,反托拉斯诉讼经常以集团诉讼的形式出现。集团诉讼是由一人或数人代表他们自己以及一个更大的处境相同的群体(集团),针对一个或数个被告提起的诉讼。集团诉讼可以保证集团成员即使在缺席的情况下,其利益也能得到公平、充分的保护。对于集团诉讼,法院必须决定具名原告的诉讼请求是否与被告产品的其他购买人的诉讼请求相似,从而保证这些具名原告能够充分代表集团的利益。确认集团诉讼的过程可能需要一个月到数月,视反对确认集团诉讼的事实根据而定。此等事实根据通常来自具名原告的证词，以及经法院批准进行的有限的调查取证，有时也来自于驳回起诉动议过程中提出的法律文件。

四、案件的移送和多区诉讼的合并

如果原告在某个州法院起诉，美国司法体制允许被告在某些特定情况下将案件从州法院移送到联邦法院。联邦法院的法官通常被认为在处理集团诉讼上更有经验，可能也更中立一些。所以有些时候，作为诉讼策略，原告也考虑争取将案件从州法院移送到联邦法院。

如果原告在美国不同地区的联邦法院提起相同或类似的诉讼，则美国一个特别成立的跨地区诉讼司法小组可以将这些诉讼合并为一个案件，并确定在哪个法院进行合并审理。

五、预备会议

在联邦诉讼案中，一旦已经按照《海牙送达公约》或其他规定实施送达，联邦法院就将确定联邦诉讼案预备会议的时间。法院将要求原告通知被告的律师预备会议的时间。但是，如果被告未对起诉状作出回应，则原告律师应在预定的会议召开之前至少两天书面通知法院。任何要求延期的申请均须在会议召开前至少 48 小时提交到法院。

会议召开前的 14 天，双方律师应该召开会议，讨论请求和答辩的性质和基础，考虑迅速和解或解决案件的可能性，以及共同提出证据开示程序的时间安排和构成。

值得注意的是，如果被告尚未根据《海牙送达公约》接到送达文书，那么直到接到送达文书为止，该被告不必出席上述会议或承诺出席上述会议，除非已直接向其在美国的代理或分支机构完成了送达。

六、调查取证(事实开示)

美国法院要求在庭审前进行广泛的“调查取证”。为进行调查取证，被告必须向原告公开所有的“有关”文件(包括电子文件)及其管理层、代理商和其他第三方的证言。有关信息是指以任何方式与诉讼事项相关的，或可能导致发现有关证据的信息。原告也可要求被告书面回答问题(书面质询)，或要求他们承认或否认一些事实。法院通常会作出有利于信息提供的决定。复杂的调查取证程序要很长时间甚至数年才能完成。

七、即决判决

在调查取证程序结束后，或在某些特定的情况下在诉讼初期，任何一方均可以争取使法院作出对其有利的即决判决。提出要求即决判决的动议中会主张，调查取证程序所发现的事实无可辩驳。如果是被告提出即决判决动议，则可以主张原告没有合法的诉讼请求。该等动议通常需要详尽地讨论事实和法律的依据。动议的过程以及法院的决定可能在几个月甚至更长的时间完成。

八、庭审

如果没有即决判决，则会开始由 6 至 12 人组成的陪审团进行庭审。在这一过程中，原告和被告都需要提交大量的关于法律问题和其他事项的书面补充文件。在庭审过程中，各方将通过在法院质证证人和提供书面证据的方式进行质辩。最后由陪审团裁决。

九、上诉

陪审团裁决后，当事人可向一个巡回上诉法庭提出上诉。如果任何一方对巡回法院的判决仍有异议，可向美国最高法院提出进一步上诉。但最高法院接受上诉的机会很小，通常只有具有重要意义的案件才有可能上诉到最高法院。

第五节　反托拉斯救济措施

在反托拉斯救济方面，美国最高法院设定的规则是：救济应当符合每一个具体案件的需要，并要对反托拉斯法所体现的公共利益进行适当的考虑[1]。因此，反托拉斯判决的主要目标是给予相对于具体状况的有效的和适当的救济。

一、同意判决（consent judgments）

同意判决是指当事人就争端解决方式达成一致，由法院在当事人的同意下达成的判决。反托拉斯同意判决一旦作出，即具备法院所作出的正常诉讼判决（litigated judgments）的一切特征，对政府和私当事人具有同等的约束力。与在诉讼判决的情况下一样，只有发生了情势变迁（a change of circumstances），才能对同意判决作出修改。

---

[1] U. S. v. National Lead Co., 332 U. S. 319, 360, 67 S. Ct. 1634, 1653, 91 L. Ed. 2077, 2105, 2106 (1947).

在 United States v. Armour & Co. [1]一案中,最高法院把同意判决的法律效果总结如下:“同意判决是当事人进行充分协商、就具体条件达成一致后,由当事人所形成的判决。当事人因此放弃就案件涉及的争议继续诉讼的权利。这种判决可以使他们节省时间、费用以及避免诉讼风险。自然,所达成的协议正常情况下体现着一种妥协……。”

同意判决是当事人自己就争端解决方式达成的一致意见,因此不能作为法院的判例为后来发生的案件所遵守。

传统上,在司法部反托拉斯局提起民事诉讼的案件中,有将近 80% 是以同意判决的形式作出的。这种方式对被告和政府而言都有好处。于被告而言,首先,可以避免高昂的诉讼费用以及对公司管理层和雇员的沉重负担。其次,在同意判决中,司法部将具体列出禁止被告将来采取的行为,因此被告在将来的经营中,可以知道哪些是可以做的,哪些是不可以做的。最后,同意判决不能作为其他人提起三倍损害赔偿的依据。如果案件不是以同意判决的形式获得解决,而是法院以正式判决的形式判决被告败诉,则其他受案件影响的人可以法院的判决作为依据,提起三倍损害赔偿诉讼。如果陷入这种局面,被告的处境将相当不利。于政府而言,可以较迅速地解决案件,并可以将人力和财力资源应用到其他反托拉斯案件中。

二、禁止违法行为

在反托拉斯判决中,法院的首要目标是恢复市场上的竞争状态。因此,在法院所可能采取的一系列措施中,首先就是要求被告停止执行违反反托拉斯法的合同或协议,或者停止进行违反反托拉斯法的行为。例如,在一个案件中,法院判决:“根据《谢尔曼法》第一条,兹判决以下协议违法,并因此取消每一项协议,同时禁止被告在将来的类似活动。”[2]所谓将来的活动,包括与该产品的其他生产商或经销商达成旨在分割市场、限制美国进出口、阻挡第三方进入市场或者限制购买者的协议[3]。

---

[1] 402 U. S. 673, 91 S. Ct. 1752, 29L. Ed. 2d 256 (1971).

[2] U. S. v. National Lead Co., 332 U. S. 319, 360, 67 S. Ct. 1634, 1653, 91 L. Ed. 2077, 2105, 2106 (1947).

[3] Ibid.

三、禁止其他有可能导致违法或为违法提供便利条件的行为

在反托拉斯案件中,法院并不限于禁止违法行为。有些行为本身可能是中性的,无所谓合法不合法,也有些行为本身是合法的,但如被用来作为执行非法共谋的工具,也可能被法院所禁止。例如,在一个案件中,法院禁止被告与其竞争对手使用相同的销售代理[1],因为法院担心被告利用与竞争对手共同的销售代理从事固定价格等违法行为。

四、分割或剥离(divestiture)

如果共谋或垄断与股票、资产收购或组成新公司直接相关,则法院有可能要求被告剥离这些股票或资产,或将新公司出售,否则新公司或股票、资产利益会被利用来进行进一步的共谋活动。但是,分割或剥离毕竟是一件极其复杂的事情,特别是在公司已经高度一体化的情况下,分割或剥离可能极大地影响公司的正常运营,所以法院较少采取这种手段。

但合并案件是一个特殊的情况。如果法院判决合并违法,则剥离被收购的股票或资产是合适的,也是符合逻辑的手段。

五、损害赔偿[2]

损害赔偿的可能性和数量决定了反托拉斯执行的数量。90%以上的反托拉斯诉讼是由私人提起的,其中绝大多数要求损害赔偿。大多数私人提起的反托拉斯诉讼,目的不是消费者福利的最大化,而是自身的经济收益。另外,损害赔偿也影响企业对产品成本和收益的计算。例如,某一种行为可能很有效率,但很可能会损害某些竞争对手,并且其是否合法具有不确定性。企业决定是否采取这种行为的时候,一定会把可能出现的损害赔偿考虑在内。

1. 计算损害赔偿:因收取垄断价格造成的损害(overcharge injury)

因收取垄断价格造成的损害包括两种情况。第一种情况是,消费者从一个非法的垄断企业或卡特尔购买产品所受的损害。第二种情况是,企业向买方卡特尔以低价出售商品所受的损害,或者购买者因非法搭售所受的损害。

普通法关于补偿性损害赔偿的基本原则是,原告所得到的损害赔偿应该与

---

❶ U. S. v. American Bosch Corp., Civ. No. 20 - 164, 1948 - 1949 Trade Cases (CCH) ¶ 62, 284, § V (A) (S. D. N. Y. 1948).

❷ Herbert Hovenkamp, *Federal Antitrust Policy: The Law of Competition and Its Practice*, second edition, Chapter 17, pp. 584 - 628, West Group, 1999.

没有违法情况下他应当获得的数量相等。反托拉斯法基本上遵守这个原则,只不过是传统损害赔偿数量的三倍。按照这个原则,计算损害赔偿的公式是:原告实际上支付或接受的价格,减去该产品在竞争市场上应该收取的价格,乘以所购买产品的数量,乘以3。

但用这个公式计算的价格有可能低估原告的损失。当价格提高到垄断水平时,购买者时常采取一些行动减少其损失,例如用其他产品部分替代垄断产品。在这种情况下,以购买者所损失的利润作为标准可能更准确地计算损害赔偿数量。

法院可能难以确定在竞争市场上产品的价格,但法院已经确定了两个替代标准。一是"类似市场法"("yardstick" approach),即找出一个与垄断或卡特尔市场类似的市场,用该市场上的价格,作为竞争价格的替代价格。二是"前后比较法"("before-and-after" method),即用卡特尔形成之前或卡特尔解散之后的市场价格作为竞争价格的替代价格。

"类似市场法"有明显的局限性。例如,如果卡特尔是世界性的,或者是全国性的,则很难找出类似市场。但如果卡特尔存在于一个地方市场上,则有可能使用该方法。例如在 Greenhaw v. Lubbock County Beverage Asso. ❶一案中,法院即使用了该方法。该案涉及一个卡特尔,德克萨斯州 Lubbock 县酒零售商共谋固定酒类零售价格。在计算损害赔偿的时候,原告的专家比较了 Lubbock 的酒零售价格与达拉斯的酒零售价格。首先,专家计算了一个比率,该比率用以反映两个市场上成本存在的差别,然后用这个比率计算被告产品在共谋期间"应该"收取的价格。用这些价格,专家估算出,该卡特尔向买主多收了7.74%。

"前后比较法"同样具有局限性。卡特尔形成以前的市场有可能是集中度较高的市场,因此其价格可能根本不是竞争价格。更重要的是,市场随时都在变化,"前后比较法"必须反映这种变化。有时候仅考虑到总体的消费价格指数或通货膨胀指数是不够的,因为争议产品的价格变化有可能高于或低于这些指数。另外,如果某种原因引起了供求曲线的移动,则"前后比较法"有可能大大高估或低估损害赔偿程度。

2. 计算损害赔偿:因排斥性行为造成的损害

---

❶ 721 F.2d 1019, 1026 (5th Cir. 1983), rehearing denied, 726 F.2d 752 (5th Cir. 1984).

如果一个市场存在垄断利润,自然会吸引新的投资者。已在市场内的企业将试图增加产量,市场外的投资者试图进入这个市场。垄断企业将会采取措施阻止这种竞争。它们可能将价格设定在成本以下,也可能采取诸如合并、转售价格维持以及非价格限制等方式。

在所有这些情况下,原告一般而言会以损失利润为由要求损害赔偿。利润损失的基础可以是市场份额减少,产品单位价格降低,现存企业的投资或经营资产的损失,或者不能进入一个有利润的市场。

法院一般用以下三种方法估计原告的损失:前后比较法、类似市场法,或"市场份额"法("market share"method)。

(1)前后比较法是指,法院将违法行为发生前、违法行为发生时以及违法行为发生之后对原告的经营进行比较,并估计因为该违法行为致使原告利润减少的数量。例如,假设被告在1975—1978年间实施掠夺性定价。原告在1972—1979年的利润如下:

1972:$ 60000

1973:$ 50000

1974:$ 60000

1975:$ 35000

1976:$ 20000

1977:$ 5000

1978:$ 10000

1979:$ 50000

原告在被告没有实施违法行为的年份里,平均利润是$ 55000。在被告实施违法的每一年,原告的利润损失分别是:1975年$ 20000,1976年$ 35000,1977年$ 60000,1978年$ 45000。原告的损害赔偿金额是$ 160000 × 3 = $ 480000。[1]

很明显,以上计算方式忽略了很多可能出现的因素,可能高估了原告的利润

---

[1] Herbert Hovenkamp, *Federal Antitrust Policy: The Law of Competition and Its Practice*, second edition, Chapter 17, p. 618, West Group, 1999.

损失。但最高法院在 Bigelow v. RKO Radio Pictures❶ 一案中认为，在计算损害赔偿中出现的任何不精确都是被告错误行为的结果；因此被告应当承担计算中任何不确定性带来的风险。

(2)类似市场法

应用此方法，原告必须找出一个在各方面都与自己相似的公司。例如，在 Bigelow 案中，原告就将自己的收入与被告经营的一个相似的剧院的收入进行了比较。

类似市场法的固有弱点在于，如果相比较的市场和企业有较多不同之处，则类似市场法不可能带来较精确的结果。

(3)市场份额法

市场份额法是指，被告在从事违法行为期间，原告丢失了多少市场份额。理论上而言，市场份额法适用于整个市场发生较大变化的时候。例如，假设被告在汽油零售市场上联合拒绝交易，而在拒绝交易期间，石油输出国组织将汽油价格提高了三倍，由此导致需求大幅下滑。如果用前后比较法，则不可能将原告的利润损失部分归于被告，部分归于石油输出国组织。另外，类似市场法可能也不适用，因为无法找到另外一个相似的市场。

石油输出国组织对所有汽油出售商的影响应该是等比例的。如果仅有石油输出国组织的提价，那么市场参与者的相对市场份额应该不受影响，尽管它们的绝对销售数量会受影响。如果原告可以证明其市场份额在被告实施违法行为期间从 7% 降到了 3%，则可以把石油输出国组织的影响与违法行为的影响区分开来，将所损失的市场份额作为计算损害赔偿的基础。

六、小结

综上所述，对于与美国做贸易的中国企业而言，至少应当了解以下几点：

1. 如果被判违反反托拉斯法，企业和企业负责人既可能面临刑事处罚，也可能面临民事赔偿。

2. 对企业的刑事处罚主要是罚款，罚款数额可以是违法者获利或受害者损失的两倍。在有些案件中，这意味着企业面临的罚款将数以亿计。

3. 对企业负责人的刑事处罚既可以是罚款，也可以是监禁，也可以二者兼

❶ 327 U. S. 251, 264, 66 S. Ct. 574, 579 (1946).

而有之。

4. 私人诉讼在美国反托拉斯诉讼中有重要作用。所以，即使美国政府执法机构没有采取行动，企业也可能因为私人诉讼而被判巨额赔偿。

5. 美国政府越来越多地瞄准国际卡特尔。

6. 如果不遵守美国法院的判决，美国法院有可能采取扣押财产等强制执行措施。

第四章 合理原则与本身违法原则

在美国反托拉斯法适用的实践中，存在着两个基本的原则，即“合理”原则（rule of reason，又称“理性”原则）和“本身违法”原则（per se illegal，又称“当然违法”原则）。两个原则是美国司法和执法机构分析反托拉斯案件的基本工具，因此是了解美国反托拉斯法的两个必须掌握的概念或分析工具。本章首先介绍两个基本原则的由来和发展，其次概括介绍两个基本原则的应用和它们之间的关系，最后介绍美国反托拉斯行政执法机构在分析横向协议案件中是如何具体应用两个基本原则的。

第一节 合理原则和本身违法原则的由来与发展

美国《谢尔曼法》第一条规定：“任何旨在限制州际或与外国间贸易或商业的合同、以托拉斯或其他形式的联合或共谋，都是不合法的。”这里，美国法律没有规定任何例外情况。如果对此作极端的解释，会使大部分商业社会陷入困境，因为企业之间签订合同不可避免地要对贸易作出限制，没有限制的合同是没有执行力的。

但是，在《谢尔曼法》通过的最初几年中，法院严格遵守了法律的字面含义。例如，1897 年美国最高法院对“跨密苏里运输协会”[1]一案的判决就体现了这个

[1] United States v. Trans-Missouri Freight Assn., 166 U.S. 290 (1897).

特点。该案中,18个铁路运输公司控制了密西西比河以西的铁路运输,它们创立了一个协会,以设定运费率。美国反托拉斯主管机构根据《谢尔曼法》向法院提起诉讼,要求解散协会并禁止将来出现类似行为。被告辩解说,《谢尔曼法》第一条禁止不合理地限制贸易,一如普通法的原则。但法院拒绝了这一辩解,认为《谢尔曼法》禁止"限制贸易的……所有合同",这就意味着所有具有此类性质的合同均在禁止之列。在以后的几个案件中,例如"安第斯顿管道和钢铁公司"❶案以及"联合运输协会案"❷等,法院均坚持了这个观点。

最高法院终于在1911年的"新泽西标准石油"❸案中改变了观点。本案中,几个企业签订了协议,固定价格、限制产量并控制石油及其制品的运输。它们把营业的管理权交给了新泽西标准石油公司。作为把管理权交给"标准石油"的回报,它们得到信托证书。最高法院判决该信托协议违反了《谢尔曼法》。法院禁止新泽西标准石油公司行使投票权或控制其37个子公司,禁止个人和法人达成类似的联合。大法官怀特(White)认为,《谢尔曼法》旨在促进自由市场和自由竞争,国会之所以通过这部法律,是因为担心通过不正当地限制竞争过程而提高价格。但是,国会只是禁止"不合理地"限制贸易或"不合理地"图谋垄断。"标准石油"案件明显违反了《谢尔曼法》,因此用不着进行深入分析就可以判定标准石油公司所设计的信托的违法性质。"标准石油"案是一个划时代的判例,它奠定了影响深远的"合理原则"(rule of reason)的基础。直到现在,该原则仍然是美国反托拉斯法的一个最基本也是最重要的原则,并为世界各国的竞争法或反垄断法广泛接受。

根据合理原则,法院必须考察一个合同、联合或共谋是妨碍还是促进了《谢尔曼法》的目的。这种分析对法院来说无疑是一个极其繁重的任务,同时也使诉讼变得旷日费时。在长期积累经验的基础上,法院发现,对于某些行为来说,其反竞争后果如此明显,以致不必对案件事实和竞争效果进行穷尽一切的分析。只要发现某种事实或行为存在,即可判定其违法,这就形成了与"合理原则"相对的另一个原则——"本身违法原则"。当法院发现案件事实清楚地具有违法

---

❶ United States v. Addyston Pipe & Steel Co., 85 F. 271 (6th Cir. 1898), aff'd, 175 U. S. 211 (1899).

❷ United States v. Joint Traffic Assn., 171 U. S. 505 (1898).

❸ Standard Oil Co. of New Jersey v. United States, 221 U. S. 1 (1911).

性质时，即应用本身违法原则，不再对其竞争后果进行分析。就被告而言，如果法院认为被告的行为属于“本身违法”，则被告不能提供任何证据证明被诉行为的合理性或必要性。例如，如果被告声称固定价格对于避免“恶性”割喉竞争是必要的，或者说其有利于竞争，或者说其价格是合理的，法院都不会接受。如果案件事实表明违法性质不太明显，则法院应用合理原则，对具体行为对竞争的影响进行分析，判断该行为是否不合理地限制了贸易。

第二节　两个基本原则的应用和它们之间的关系

一、法院对于本身违法原则的应用

一般而言，在横向协议中，固定价格、限制产量、划分市场等协议适用本身违法原则；在纵向协议中，固定最低转售价格的协议也适用本身违法原则。[1] 之所以如此，是因为这些行为被认为本质上是反竞争的，几乎没有也不可能有任何经济上的好处。

在所有适用本身违法原则的协议中，固定价格协议是最常见的。多数固定价格案件涉及设定最低价格的协议，也就是说，签订协议的各方不允许在所设定的价格以下销售商品。这种固定最低价格的协议使消费者对于同样的产品不得不支付较高的价格。偶尔也有设定最高价格的协议。设定最高价格一般情况下对于消费者是有利的，因为消费者可以享受到低价格的好处。但在某些情况下，例如，如果所设定的最高价格低于成本，就成了掠夺性定价，可以被用来排除竞争对手，以提高协议各方的垄断水平；人为设定的低价格有可能妨碍其他企业进入市场等。因此，设定最高转售价格一般适用合理原则进行分析。

因为本身违法原则排斥考虑案件的具体经济因素和效果，所以法院在适用本身违法原则的时候是相当谨慎的。该原则仅适用于经过长期实践被证明确实严重损害竞争，而且没有或具有很少经济好处的行为。对于没有经过长期司法实践检验的案件，许多法院更加倾向于适用合理原则，而拒绝适用本身违法原则。应当注意，一般而言，美国司法部只有对于适用本身违法原则衡量的行为才有可能提起刑事诉讼。

---

[1] 但也不尽然，参见本书第七章。

二、法院对于合理原则的应用

对于不是显然具有反竞争效果的行为，法院适用合理原则进行分析。尽管合理原则早已成为反托拉斯法理的一个组成部分，但该原则的具体含义仍然不是很清楚明确的。美国最高法院 1918 年对芝加哥谷物交易所❶一案的判决对此作了经典的但也是一般性的表述："合法性的真正标准是：所强加的限制仅仅是调节、也许因此促进了竞争，还是压制甚或消除了竞争？要确定这一点，法院通常必须考虑下列问题：受到限制的商业领域所特有的一些情况，限制前后的状况，限制的性质、效果、现实性或可能性，限制的历史，认为存在的恶果，采取特别补救的理由，要达到的目的和结果，都是有关的事实。"也就是说，在对限制竞争的状况进行分析时，要考虑到以上诸多因素。法院并没有给出一个具体应用这些原则的指导，也没有指出以上这些因素孰轻孰重。这给较低层次的法院适用这一原则带来很大的不便和不确定性。

在应用合理原则的时候，传统上，需要对案件事实进行全面、深入的分析，并要具体考察限制所带来的反竞争后果和促进竞争的后果。在进行分析的时候，首先要界定相关市场❷，包括相关产品市场和相关地域市场。因为只有界定了相关市场的范围，才能衡量竞争在多大程度上受到影响。界定相关市场之后，法院将考察被告是否有"市场势力"（market power），即把价格提高到高于竞争水平之上的能力。一般而言，是否具有市场势力是衡量协议是否具有限制竞争效果的先决条件。如果企业根本没有市场势力，则其协议对市场竞争不可能产生影响。如果被告具备市场势力，接下来就要考察限制的性质，看其是否通过创立、增加或保护这种势力或提供了行使此种势力的便利条件而损害竞争。限制的目的也与合理性分析相关，如法院在芝加哥谷物交易所案中指出的那样："对意图的了解可以帮助法院解释事实以及预测后果。"❸

在进行分析的时候，不仅要考察限制竞争协议的反竞争效果，也要考察其可能促进竞争的方面。例如在纵向非价格限制案件中，法院通常认为，某些对品牌内竞争（intra-brand competition）的限制时常促进品牌之间的竞争（inter-brand

---

❶ Chicago Board of Trade v. United States, 246 U. S. 231 (1918).

❷ 相关市场的界定见本书第八章。

❸ 见本书第八章。

competition)。例如,生产商 A 与零售商 B 签订了独家代理销售协议,在该地区内,只允许 B 经销 A 公司的产品,不允许其他代理商存在。B 得到 A 公司的承诺后,会尽自己的努力,采取多种方式促销 A 公司的产品,其结果,不仅增加了自己的利润,也增加了 A 公司与其他同类产品生产商的竞争能力。如果没有这种独家代理协议,B 很难有努力促销的积极性,因为他担心,当他的努力取得成效后,其他代理商会进入市场分享其利润。所以,独家代理协议虽然限制了其他代理商与 B 经销商的竞争,但却促进了 A 产品与其他产品的竞争。在横向和纵向限制案件中,法院已经接受了诸如增加产量、产生经营效率、提供新产品、促进生产或服务质量、增加消费者的选择等辩护理由。但是,以限制行为能够获得更多利润或保护营业价值为理由进行抗辩通常不会得到承认。

应当指出,在应用合理原则进行分析的过程中,法院所考虑的仅仅是协议是促进竞争还是限制竞争。一般而言,法院拒绝考虑除竞争外的其他诸如安全、公平等价值。促进竞争的就是合理的,反之就是不合理的,从而也就是违法的。反垄断行政主管机关的官员们同样强烈反对任何把竞争价值和其他经济或社会的价值相权衡的企图。他们不承认长期以来在这些目标之间的冲突。对竞争价值的强调也是美国反垄断法与其他国家反垄断法的主要区别之一。

三、合理原则与本身违法原则的关系

合理原则与本身违法原则之间的界限并不总是清楚的,或者说是相当模糊的。在美国反托拉斯的诉讼历史中,我们经常能够看到二者相互转换的例子。过去认为应当适用本身违法原则的行为,因为时代的发展和情况的变化,法院用"合理原则"重新进行了分析。这方面的一个明显的例证是:1977 年以前,美国最高法院的判例认为纵向的价格限制(转售价格维持)和非价格限制都是有害竞争的,属本身违法范畴。1977 年,美国最高法院在对"大陆电视公司诉 GTE 斯尔文尼亚公司"[1]一案的判决中改变了这一原则,认为纵向的非价格限制不应适用本身违法的分析方法,而应采取"合理原则"评判其性质和效果。这种转换之所以成为可能,从根本上看,是因为"合理原则"和"本身违法原则"的内在统一性,它们都是以是否限制竞争为旨归的,"本身违法原则"不过是简化了的"合理原则"。

---

[1] Continental T. V., Inc. v. GTE Sylvania Inc., 433 U. S. 36 (1977).

正因为二者的界限是模糊的,所以在具体应用的时候也存在一定的困难。实际上,两个原则的应用有融合的趋势。由于经济生活是复杂的,所以法院一般不愿意简单地把某种协议贴上标签而适用本身违法原则,即使适用该原则,法院也会在一定程度上考虑某种行为是否有促进竞争的效果;另一方面,对于很多行为,也没有必要进行面面俱到的市场分析,法院在具体应用合理原则的时候进行了一定的简化。

美国的"合理原则"和"本身违法原则"深刻地影响了其他国家的立法和司法。即使在立法和司法中并不明确区分这两个原则的国家,其反托拉斯理论也可能采取这种分析方法。应当说,"合理原则"和"本身违法原则"已成为普遍接受的重要的反托拉斯法分析工具。

在我国理论界,有把两个原则绝对对立起来的倾向,认为诸如固定价格等协议一定适用本身违法原则,而其他协议则适用合理原则。这种理论上的僵化观点恐怕会给实践带来不好的影响。在遭遇到反托拉斯诉讼案件时,理论上的僵化观点可能影响对案件的分析,影响对案件结果的预测,影响采取正确的诉讼措施。因此,我们最好避免这种先入为主的观念,尽可能具体问题具体分析,具体考察案件的事实、所发生的条件、所造成的效果,然后作出适用何种原则的判断。

[案例:广播音乐公司诉哥伦比亚广播公司][1]

一、案情

哥伦比亚广播公司是美国全国三大商业电视网之一,向大约200多个关联电视台提供节目,而且它自己也每年播放大约7500个网络节目。哥伦比亚广播公司提供或播放的许多节目利用了录在唱片上的版权音乐作品。哥伦比亚广播公司也在许多城市拥有广播电台和电视台。1897年以来,版权法就赋予版权音乐作品权利人在公共场合进行营利性演奏的独家权利。但因为为营利目的而演奏版权音乐的人是如此众多和分散,而且绝大多数演出转瞬即逝,以至于实际上许多版权所有者不可能与使用者进行谈判和许可,也无法探知未经授权的使用。因此,1914年,维克多·胡伯特(Victor

[1] Broadcast Music v. Columbia Broadcasting System, 441 U. S. 1 (1979)。本书所选案例主要引用美国最高法院或上诉法院的判决书,但进行了删节与编辑,下同。——本书作者注

Herbert)和其他作曲家成立了美国作曲家、作家和出版家协会(American Society of Composers, Authors and Publishers, ASCAP)。该协会到最高法院对本案作出判决时为止共拥有22000名会员,这些会员非排他性地授权协会对其作品的非舞台性演奏进行许可,协会向使用者颁发许可证,并按照音乐使用的性质、数量以及其他因素向版权所有者发放许可收入。

广播音乐公司(Broadcast Music, Inc., BMI)是一家非营利性公司,由广播行业的成员所拥有,成立于1939年,拥有或代表10000家出版公司和20000名作家、作曲家,运作方式与ASCAP相似。几乎每一首国内的版权作品都收录在ASCAP和BMI的作品库中,其中ASCAP拥有300万首,BMI拥有100万首。

两个机构主要通过一揽子许可开展经营。被许可人通过一揽子许可,有权在规定期间内演奏ASCAP或BMI成员的任何以及所有版权作品。一揽子许可的费用一般是全部收入的百分比或者是一个统一的美元数,与音乐被使用的数量或类型没有直接的联系。电台和电视台是音乐的最大使用者,几乎所有电台或电视台都从ASCAP和BMI获得一揽子许可。自20世纪40年代到诉讼发生之日起,哥伦比亚广播公司持续从两个机构获得一揽子许可,从来没有试图从两个机构或其成员那里获得其他形式的许可。

哥伦比亚广播公司提起的诉讼涉及违反《谢尔曼法》和版权法。哥伦比亚广播公司指控ASCAP和BMI非法垄断,并指控它们进行的一揽子许可是非法固定价格,是非法搭售安排,是联合拒绝交易,是滥用版权。联邦地区法院判决该行为不适用本身违法原则,同时判决不存在不正当限制贸易的问题,没有非法搭售,没有滥用版权或进行垄断,因为除了一揽子许可之外,哥伦比亚广播公司还可以与个体版权所有人直接谈判。

上诉法院认为一揽子许可是固定价格的一种形式,是本身违法的。基于这个结论,它认为存在版权滥用,因此推翻了地区法院的判决,并要求重新考虑合适的救济手段。

因为最高法院不同意上诉法院关于一揽子许可是本身违法的结论,所以推翻了上诉法院的判决。

二、最高法院的判决要点

（一）

在解释和适用《谢尔曼法》关于禁止限制贸易的合同、共谋和联合的条款时，最高法院曾经判决：某些协议或行为的反竞争性质是如此清楚明白，并且几乎缺乏任何好的性质，以至于不必根据一般适用于《谢尔曼法》案件中的合理原则对它们进行进一步的考察，即可被确定为非法。这个本身违法原则是反托拉斯政策和执行的有效和有用的工具。竞争者之间就其商品或服务固定价格的协议属于最高法院认定的本身违法之列。但是，简单地贴标签并不总是能够提供现成的答案。

1. 对于上诉法院和哥伦比亚广播公司来说，一揽子许可在字面意义上涉及“价格固定”：作曲家和出版公司组成了一个机构，为它所出售的一揽子许可设定了价格。但是，这不是一个简单地判断两个或更多的潜在竞争对手是否符合字面意义上的“固定价格”的问题。在反托拉斯领域，一般意义上，“价格固定”只不过是一种方便的用法，它用来指代本身违法原则所曾经适用过的某种经营行为。上诉法院从字面意义上进行解释的方法，本身并不能确定这种特定的行为属于其中之一，也不能确定它是“清楚明确的反竞争的”(plainly anticompetitive)行为从而很可能没有“补偿性的优点”(redeeming virtue)。字面意义上进行解释的方法过于简单，并且时常过于宽泛。当两个合伙人设定其商品或服务的价格时，如果从字面意义上理解，他们就是“固定价格”，但它们并没有“本身违反”《谢尔曼法》。……因此，对所指控的行为进行“鉴定”，考察其是否属于我们贴上“固定价格的本身违法行为”标签的行为就是必要的。这个工作时常，但并不总是，一个简单的事情。

因此，正如我们在道博克(Topco)案中所言：“只有对于某些商业关系有了丰富的经验之后，法院才把它们归入本身违法之列。”……我们以前从来没有考察过类似的行为；事实上，上诉法院认识到：“在处理音乐行业中的演奏权利方面，我们碰到的情况，无论在版权法领域还是在反托拉斯法领域，都是独特的。”尽管对ASCAP及其一揽子许可曾经有过相当严格的反托拉斯考察，但该经历并不能让我们认定一揽子许可是本身限制贸易的行为。

2. 根据政府1950年的一份文件，ASCAP的会员在许可其作品的公共演奏权时只能向ASCAP授予非排他性权利。因此,会员保留许可公共演奏权的个人权利,也保留为其他用途进行许可的权利。ASCAP不能就其作品库中的一首或多首具体的音乐作品进行授权,除非使用者和所有者双方共同以书面形式要求它这样做。ASCAP必须向任何提出书面申请的使用者授予在一定时期内或在一个节目中公开演奏所有作品的权利。ASCAP不能坚持授予一揽子许可,它必须允许申请人在一揽子许可和基于每次演出而授予的许可之间进行选择,如果是后者,则收费必须是在演出收入的基础上确定。如果ASCAP与申请人之间无法在60日之内就费用问题达成一致,则申请人可以就确定一个合理费用的问题向地区法院起诉,ASCAP必须证明其收费的合理性。

1950年的文件是联邦反托拉斯机构与ASCAP之间达成的"同意令",它虽经过多次修改,但持续有效。而且,一揽子许可是ASCAP开展经营的主要形式。法院曾就"同意令"进行过两次解释。自1946年以来,哥伦比亚广播公司和其他电视网络一直从ASCAP和BMI获得一揽子许可。直到诉讼发生之日止,哥伦比亚广播公司从来没有要求其他形式的许可。

"同意令"的存在和继续,说明联邦行政执行机构和司法机构对ASCAP的行为进行了仔细的监督,并对其行为强加了多种形式的限制。而且,根据"同意令"的条款,可以对所指控的反竞争行为进行进一步的考虑、监督或者令其无效。由于以上情况的存在,我们认为,所指控的行为可能有促进竞争的补偿性优点,对这些价值进行探寻也并不一定是徒劳的。当然,仅有这一事实并不能把一项赤裸裸的价格固定协议从本身违法原则的范围中去除,但是,如下文第(二)部分所述,我们不能确定该行为明显有限制作曲家之间的竞争的效果。

最后,我们注意到国会在1976年的新版权法中,也肯定了一揽子许可以及类似行为。这些条款说明,一揽子许可以及ASCAP至少在某些情况下对于经济是有益的。

(二)

1. 一般而言,在判断本身违法原则是否适用这个行为的时候,我们必须集中考察该行为的效果和目的(这里之所以考察该行为的目的,是因为它可以显示效果)是否威胁我们的整体自由市场经济的合适运行——也就是说，该行为是否看起来明显总是会或几乎总是会限制竞争和降低产量，以及在市场的哪一部分限制竞争和降低产量，或者要考察该行为是否被设计来“提高经济效率，以及使市场上更多而不是更少竞争”。

正如我们看到的那样，一揽子许可不是一个“除了窒息竞争外没有其他目的的赤裸裸地限制竞争”的行为，而是伴随着销售的整合、伴随着监督、执行非授权版权使用行为的整合。多数使用者希望以即时、迅速和有保障的方式得到作品库中任何以及所有作品的使用权，所有者希望以可信赖的方式收取费用。在这一行业中，个人的销售是相当昂贵的，个人进行的监督和执行也是如此，尤其是在依赖单个作曲家的资源的情况下。

如果要避免成千上万的个人谈判，赋予一个中间人以一揽子许可能力明显是必要的。而且，对使用个别作品进行个体收费将意味着一个琐碎繁杂的收费和使用计划；对于使用者而言，将面临一个困难和昂贵的报告问题；对于版权所有者而言，将面临一个困难和昂贵的监督任务。历史上，公共演奏权市场主要是围绕单一收费的一揽子许可组织起来的，一揽子许可赋予使用者无限的进入作品库的可能性，也为抵制侵权提供了可信赖的保护。当ASCAP的主要竞争对手BMI（它是使用者创立的）浮出水面时，同样使用一揽子许可方式。

随着广播电视网的出现，市场条件发生了变化，一揽子许可对于使用者的必要性和好处，与潜在使用者主要是个体电视台和广播电台时期相比，或与成千上万的其他个体使用者和组织在公开场合下演奏版权作品时期相比，可能远不是那么明显了。但是，即使对电视网络而言，ASCAP也通过创立一揽子许可减少了费用，因为在一揽子许可方式下，一个作品只被出售有数的几次，而不是成千上万次；同时，该方式也消除了对电视网络进行密切监督的必要。ASCAP也为一揽子销售和违法行为的监督提供了必要的资源，而绝大多数的作曲家和出版公司并不拥有这些资源。而且，取得这些效率需要整合，而某种类型的大批量许可正是这种整合的必然结果，同时，大批量许可的必然结果是确定价格。

2. 成本的大幅度降低，对于买卖双方而言，都具有潜在的收益。正是这种降低把一揽子许可和个别的使用许可区分开来。一揽子许可由具体的作品加上整体服务所构成。这里，整体比每个部分相加的和更大；因此从某种意义上说,它是一个不同的产品。一揽子许可具有某些特征:它允许被许可人立即使用所涵盖的作品,而没有以前个别谈判在时间上的耽搁,它也使被许可人具有选择音乐作品的灵活性。许多消费者明确赞同这些特点,也为这种许可所带来的成本节约而高兴。甚而至于,一些偶尔出现的与ASCAP和BMI相竞争的小型演奏权利团体也提供一揽子许可。因此,从一揽子许可是一个不同的产品意义上来说,ASCAP不是一个为许多出售者出售具体商品而成立的联合销售代理商,而是一个提供一揽子许可的独立的销售者,其中,具体作曲家只不过是原材料。总之,ASCAP创立了一个市场,具体作曲家本质上无法与其进行全面有效的竞争。

3. 对于该行为威胁"经济的中枢神经系统"——即竞争性定价作为自由市场分配资源的方法——的程度,我们存在某些怀疑——这些怀疑足以对抗适用本身违法原则。并非存在于现实的或潜在的竞争者之间对价格产生影响的所有安排都是本身违反《谢尔曼法》或不合理限制贸易的。竞争者之间的合并消除竞争,包括价格竞争,但它们并不是本身违法的,许多合并经得起任何现存的反托拉斯标准的检验。合营企业和其他合作性的安排通常也不是不合法的,至少不像对待价格固定协议那样来对待这些安排。在这些安排中,在价格上达成协议对于产品的市场营销来说是必需的。

这里,一揽子许可费用不是由具体版权所有者之间的竞争确定的,它是使用许可所涵盖的任何作品的费用。但一揽子许可不能完全等同于竞争者之间的一项简单的横向协议。ASCAP确实为它的一揽子许可设定了价格,但该价格与具体版权所有者能够设定的价格是不同的。具体作曲家和作词家既没有同意不单独向任何其他市场出售作品,也没有使用一揽子许可来掩盖这些市场上的固定价格。而且,"同意令"对ASCAP及其成员强加了大量的限制,这是不可忽视的。地区法院发现,并没有合法的、实际的或者共谋性的障碍阻止哥伦比亚广播公司从个人那里获得许可;相反,它拥有真正的选择。

这个背景足够明白地指出,多年来,在与其他的选择并存的情况下,一揽子许可为演奏版权作品的至少大部分市场提供了可以接受的机制,因此我们不同意将其宣布为自动违法的见解。我们认为,应当应用合理原则进行考察。也许该行为不能经受住合理原则的考察,但这不是今天我们所要解决的问题。

三、案后缀语

即便是固定价格,也不见得一定适用本身违法原则,这是本案给我们的最大启示。在美国,适用本身违法原则的案件,一定是经过多次司法实践检验的。对新类型、新领域的反托拉斯案件,美国人并不贸然适用本身违法原则。外贸法律人员在遇到固定价格等案件时,一定要打个问号:有没有适用合理原则的可能?一个案件,适用合理原则,比适用本身违法原则,对企业来说胜诉的可能性要大得多。

另外,《反垄断法》在我国是崭新的法律,无论是行政执法人员,还是法官,都缺乏经验。因此,笔者建议,在执行《反垄断法》之初,无论对哪一类型的案件,都应进行尽可能全面的考察,不应受到所谓"本身违法原则"的掣肘。

[案例:西北文具批发商案]❶

一、案情

"西北文具批发商"(Northwest Wholesale Stationers,以下简称"西北文具")是一个采购合作社,由大约100个办公室设备零售商组成,他们分布在美国西北太平洋沿岸的几个州。合作社的主要功能是充当零售商的批发商。非合作社成员也可从西北文具买东西,价格相同。但是,每年年底,西北文具按照购买比例,为社员分红。因此,社员价格大大低于非社员价格❷。西北文具也提供某些仓储设施。该合作安排使参与的零售商在采购和仓储方面都可以取得规模经济。1978财政年度,西北文具的销售额为580万美元。

太平洋文具公司(Pacific Stationery, Inc.,以下简称"太平洋公司")销售办公室设备,既零售,也批发。1978财政年度,其销售额约为760万美元。太平洋公司1958年成为西北文具的社员。1974年,西北文具修改了章程,

---

❶ Northwest Wholesale Stationers v. Pacific Stationery & Printing Co., 472 U.S. 284 (1985).

❷ 尽管这种老顾客回扣政策是价格歧视的一种形式,但是《罗宾逊—帕特曼法》第四条特别允许了合作社的此类行为。——原注

禁止社员既零售，又批发。但允许太平洋公司保留社员权利。1977年，太平洋公司的控股权换手，新老板没有将此变化正式通知西北文具，这违反了西北文具的另一项规定。1978年，西北文具社员投票开除太平洋公司的社员资格。与开除有关的事实各方说法不一。当时没有向太平洋公司进行解释，也没给太平洋公司辩解的机会。太平洋公司说开除是由于其保留批发业务。西北文具说开除是由于太平洋公司没有通知股权变化。西北文具董事会会议记录没有载明开除太平洋公司的动机。

1980年，太平洋公司向法院起诉，诉称，西北文具将太平洋公司开除出合作社，而没有程序上的保护，是限制太平洋公司竞争能力的集体抵制行为，应被认为本身违反《谢尔曼法》第一条。联邦地区法院拒绝适用本身违法原则，认为应适用合理原则，最后判决西北文具的行为没有反竞争效果。

联邦上诉法院推翻了该判决。上诉法院认为，西北文具开除太平洋公司的行为属于反竞争的联合拒绝交易。如果没有关于自我管制的特别立法文件允许开除的话，应适用本身违法原则。上诉法院认为，《罗宾逊—帕特曼法》第四条特别批准了由此类开除引起的价格歧视，因此，第四条是关于自我管制的立法文件。上诉法院还认为，此类立法文件将导致适用合理原则评估被控行为。但是，按照Silvcr[1]案确立的原则，上诉法院认为，只有合作社提供了充分的程序保护，并且为司法审查建立一个基础，适用合理原则才是适当的。因为西北文具没有提供任何程序保护，上诉法院判决，开除太平洋公司的行为不受《罗宾逊—帕特曼法》的保护，应当构成本身违反《谢尔曼法》第一条的集体抵制行为。

联邦最高法院最终推翻了上诉法院的判决。

二、最高法院的判决要点

本法庭长期以来所持的观点是，某些联合拒绝交易或称集体抵制行为是如此倾向于限制竞争，并且没有任何效率上的好处，所以应当认为本身违反了《谢尔曼法》第一条。本案提出的问题是，西北文具开除太平洋公司的决定是否应当属于此类反竞争行为。上诉法院认为应当适用本身违法原则，是因为西北文具没有为太平洋公司提供程序保护。我们认为，即使缺乏

---

[1] Silver v. New York Stock Exchange, 373 U. S. 341, 348 - 349 (1963).

程序保护不足以支持适用本身违法原则,仅将一个竞争对手开除出一个批发合作社的事实也可能足以支持适用本身违法原则。我们从以下两个方面分别分析。

1. 从 Silver 案中,上诉法院得出一个宽泛的原则:合作社根据一个自我管制的立法文件而采取的行为——包括联合拒绝交易,可以豁免适用本身违法原则;并且,只有当自我管制伴随适当的程序保护的时候,才适用合理原则。我们不同意这个观点。我们的结论是,Silver 案采用的方法并不能适用于目前的争执。

在 Silver 案中,纽约证券交易所命令它的许多会员撤除办公室内安装的与非会员相连的私人直拨电话线。纽约证券交易所这样做的时候,没有通知非会员,没有给予非会员任何解释,也没有为非会员提供表达意见的机会。法院要解决的问题是,根据反托拉斯法律,纽约证券交易所是否应当对其行为向非会员经纪人承担责任,或者换言之,交易所按照《1934 年证券交易法》采取的行动,是否应当认为默示豁免了反托拉斯法律。

因为在那个案件中,纽约证券交易所在证券交易市场上占据了支配性地位,集体抵制足以毁灭非会员,所以最高法院得出的结论是,拒绝与非会员交易属于本身违反《谢尔曼法》第一条,除非《证券交易法》规定了豁免。因此,最高法院要解决的问题是,成功地执行《证券交易法》,是否需要在交易自我管制这一方面部分废除《谢尔曼法》。

最高法院发现,交易的自我管制——包括开除会员和限制与非会员做交易的权力——是《证券交易法》的关键政策,因此应当理解为《谢尔曼法》已被部分地废除了,所争议的交易活动的类型应当被允许。但是,法院同时又说,只有在提供了程序保障后,自我管制政策才能被允许。因此,在 Silver 案中,最高法院的观点是,为了有效执行交易自我管制政策,调整是需要的,但只能在有效执行该政策所必要的范围内。

《罗宾逊—帕特曼法》第四条不能与《证券交易法》自我管制的条文相提并论。该条不过是在较窄的意义上,对《罗宾逊—帕特曼法》本身所禁止的价格歧视的一个豁免。只在这个范围内,《罗宾逊—帕特曼法》第四条才应被视为对行业自我管制的一个宽泛的立法文件。因此,并不需要为了与任何相竞争的要求自我管制的国会政策相协调,而缩小《谢尔曼法》的适用范围。在任何情况下,缺乏程序保障无论如何不能决定反托拉斯分析的方向。如果所控告的西北文具会员的联合行为本身违反了《谢尔曼法》第一条,任何程序保护都不能拯救它。如果被控行为没有本身违反《谢尔曼法》第一条,缺乏程序保护也不能将其转化为本身违法,因为反托拉斯法律本身没有为合营企业❶强加程序上的条件。

2. 本案因此不是关于缺乏程序保护的问题,而是开除太平洋公司的决定是否可以被视为适用本身违法原则进行处理的集体抵制或联合拒绝交易的问题。"集体抵制"时常被纳入本身违反《谢尔曼法》第一条的经济活动之列。但是,究竟哪些类型的活动落入应被禁止之列,并未确定。因此,在确定适用本身违法原则处理的联合抵制交易类别的时候,给予某种程度的注意是必要的。

本法院适用本身违法原则处理过的案件,一般而言涉及一个或多个厂商为难竞争对手的联合努力,他们或者直接拒绝,或者说服,或者强迫供应商或顾客拒绝竞争对手在竞争中所需要的关系。例如 Silver 案(拒绝接近交易所会员);Radiant Burner 案(拒绝颁发必要的产品证书);Associated Press 案(拒绝重要的新闻来源)❷;Klor's 案(拒绝批发供应)。在这些案件中,集体抵制时常切断被抵制企业进行竞争所必需的供应、设施或市场,例如 Silver 案与 Radiant Burners 案,并且,实施抵制的企业在相关市场上经常拥有支配地位,例如 Silver 案、Associate Press 案、Fashion Originator's Guild 案❸。此外,这些行为一般而言也不能促进整体效率并使市场更具竞争性。在这些情形下,反竞争效果是清楚的,而产生促进竞争效果的可能性则是渺茫的。

尽管一个联合抵制交易不必具有所有这些特点才适用本身违法原则,但是,并非所有的涉及限制或开除的合作社活动都有显著的反竞争结果。例如,我们在 NCAA 案❹中认识到,以本身违法原则处理"大学橄榄球电视转播市场"并非适当——尽管案中所涉行为明显限制了产出,因为对于该

❶ 在美国法律中,合作社也是一个合营企业(joint venture)。——本书作者注
❷ 见本书第六章第三节。
❸ 见本书第六章"美国时装原创者公会案"。
❹ 见本书第五章"全国大学运动员协会诉俄克拉荷马大学校务委员会案"。

案涉及的行业而言,如果产品出现在市场上,就必然对竞争形成横向限制。

诸如西北文具这样的批发采购合作社,并非产生显著反竞争效果的一种联合活动形式。此类合作安排似乎被设计来增加经济效率,并给市场带来更多而非更少的竞争性(见 Broadcast Music 案[1])。这种安排使参与的零售商在购买和仓储两方面都可以取得规模经济,同时,零售商借助于这种安排在时间较紧的情况下也能获得库存商品。成本上的节约和订货上的保证使较小的零售商能够降低价格和维持零售存货,从而更有效地与较大的零售商进行竞争。

太平洋公司当然不反对合作安排的存在,但就西北文具拒绝其继续作为会员的决定提出了反托拉斯控诉。因此,必须对开除行为进行评估,以确定是否适用本身违法原则。开除行为并不必然意味着引起反托拉斯敌意,并因此带来反竞争效果的可能性。为了有效运转,批发采购合作社必须确定和执行合理的规则。诸如西北文具所规定的信息公开的规则,可能有助于合作社监督会员信誉。开除也不必然具有产生显著的反竞争效果,至少本案中的情形如此。除非合作社拥有市场势力,或专有一种对有效竞争而言属于关键的因素,否则我们并不敢得出结论说,开除几乎总是可能产生反竞争效果。对于一个合作采购安排而言,如果缺少这样一种效果,法院应当适用合理原则进行分析。

联邦地区法院在本案中拒绝适用本身违法原则是正确的。原告如寻求以本身违法原则处理此案,必须展示被控行为可能有显著反竞争效果。仅仅声称被控行为是联合拒绝交易是不够的,因为并非所有联合拒绝交易行为是显著反竞争的。原告若控告自己被一个联合采购合作社开除,必须展示该合作社拥有市场势力或专有一种为有效竞争所必需的经营因素。但太平洋公司却将焦点集中在缺乏程序保护导致本身违法上,并没有展示这种势力或因素。因为上诉法院错误地适用了本身违法原则,所以本法庭无法评估联邦地区法院的合理原则分析。因此发回重审对于本案是适当的。

---

[1] 参见本章“广播音乐公司案”。

三、案后缀语

同为联合拒绝交易,如果表现形式不同,适用的原则就不同,判决的结果也不同。所以,不要为标签所吓倒。真正起作用的不是标签,而是行为是否导致显著的反竞争效果。企业法律顾问对此要点不可不察。

在我国起草《反垄断法》的过程中,如何处理行业管理法律与反垄断法的关系,是难点之一。本案给我们的启示是:第一,并非被管制行业的所有领域、所有行为都豁免适用反托拉斯法。第二,对于某一具体行为,行业管制法律的规定与反垄断法不一定真正相冲突。例如本案,《罗宾逊—帕特曼法》豁免的仅是"合作社的价格歧视",而本案争议行为的性质是"联合抵制交易",所以《罗宾逊—帕特曼法》与《谢尔曼法》并没有冲突。我国的行业管理法律,并没有涵盖所有《反垄断法》规定的行为,因此要具体考察是否真正形成冲突。第三,即使有冲突,是否就真的需要豁免? Silver 案中证券交易所的自我管制,属于关键政策,证券交易所如不获豁免则几乎无法运转。而其他行为则不一定需要豁免。

第三节　两个原则在美国联邦行政执法机关的应用:以横向协议为例

美国联邦贸易委员会和司法部(以下称"两个机构")于 2000 年 4 月联合发布了一个《竞争对手之间合作的反托拉斯指南》(Antitrust Guidelines for Collaborations Among Competitors),具体解析了如何在横向协议案件中应用合理原则和本身违法原则。

一、适用本身违法原则处理的协议

1. 适用本身违法原则的协议类型

如前所述,那些总是或几乎总是倾向于抬高价格或减少产量的协议是本身违法的。一般地,如果竞争对手之间固定价格或产量,串通投标,通过分配顾客、供应商、地域或商业领域分割市场,则属本身违法。司法部一般对此类协议的参与者提起刑事诉讼。

但是,假设某种经济活动的整合有促进经济效率的效果,如果这种经济活动的参与者签订了一个协议,而该协议与整合有合理的联系,且对于获得促进竞争的好处属于合理必要，则两个机构将适用合理原则分析该协议，即使协议属于“本身违法”类型。见案例一。

[案例一]

一、案情

A公司和B公司是两个新创立的公司。它们独立开发网络软件，这种软件把某一个具体行业之内的用户联系在一起，在某些情况下也把该行业之外的企业联系起来。两个公司已经开始出售自己开发的软件，它们互相竞争。A公司和B公司均由电脑专家组成，他们缺乏经营经验，在执行市场营销策略、减少库存以及管理销售队伍等方面已经出现困难。两个公司决定组建一个合营企业C公司，其唯一功能是市场开发和分销A、B两公司的网络软件产品。A公司和B公司分别拥有C公司50%的股份，但根据各自产品的销售比例分配利润。A公司和B公司将商定C公司出售产品的价格。

二、分析

A公司与B公司将商定C公司所销售的它们各自生产的软件的价格。这种协议属于“不在价格上相竞争”的类型，且属于“总是或几乎总是倾向于抬高价格或降低产量”的类型。这种联合设定价格的协议可能会适用本身违法原则处理，除非它与促进效率的经济活动的整合有合理的联系，且为从这种整合中获得促进竞争的好处所合理必要。

2. 考察是否存在促进效率的整合

什么才属于“促进效率的整合”？在这种整合中，参与者联合起来从事一种或多种经营功能，例如生产、分销、市场开发、购买或研发等；他们的联合能够增加产量，降低价格，或提高质量、服务或革新水平，从而能够对消费者带来好处或潜在的好处。促进效率的整合的参与者通常以合同或其他形式，把资本、技术或其他互补性资产联合起来，取得促进竞争的好处；如果没有联合，这些好处是无法取得的。仅仅在价格、产量、顾客、地域以及类似方面合作决策不属于整合。通过整合获得的促进竞争的好处可以提高参与者进行竞争的能力或动力，从而抵消协议的反竞争倾向。参见案例二至案例四。

[案例二]

一、案情

A公司和B公司生产汽车汽化器。在汽车汽化器市场上,共有三家生产商。汽车发动机每年都有微小的变化,即使同一汽车生产商生产的汽车也是如此。这要求每年都要重新设计汽化器,也要改换生产汽化器的工具。A公司和B公司商定,A公司只在偶数年设计和生产汽化器,B公司则只在奇数年生产和设计汽化器。这样做,可以节省某些设计和工具改换费用。但这样一来,市场上每年就剩下了两个汽车汽化器厂家,而非过去的三个。

二、分析

两个公司达成的协议,是根据汽车生产年份分配销售额,因此构成一个"不进行产量竞争"的协议。参与者并没有联合生产,其合作仅仅是不生产汽化器。仅就产量进行合作不是整合,而没有整合的成本节约——诸如因为不设计或生产产品而节约的成本——不能作为避免适用"本身违法"原则的基础。本案所涉及的协议很可能会损害竞争,并且没有较大的好处值得反托拉斯机构花时间和费用对其竞争效果进行分析。因此,反托拉斯主管机构将适用"本身违法"原则处理此协议。

[案例三]

一、案情

M公司和P公司是两个主要的电脑软件生产商。每个公司都有一个巨大的、世界范围的销售部门。每个公司都开发和销售自己的文字处理软件。然而,尽管它们尽了很大的努力,但各自只取得了10%多一点的市场份额。在文字处理软件领域,另外两个公司占有支配地位,无论M公司还是P公司都不是这两个公司的主要竞争对手。M公司和P公司认为,根据其各自的设计专长,它们联合起来可以设计更好的文字处理软件。于是它们组成了一个合资企业W,联合开发和推销一种新的文字处理软件,费用和利润由M公司和P公司均分。M公司和P公司都为W公司提供有文字处理经验的软件开发人才。

二、分析

M公司和P公司联合起来设计新的文字处理软件,反映了各自的设计专长,具有互补性。没有这种联合,它们各自无法开发新的文字处理软件。每一个公司都向合资企业贡献了相当程度的资产——文字软件开发人才的时间和技术诀窍。因此,反托拉斯主管机构的结论很可能是:联合文字处理软件开发项目是一种增进效率的经济活动的整合,可以带来促进竞争的好处。

[案例四]

一、案情

三个主要的手电电池生产商各自享有生产一种革命性手电电池的专利,该电池有100年的寿命,被称为"世纪电池"。另外一个企业如果不侵犯其中一个企业的专利权,几乎不可能生产此种电池。基于顾客调查,每一个企业都认为,如果所有三个企业都出售"世纪电池",则其总体利润将比三个企业都出售传统电池低;但是,如果其中一个企业首先将"世纪电池"引入市场,则可以实现利润最大化。所有三个企业都有能力在两年内将"世纪电池"引入市场,尽管无法确定谁能够最先将该产品引入市场。

所有传统电池的一个组成部分是铜件。"世纪电池"的一个关键组成元素是锌,而不是铜件。三个企业约定,它们不将"世纪电池"引入市场,并且它们的电池只使用铜件。这样一个协议将阻止任何一个企业引入"世纪电池"。

二、分析

仅使用铜件的协议意味着不生产锌电池,也就是"世纪电池"。这是一个"不进行产量竞争的协议",同时也是一种"总是或几乎总是抬高价格或减少产量"的协议。参与者并非合作执行某种经营功能,也没有来自于增进效率的经济活动整合的促进竞争的好处。反托拉斯主管机构会认为仅使用铜件的协议是本身违法。

3. 考察限制对增进效率是否属于合理必要

怎样才算合理必要?如果参与者可以通过切实可行的其他方法(这些方法

对竞争限制较少),取得同等的增进效率的整合,则反托拉斯主管机构会认为该协议并非合理必要。反托拉斯主管机构在进行评估的时候,不是寻找理论上的替代途径,而是从实际出发,评估协议签订时是否存在合理可行的替代措施。

二、适用“合理原则”进行分析的协议

1. 合理原则分析的重点问题

合理原则分析的重点在于与相关协议有关的竞争状态,其中心问题是相关协议是否可能抬高价格或减少产量、降低质量或妨碍革新,从而伤害竞争。

2. 反托拉斯主管机构首先分析协议的性质

合理原则分析的重点和细节根据相关协议的性质和市场状况而变化。一般地,反托拉斯主管机构首先分析相关协议的性质,因为协议性质决定反竞争伤害的类型。在判断协议性质的时候,主管机构询问协议的经营目的;如果该协议已在执行,则主管机构还要考察它是否已经引起反竞争后果。如果从协议性质可以推断出反竞争后果的可能性,或者已在执行的协议已经引起了反竞争后果,且该协议无法带来可以冲销反竞争后果的好处,则主管机构将挑战该协议,不再继续进行细致的市场分析。如果协议的性质,加上企业缺乏市场势力,不能证明存在反竞争后果,则主管机构将不会挑战该协议。参见案例五。

[案例五]

一、案情

根据案例一提供的事实,A公司和B公司成立C公司,以联合开发它们各自独立生产的软件产品的市场。但是,在本案例中,与案例一不同的是,它们不是联合设定其产品的价格,而是各自设定自己产品的价格,由C公司销售。两公司明确商定各自独立决定产品价格,但要求C公司编辑季度报告,整理顾客反馈意见,并同时报告给两个公司。这些反馈意见包括(1)两个公司的产品以及(2)网络软件总体有哪些受欢迎和不受欢迎的特征,以及如何改进产品。协议禁止将涉及具体公司的信息提供给对方。调查显示,A、B两公司严格地执行了这些条款。

二、分析

从这些事实看,不存在一个“不进行价格或产量竞争”的协议。如果没有一个总是或几乎总是倾向于抬高价格或降低产量的协议,并且两个公司独立定价，则不必适用本身违法原则。因此对该案适用合理原则进行分析。

信息披露安排规定了有限的共享信息：关于网络软件总体的消费者反馈数据。收集和共享此类性质的信息不可能增加两个公司抬高价格或降低产量、质量、服务或革新的能力。没有证据证明，信息披露安排引起了反竞争后果；也没有证据证明，两个公司违反了禁止披露具体公司信息的条款。无论采用什么样的相关市场定义方法，A 公司和 B 公司都只占较小的市场份额，也没有其他证据证明它们有市场势力。根据这些事实，主管机构将不会进行进一步的调查。

3. 如何分析存在竞争问题的协议

反托拉斯主管机构对协议性质进行考察后，如果认为该协议存在竞争问题，并且需要进行更加细致的市场分析，则它们就会这样做。

通常，反托拉斯主管机构首先定义相关市场，并且计算市场份额和集中程度，以评估该协议是否可能产生或增加市场势力，或是否有助于协议参加人行使市场势力，从而对竞争造成危险。

主管机构也考察有关因素，以确定参与人以及该合作是否有能力和动力进行独立的竞争，例如一项协议是排他性还是非排他性，及其协议持续的时间。主管机构还评估市场进入是否能够及时、可能，以及是否足以阻止反竞争损害或消除反竞争损害的后果。除此之外，主管机构还评估可能加强或阻碍反竞争伤害的任何其他市场条件。

如果，经过以上考察，主管机构认为没有产生反竞争伤害的迹象，则它们将终止调查，不再考虑促进竞争的好处。如果调查显示存在反竞争伤害，主管机构将进一步考察相关协议是否对于获得促进竞争的好处——因为这些好处有可能抵消反竞争伤害——属于合理必要。

三、反托拉斯的安全区

反托拉斯主管机构设立“安全区”的目的，是为了给企业提供一定程度的确定性，企业只要在这个“安全区”内活动，就不会被反托拉斯主管机构提起诉讼。

反托拉斯主管机构设定了两个“安全区”，一个适用于所有竞争对手之间的合作，另一个适用于研发合作，仅限于革新市场。

1. 适用于所有市场的“安全区”

就竞争受到影响的每一个相关市场而言，如果参与合作的市场份额与其参与者的市场份额，总共不超过 20%，则主管机构不会挑战该合作。但是，该“安全区”不适用于“本身违法”协议，不适用于不经过细致市场分析即可挑战的协议，也不适用于竞争对手之间的合并。

2. 适用于革新市场的“安全区”

如果在合作研发之外，在革新市场上存在三个以上独立控制的研究，它们拥有专业化的资产、特性以及进行研发的动力，这些研究与合作研发相竞争，则主管机构不会挑战该合作。该安全区同样不适用于“本身违法”协议，不适用于不经过细致市场分析即可挑战的协议，也不适用于竞争对手之间的合并。

第五章
违反《谢尔曼法》第一条的构成要素

《谢尔曼法》第一条规定："任何旨在限制州际或与外国间贸易或商业的合同、以托拉斯或其他形式的联合或共谋，都是不合法的。"从文字上看，无论是什么类型的限制贸易协议，必须满足下列条件，才能被判定违反《谢尔曼法》第一条：(1)在两个或更多独立的实体之间存在着合同、联合或共谋；(2)它们影响了州与州之间或与外国的贸易或商业；(3)这些合同、联合或共谋的目的是限制贸易。单纯从字面上看，《谢尔曼法》第一条禁止任何——也就是所有——限制贸易的联合行为。这种解释显然太过宽泛，美国最高法院早就意识到："每一个涉及贸易的合同，每一个对贸易的管制，都具有限制性。"[1]因此，美国法院在具体司法实践中又为第(3)项加上了一个限制条件，即合同、联合或共谋必须是不合理地限制贸易才是违法的，而合理地限制竞争则是不违法的。至于什么才算合理、什么才算不合理，在美国法院的论证和判决中是个大学问。我们以下为读者介绍。

第一节 证明存在一个合同、联合或共谋

一、怎样才算是一个合同、联合或共谋

所谓合同、联合或共谋可以一个"共同行为"名之。共同行为显然是一个相

[1] Chicago Bd. of Trade v. United States, 246 U. S. 231, 238 (1918).

当宽泛的概念。如果两个或更多的经营者签订了一份明确的限制竞争的合同，当然毫无疑问构成《谢尔曼法》第一条要求的共同行为。但是，该条要求的共同行为并不要求一定存在一份正式的合同。在过去半个多世纪里，美国法院曾在多种场合对什么构成《谢尔曼法》第一条要求的共同行为表达过意见。在美国烟草公司案[1]中，美国最高法院把共同行为界定为："存在于一个非法安排中的意向的联合，或一个共同的设计和理解，或想法的汇合。"[2]随后的判决进一步明确：上述所谓"理解"可以是默示的，即使没有语言的交流也可以达成这种理解。正如某法院所言："一个会意的眨眼可能比言辞表达的还要多。"[3]所以，《谢尔曼法》第一条所称的"合同、联合或共谋"，是相当宽泛的，即只要构成一项协议所要求的最低程度的要件即可。

但是，如果仅有共同行为，而不能证明当事人之间有"合意"，就不能惩罚该共同行为。有时候，一致的定价可能是产品成本相似、竞争激烈或者是其他因素的结果。如果不分青红皂白惩罚所有共同行为，则无疑意味着在有些情况下不是惩罚反竞争行为，而是惩罚激烈的竞争！这显然是与反托拉斯法的目的相违背的。

由于反托拉斯法明确禁止限制竞争的协议，所以在实际生活中，绝大多数限制竞争协议并不是表现为明确的书面的合同，而是以隐蔽的、不见诸书面的约定表现出来。在这些案件中，这个协议（或约定）是否存在是需要证明的。是否存在一个协议可以用直接证据加以证明，例如一个包含协议的文件，记录与会者达成协议的会议记录，或者一个知道这个协议的人的证明。但也可以通过推论来证明，例如间接证据的集合，包括竞争者在实施某些行为之前开过会议的事实、电话记录以及发送信号——当一个公司意欲在一定幅度上提高其价格时告诉另外一个公司——的行为等。

---

[1] American Tobacco Co. v. United States, 328 U. S. 781 (1946).

[2] 英文原文是：a unity of purpose or a common design and understanding, or a meeting of minds in an unlawful arrangement。

[3] Esco Corp. v. United States, 340 F. 2d 1000, 1007 (9th Cir. 1965).

[案例:州际巡演公司诉美国][1]

一、公司概况

本案上诉人是数个电影发行商。这些电影发行商从事跨州电影发行业,美国所有A级电影的75%都由它们来发行。德克萨斯以及其他许多州的电影院要想放映电影,必须首先向电影发行商提出申请。发行商接到申请后,即将这些申请发送到各自在纽约的办公室,由纽约办公室处理这些申请。

州际巡演公司(Interstate Circuir, Inc.)和德克萨斯统一影院公司(Texas Consolidated Theatres, Inc.)是关联公司。州际巡演公司在德克萨斯州的6个城市开办了43个放映头轮和次轮电影的电影院。除了休斯敦的一个电影院外,所有6个城市的其他头轮电影院都由州际巡演公司拥有。在绝大多数影院中,对于较好的座位而言,一个成人的夜场门票是40美分以上。州际巡演公司在以上每一个城市也开办放映后几轮电影的影院,总数为22个。除了盖文斯敦(Galveston)外,也有其他公司开办的后几轮电影院存在,它们与州际巡演公司的头轮和后几轮影院相竞争。

德克萨斯统一剧院公司在德克萨斯和新墨西哥州的利奥大峡谷(Rio Grand Valley)以及其他地方的数个城市和市镇开办了66个头轮和后几轮电影院。在有些城市,它没有竞争对手;在6个较大的城市,它没有头轮影院的竞争者。在州际巡演公司开办影院的几个城市中,德克萨斯统一剧院公司没有开办影院。

二、案情

1934年7月11日,在与电影发行商的8个分支机构经理沟通之后,“州际”和“统一”的经理奥唐奈尔用州际巡演公司的信笺给每一个经理发了一封信,在每一封信上都列上了所有8个经理的名字。在这封信中,他提出,州际巡演公司同意以40美分以上的夜场门票在其A级或头轮影院放映发行商发行的电影,但发行商必须答应两个条件:第一,对于A级电影,发行商在销售给后几轮影院时,必须保证任何影院在任何时间,都不能以低

[1] Interstate Circuit v. United States, 306 U. S. 208 (1939).

于25美分(成人夜场门票)的价格放映;第二,对于以夜场门票40美分或更高价格放映的A级电影,发行商不能以所谓"双场"的形式与另一个电影搭配放映。这封信还提出,在利奥大峡谷区域(只涉及统一影院公司),对于在A级电影院以最高夜场门票35美分放映的影片,在向后几轮影院销售时,必须限制在25美分。

在写这些信的时候,在德克萨斯州由其他独立商人开办的后几轮影院放映的影片,夜场成人较好座位的门票通常低于25美分,绝大多数为15美分或更低。而且,这些影院通常在一周的某几天,或者对于不卖座的影片,提供双场电影。在许可合同中,发行商一般规定最低门票为10或15美分,其中三个发行商规定了限制双场影片的条款。但没有一个规定继续实行这些限制的合同义务。原审法院认为,新提出的限制与以往的合同条款有重要区别。

发行商的当地代理人没有权力签订奥唐奈尔提出的合同,于是将该合同转交给他们的总部。随后,州际巡演和统一影院的执行经理霍伯里泽尔和奥唐奈尔,与几个发行商的代理人举行了几次会议。地方分支机构的经理和德克萨斯州之外的一个或数个高级官员,代表各发行商参加了这些会议。在会议举行的过程中,每一个发行商都与州际巡演达成了协议,同意在1934—1935放映季节,对德克萨斯州的6个城市(奥斯汀和盖文斯敦除外)——州际巡演公司开办影院的地方——的后几轮影院实施所提议的两项限制。尽管只有两个发行商在与州际巡演签订的许可合同中含有这些限制条款,但有证据证明,所有的发行商都加入了该合同,其中4个发行商因为其他条款的磋商而耽搁了一段时间。在1934—1935放映季节,每一个发行商都执行了这些关于限制的协议,他们对德克萨斯4个城市的后几轮影院实施了限制。当诉讼发生的时候,所有的限制均有效。

但没有一个发行商答应奥唐奈尔所提出的附加的要求,即在统一影院公司开办影院的利奥大峡谷地区对后几轮影院进行限制。其中一个发行商,即派拉蒙公司(统一影院的关联公司),同意在德克萨斯和新墨西哥州的其他城市添加这些限制条款。

本案中,政府没有直接证据证明发行商之间存在对后几轮影院进行限制的合同。原审法院从以下几个方面推论出存在这样的合同:州际巡演和统一影院提议的性质；提议的方式；发行商采取行动的高度统一性；发行商没有提请与州际巡演进行合同磋商的任何高级官员或参与正常商业过程的官员出庭作证，他们应该知道在发行商之间是否存在这样的合同。发行商不服该结论，认为他们没有证据支持，于是向最高法院提起上诉。

三、最高法院的判决要点

最高法院认为原审法院的推论是正确的。

奥唐奈尔的信件把8个当地代表的名字全部列出，所以，每一个发行商从一开始就知道，其他发行商正在考虑所提议的限制。每一个发行商都清楚，他们之间存在激烈的竞争，如果在所涉及的地域内就所涉及的限制没有高度一致的行动，他们就会有大幅度丢掉市场的危险，就有在后几轮影院以及独立影院中间丧失商誉的危险。但如果有高度一致的行动，他们的利润就可能提高。因此，他们有采取共同行动的强烈的动机，有利用州际巡演和统一影院提议的强烈的动机。

确实，有一个发行商不同意在休斯敦实施限制，但这明显是因为它在该城市没有对任何后几轮影院授予许可。在休斯敦，该发行商自己的一个关联公司开办了一个头轮影院。在盖文斯敦和奥斯汀，该提议也被一致拒绝，一如在利奥大峡谷地区。我们可以推论，盖文斯敦之所以幸免，是因为在那个城市里没有后几轮影院与州际巡演相竞争。除了这些共同行动属于协商一致外，我们没有发现任何关于发行商一致行动的其他令人信服的解释。

在发行商之间存在协议的推论，也因为发行商没有要求那些知道或者应当知道是否存在这样一个协议的官员出庭作证，而得到加强。如果要求这些官员出庭作证，那么他们的证词有可能对发行商不利。

尽管地区法院关于在发行商之间存在协议的判决有证据支持，我们认为在本案中，这种对后几轮影院强加限制条件的协议[1]并非构成非法共谋的先决条件。发行商知道共同行动正在被考虑，并且他们被邀请参加，他们赞成这个计划，并且参加了这个计划，这些就足够了[2]。

显然，一个非法共谋可能，并且时常没有共谋者同时进行的行动或者协

[1] 着重点为本书作者所加。

[2] 同上。

议。即使没有预先的协议,如果竞争者接受加入一个计划的邀请,该计划如果得到实施,其必然结果是限制州际商业的,那么已经足够构成《谢尔曼法》规定的非法共谋了。

[案例:美国烟草公司案]❶

美国烟草公司(American Tobacco Company)、雷吉特·梅耶斯烟草公司(Ligget & Myers Tobacco Company)和雷诺兹烟草公司(R. J. Reynolds Tobacco Company)以及这些公司的一些官员被判违反《谢尔曼法》第一和第二条。

陪审团认为,上述公司在分销和出售其主要产品的过程中,共谋固定价格以及排除令人不快的竞争。上述公司以目录价格减去折扣后向批发商和被选定的经销商出售和分销产品。1923 年以来,上述公司所收取的目录价格和所允许的折扣几乎是相同的;1928 年以后是绝对相同的。1928 年以后,三个公司仅作过 7 次改变,并且所进行的改变在数量上是相同的。雷诺兹公司首先宣布价格上涨,然后其他两个公司以相同的幅度提价。

下面关于价格变化的记录是存在共谋以及存在排除竞争的市场实力和意图的间接证据。在 1931 年 6 月之前的两年里,三个公司生产的烟草占美国烟草总量的 90%。1931 年 6 月,种植烟草的农民所得到的价格是自 1905 年以来最低的。因此,三个公司买烟叶的成本比过去 25 年里通常要花费的成本低,并且他们的制造成本也是降低的。1931 年是美国历史上最糟糕的年份之一,正在经历金融和经济萧条。1931 年 6 月 23 日,雷诺兹在既没有向业界和公众发出预先通知、也没有发出警告的情况下,将其主打品牌"骆驼"牌香烟的价格从每千根 6.40 美元提高到 6.85 美元。同一天,美国烟草公司将其主打品牌"幸运当头"(Lucky Strike)牌香烟的价格,雷吉特公司将其主打品牌"彻斯特菲尔德"牌香烟的价格,同样提到每千根 6.85 美元。对于该提价行为,没有经济上的合理理由。雷诺兹的总裁说,这是"为了表达我们自己对未来的勇气和我们对自己行业的信心"。美国烟草公司总裁给出的理由是"挣些钱的机会"。他进而又声称,因为雷诺兹提高了自己的

❶ American Tobacco Co. v. United States, 328 U.S. 781(1946).

目录价格，所以雷诺兹就有了做广告的钱，美国烟草公司之所以提价，也是为了得到相似数量的钱做广告。雷吉特的官员称，他们认为，涨价是犯了一个错误，因为似乎没有任何涨价的理由。但他们争辩道，除非他们也提高彻斯特菲尔德香烟的价格，否则其他公司将获得更多的资源做广告，这将置彻斯特菲尔德香烟于不利的竞争地位。这次普遍性的涨价不久导致了更高的零售价格以及销售量的下降。但在1932年，尽管三个公司的销售量大幅度下降，它们仍然因为价格上涨而获得了巨额利润。在那一年，他们的净利润超过了1亿美元。这是它们历史上最好的三个年份之一。

有证据显示，当经销商知道一个公司提价转而向其他公司，企图以其宣布涨价前的价格购买一些主打品牌的香烟时，后者拒绝填写订单，直到后者也宣布涨价。因此，价格变化几乎是同时的。

谢尔曼法谴责的不是联合的形式或所用的某种具体手段，而是所导致的结果。这些被用来完成非法目的的手段本身是否合法并不重要。导致共谋的行为本身可能完全是无辜的。但是，如果它们是导致法律所禁止的共谋的一部分，则属于禁止之列。构成非法共谋并不必然要求一份正式的协议。犯罪经常是从被控犯罪的人的行为中推导出来的[1]。如果从当事人的共同行为中证明共谋的存在，那么就可以更加令人信服地证明，当事人有使用从共谋中获得的排除他人实力的意图。违反《谢尔曼法》的实质性的联合或共谋可以从交易过程中发现，也可以从其他情况中发现，也可以从言语的交流中发现。如果陪审团发现共谋者在一个非法安排中存在意图的联合，或一种共同的设计和理解，或意志的汇合，那么就有理由判定存在共谋。对于根据《谢尔曼法》指控垄断化案件而言，证明使用市场实力意图排除竞争，或证明实际上已经使用了这种力量，都不是关键的。

二、关联公司之间能否构成共谋

《谢尔曼法》第一条特别强调合同、联合或共谋。既然是合同、联合或共谋，那么就必须有至少两个经营者才能完成，一个单方面实施的限制竞争行为无论如何不能适用《谢尔曼法》第一条。但是，如果一个公司与其母公司、子公司、关

---

[1] 着重点为本书作者所加。

联公司,或没有独立法人资格的分支机构,或其管理人员、雇员,或代理人,协调它们之间的行为,是否构成《谢尔曼法》第一条意义上的共谋?

1984年以前,在美国法院的判例中,是把一个公司与其全资子公司当做两个独立的实体看待的,它们之间可以构成《谢尔曼法》意义上的共谋。这是因为在法律的传统意义上,一个公司具备了法人资格,就被视为两个独立的实体。随着公司越来越集团化经营,这种传统的观念已经在一定程度上产生了难以解决的法律问题。❶ 1984年,在考博韦尔德公司诉独立管道公司❷案中,美国最高法院终于改变了态度,宣布:"就《谢尔曼法》第一条意义上而言,一个法人与其全资子公司之间的协调行为必须被认为是一个单一企业的行为。"因为,如果一个子公司不能按照母公司的利益行事,母公司可以在任何时候行使完全的控制权,一个母公司与其子公司总是存在《谢尔曼法》意义上的协议所要求的"目的的联合和共同的设计"。

但是,最高法院只是就一个公司与其全资子公司的协议行为有了明确的回答,而对于一个母公司全资拥有的两个子公司(姊妹公司)之间的协议、被相同投资者拥有的两个法人之间的协议、一个母公司与其部分拥有的子公司之间的协议、同一母公司下面的一个全资子公司与非全资子公司之间的协议,以及已经同意合并的公司之间的协议,最高法院的态度仍然是不明朗的。

从实践中来看,对于被同一个母公司全资拥有的姊妹公司以及被相同当事人拥有的两个法人之间的协议,美国多数法院认可考博韦尔德原则,认为它们之间不可能构成《谢尔曼法》第一条意义上的共谋。❸ 但对于一个公司与其非全资拥有的子公司之间的协议,美国法院的态度是不统一的。有的法院认为当母公司持有子公司51%以上的股份时,即应适用考博韦尔德原则;有的法院认为只有当母公司持有子公司100%的股份或略少于100%的股份的时候,才能适用考博韦尔德原则。❹

一般而言,对于非全资子公司,法院往往要具体考察母公司和子公司之间的关系,如是否有共同的执行官、联合账簿或者日常管理。也就是说,法院要具体

---

❶ 参见王长斌著:《企业集团法律比较研究》,北京大学出版社2004年版,"导论"部分。

❷ Copperweld Corp. v. Independence Tube Corp, 467 U.S. 752 (1984).

❸ ABA Section of Antitrust Law, *Antitrust Law Developments* (5th ed. 2002), volume 1, p. 27.

❹ 同上, p. 29.

考察它们之间究竟在多大程度上存在一致性。但即使判决母公司和非全资子公司之间可以存在共谋，法院也将其与没有任何关系的公司之间的共谋区别对待，所采用的标准要宽松得多❶。

在考博韦尔德案中，最高法院重申，一个公司的分支机构、管理人员或雇员与该公司构成一个单一的经济单位，不构成《谢尔曼法》意义上的共谋。但是，如果他们不是为了公司利益，而是为了自己独立的利益行事，则可以构成与公司的共谋。诸如律师、会计师、经纪人或分销商等独立的代理人也可以与雇用他们的公司形成共谋。❷

三、商会或协会的行为

一般情况下，商会或其他协会实施的共同行为符合《谢尔曼法》第一条规定的条件，因为无论企业之间的协议是自身达成还是通过商会或其他协会达成，都有相同的经济效果。但另一方面，并不是协会的所有行为都被视为其成员的行为。协会的行为必须是为了其成员的集体利益时，才构成《谢尔曼法》第一条意义上的共谋。例如，在美国注册的足病医生协会诉美国足病外科委员会案❸中，第六巡回法院认为，一个协会努力说服医生和保险公司接受其为足病外科医生进行认证的唯一委员会的行为，不构成协会和其成员之间的共谋，因为该行为只是为协会自身的利益，与协会成员的利益无关。

［案例：考博韦尔德公司案］❹

一、本案所要解决的主要问题

本案中，最高法院将主要问题限制在一个有限的范围内：一个母公司与其全资子公司❺是否能够构成违反《谢尔曼法》第一条（以下简称“第一条”）的共谋。至于一个母公司与其非全资子公司在何种情况下构成共谋不在考虑范围内。

---

❶ See Areeda & Kaplow, *Antitrust Analysis: Problems, Text, and Cases*, p. 296, Aspen Law & Business, 1997.

❷ Ibid.

❸ American Council of Certified Podiatric Physicians & Surgeons v. American Board of Podiatric Surgery, 185 F. 3d 606 (6th Cir. 1999).

❹ Copperweld Corp. v. Independence Tube Corp, 467 U. S. 752 (1984).

❺ 此处的全资子公司是指该公司 100% 的股份为其母公司独家拥有。——本书作者注

二、最高法院的判决要点

1.《谢尔曼法》对"联合和独立行为作了一个基本的区别"。单个厂商的行为受《谢尔曼法》第二条(以下简称"第二条")管辖;只有当单个厂商的行为可能引致实际的垄断时,才是违法的。仅有单个厂商看起来[1]不合理地"限制贸易"是不够的,因为即使一个积极的竞争者也可能给人留下这种印象。国会之所以规定只有当单个厂商引致垄断市场的危险时,《谢尔曼法》才进行细致全面的检查,部分是因为有时难以将强有力的竞争与长期的反竞争效果区分开来。以这种方式判断单方行为可以降低一种风险,即反托拉斯法律可能降低一个进取的企业家的竞争热情。

第一条管辖由于分离的实体之间的"合同、联合……或共谋"而造成的不合理的贸易限制。该条不管辖"完全单方的"行为。相对于受第二条管辖的单方行为,评判受第一条管辖的联合行为的标准更严格。某些协议,例如横向的固定价格和瓜分市场,被认为天生就是反竞争的,因此其本身违法,不用考察其实际引起的害处。其他联合,例如合并、合营企业以及各种纵向协议,被认为可能增加一个厂商的效率,并使其有能力进行更有效的竞争。因此,判断这些联合所适用的规则是合理原则,亦即考察市场势力和市场结构,以评估联合的实际效果。但是,无论这种考察采取何种形式,均无必要证明联合行为可能引致垄断。

国会对待联合行为比单方行为更严厉的原因是容易理解的。联合行为在本质上就充满反竞争危险。它使市场不再成为独立决策中心,而这正是竞争所需要的。不论是什么共谋,以前独立追求个体利益的两个或更多的实体,现在联合为一体,追求共同利益了。这不仅减少了经济力量前行的不同路向,而且突然增加了向一个特别方向前行的经济力量。当然,这种资源的合并很可能带来效率并给消费者带来好处,但必须对其潜在的反竞争效果进行细致全面的监督——即使连初级阶段的垄断也不存在的情况下也必须进行监督。

2. 对于恰当理解第一条中的"合同、联合或共谋"等词语来说,单方行

---

[1] 着重号为本书作者所加。

为和联合行为的区别是必要的。这些词语的字面意义并没有排除同一[1]公司中的官员或雇员之间的联合行为。但是，相当清楚的是，为执行单一厂商的政策而达成的内部"协议"，不会引发第一条意义上的反托拉斯危险。单一厂商的官员不是追求独立经济利益的独立经济实体，因此他们之间的协议并没有突然使以前追求不同目标的经济势力拉到一起。一个厂商内部的协调既可能处于竞争的努力，也可能处于消灭竞争的努力。在市场上，如果一个企业想要进行有效的竞争，这种协调可能是必需的。基于以上理由，同一厂商的官员或雇员不能算作第一条"共谋"所要求的复数的经济实体。

同样，一般认为，一个法人与其不具法人资格的分支机构之间的内部协调行为，不违反第一条。尽管本法庭以前从没讨论过这个问题，但一个法人企业的分支机构的行为必须按照一个单一企业的行为进行评判，这应该是没有问题的。一个法人内部的分支机构追求整体的共同利益，而不是与法人相分离的独立利益；一个企业设立分支机构的目的是为了以最有效率的方式促进自身利益。因为一个法人与其分支机构的协调，不代表从前追求独立利益的两个经济势力的突然联合，所以不是一个值得受第一条监督的活动。

实际上，如果仅因为一个法人把某些职责授予其自我管理的单位，而惩罚协调行为，则该规则很可能会挫伤法人创设承担某些功能的分支机构的积极性。这对实现反托拉斯目的没有作用，反而可能剥夺因分散管理而为消费者带来的效率。

3. 出于类似理由，就第一条的目的而言，一个母公司与其全资子公司之间的协调性活动，必须视为一个单一企业的活动。一个母公司与其全资子公司有完全相同的利益。它们的目标是相同的，而不是分离的；它们总体上的经营活动不是由两个分离的意志指导或决定，而是一个意志。它们像一辆几匹马拉的车，是由一个车夫控制的。无论有没有一个正式的"协议"，子公司都为母公司——其唯一的股东——的利益而活动。如果一个母公司与其全资子公司"同意"采取某种行动，这并没有把以前服务于不同利益的经济资源突然合并到一起，因此也就没有用第一条进行监督的正当

[1] 着重号为原文所有。

理由。

实际上，对于《谢尔曼法》而言，一个母公司与其全资子公司之间的“协议”是没有意义的。如果共谋者在一个违法安排中有相同的目的，或一个共同的计划和理解，或想法集中到一起，就构成第一条意义上的“协议”。但在现实中，一个母公司与其全资子公司总是有相同的目的，或一个共同的计划。无论母公司对子公司控制的是严还是松，它们都共享一个共同的目的；如果子公司不为母公司的利益而经营，母公司任何时候都可以行使完全的控制权。

“企业内共谋论”只看企业结构的形式，而忽略了现实。反托拉斯法律责任不应依赖于一个企业的下属单位是不具法人资格的分支机构还是一个全资子公司。一个法人有完全的权力控制一个全资子公司。一个厂商可能出于经济的、法律的或其他的考虑选择一种结构，而不选择另一种结构。它们与企业行为是否严重威胁竞争没有关系。而且，一个法人可能出于有效管理以及相关目的而选择子公司形式。独立法人结构可能提高管理水平，避免跨州经营而出现的特殊税务问题，或者也可以服务于其他合法利益。从企业运营复杂性不断增加的角度看，一个企业应当有采取任何结构的自由，这些结构可以有助于控制上的效率、运营上的经济以及经营判断所需要的其他因素，但这些结构并不增加其履行反托拉斯法律责任的义务。

如果反托拉斯法律责任依赖于企业内部机构的形式，将鼓励母公司把子公司改成不具法人资格的分支机构。事实上，这正是 Seagram 公司在法院对 Kiefer-Stewart 作出判决之后所做的事情。这种激励于反托拉斯目标无益，仅仅是剥夺了子公司形式对消费者和生产者带来的好处。

将企业内部分支机构与全资子公司区别对待的错误，很容易从本案事实中看出来。Regal 在成为 Copperweld 的一个全资子公司之前，是 Lear Siegler 的一个不具法人资格的分支机构，已有 4 年。没有证据显示，Regal 作为一个分支机构与作为一个独立法人在操作上有任何实质意义的不同。确定无疑的是，Regal 作为 Copperweld 的一个子公司比作为 Lear Siegler 的一个机构并不给竞争带来更大的威胁。无论在哪一种安排之下，Regal 都可能采取行动，阻止一个新竞争对手进入市场。它完全可以依靠 Lear Siegler 公司其他部门的经济势力；但事实上它从其具有独立法人资格的母公司

Copperweld 那里获取了这种力量。从反托拉斯法律的角度来看,对待一种形式比对待另一种形式更严厉,是没有理由的。

4. 无可否认,就《谢尔曼法》意在反对不合理的限制贸易而言,第一条将焦点集中在联合行为上留下了一个"漏洞"。两个独立公司联合起来可以造成限制贸易的效果,但如果一个单一公司拥有与两个公司联合起来相同的经济力量,它自己完全可以造成同样的限制竞争的效果。但《谢尔曼法》仅涵盖了由"合同、联合或共谋"造成的贸易限制,却对单个厂商的反竞争行为(只要没有垄断威胁)放任不管。

我们已经注意到,国会留下这个"漏洞",自有其考虑。将单个公司任何行为的合理性都置于司法监督之下,将会挫伤其竞争热情,而竞争热情是反托拉斯法律所鼓励的。

因此,我们应当在本案中提出的问题,不是母公司与其全资子公司的联合行为是否有反竞争效果,也不是"共谋"这个词在语义上是否把母公司与其全资子公司包括在内。如果是这样的话,每当涉及两个雇员的协调时,一个单一厂商的行为就被置于第一条的监督之下。这样一个规则将消除《谢尔曼法》在单方和联合行为之间所作的区别,并与国会清楚的意图背道而驰。我们所要探讨的是,国会为何决定将单方行为排除在第一条的监督之外,这个逻辑是否也把一个母公司与其子公司的行为排除在外。除非我们藐视国会把第一条的范围限制在联合行为上的判断,我们所能得出的唯一结论是,一个母公司与其全资子公司之间的协调行为不属于第一条的管辖范围。

三、案后缀语

一、最高法院对 Copperweld 案的判决,仅仅明确了母公司与其全资子公司之间不能形成共谋,对母公司与其非全资子公司之间的联合行为没有给出明确的答案。但最高法院强调,判决应当基于现实,而不应基于形式。这一点对我国执行《反垄断法》有借鉴意义。在企业经营集团化的今天,过于强调企业的法人地位,有可能挫伤经济;当然也不能随意"揭开公司面纱"。

二、本案的意义还在于,它有助于我们正确理解《谢尔曼法》的含义,对执行我国《反垄断法》的类似条款有借鉴意义。我国《反垄断法》专章规定了

"滥用市场支配地位",相当于《谢尔曼法》第二条,但没有规定"垄断市场或企图垄断市场"的要件。所以,在这一意义上,我国《反垄断法》的规定比《谢尔曼法》严格。Copperweld 案提醒我们,如果过于限制企业的单方行为,则有挫伤企业竞争热情的危险。这一点可能对经济影响极大,不可不察。

第二节　证明不合理地限制贸易

在证明企业之间存在限制性的协议后,接下来就要证明协议不合理地限制了贸易,因为在很多情况下,一项协议所产生的效果是复杂的,它既可能产生负面的影响,也可能产生正面的价值。

协议之所以能够产生价值,一般而言,是源自经济资源的整合,通过整合,企业可以把他们的资产联合起来,取得他们仅靠自身不能有效获取的效果。例如卡车作为运输工具的时候,无论空载、半载还是满载,其运转成本几乎是一样的。因此如果在同一条运输线上的企业能够签订一个协议,整合各自物流业务,最大限度地减少卡车的空载率,则这样的协议可以允许他们增加装载量以及减少所使用的车辆数量,从而给双方都可以带来价值。再如,A 公司高度自动化的生产设施使单位产品的成本很低,而 B 公司则开发了一种有效的订单处理系统,通过该系统,企业可以根据客户需求定制产品,确保及时交付,减少库存成本及无形磨损费等。因此,把 A 与 B 公司的资源整合起来可以达到削减成本的效果。这些协议的签订不仅给企业带来了价值,而且使企业有可能把这些价值的一部分传递给消费者,使消费者享受低价格高质量的产品或服务❶。

但是,有些协议有可能产生严重的竞争问题,并损害消费者利益以及社会总体利益。我们仍以上述运输企业为例。如果在一条运输线路之上只有两个从事运输的企业,在没有签订协议的时候,二者存在运价竞争,货主可以从其竞争中得到低价格的好处;但如果两个企业签订了合作协议,那么它们之间的竞争很可能趋于消失,货主因为丧失了选择运输企业的可能性,从而丧失讨价还价的能力,而只能接受运输公司可能要求的高价格。纵向协议也会产生限制竞争的问题。例如,一个电视机生产商在与电视机零售商签订协议时,指定一个零售价

---

❶　参见欧盟委员会《关于适用欧共体条约第 81(3)条的指南》(2004/C101/08)。

格,要求零售商不得随意降价,这种协议很可能会损害消费者的利益。能够产生限制竞争效果的协议是多种多样的,但总起来看,产生限制竞争效果的协议基本上是通过限制企业的独立决策能力,尤其是限制企业在价格、产量或其他对竞争有重要影响的因素方面的决策能力来实现的。

衡量一项协议是否产生严重的竞争问题,美国法院主要适用“合理原则”和“本身违法原则”。关于这两项原则的含义和应用,请参见第一章的相关内容,我们在这里只提供一个案例。

[案例:全国大学运动员协会诉俄克拉荷马大学校务委员会案][1]

一、案情

从1951年开始,全国大学运动员协会(以下简称“协会”)对橄榄球的转播进行控制。1981年,协会为1982—1985赛季通过了一项计划。协会与ABC和CBS电视台签订了一项协议,规定两个电视台在支付一定数量的费用后可以转播一定场次的大学橄榄球比赛。费用按照转播类型(全国性比赛的费用高于地区性比赛的费用)支付给参与比赛的大学。但是,支付给大学的费用不随观众数量的变化而变化,也不随转播市场的数量或某一个球队受欢迎的程度而变化。同时,对于一个球队被转播的场次,协会也有限制,并禁止各大学与电视台签订其他的转播协议。拥有好球队的大学认为,它们实际上是在对没有好球队的大学提供补贴。

地区法院支持俄克拉荷马大学和佐治亚大学的意见,认为协会是一个固定价格、限制产量以及联合拒绝与潜在转播者进行交易的卡特尔。上诉法院也支持这个意见,判决协会的电视转播计划是固定价格,因而本身违法。协会上诉到最高法院。

二、最高法院的判决要点

1. 协会的行为无疑“限制了贸易”,因为它限制了会员谈判和签订电视转播合同的自由。

2. 因为该协议为会员大学转播比赛的场次设定上限,所以它人为限定

---

[1] NCAA v. Board of Regents, 468 U.S. 85 (1984).

了转播者和消费者所能看到的橄榄球比赛的数量；判例法已经表明，这种限制是不合理地限制了贸易。而且，地区法院发现，所设定的最低转播价格预先排除了转播者和各大学就价格进行谈判的可能，因此构成了横向固定价格。

横向价格控制和产量限制通常适用"本身违法"原则进行分析，因为这些行为产生反竞争效果的可能性非常高；当"行为总是或几乎总是倾向于限制竞争或降低产量时"，适用本身违法原则。如果符合以上情况，一个限制行为就会被认为是不合理的，而不必对特定市场进行分析。尽管如此，我们认为，本案中适用本身违法原则并不合适。我们的这个判断并非基于以下理由：对此类安排缺乏司法经验；协会是一个非营利组织；或我们尊重协会在保证和促进大学之间的业余体育运动方面所起的历史性作用。而是因为：对于该行业而言，如果要向消费者提供产品，对竞争的横向限制是不可缺少的，这正是本案的关键。

伯克(Bork)法官曾说："某些活动只能在联合状态下才能执行。也许最显著的例子是体育联盟。当一个职业曲棍球联盟成立之后，以没有其他职业联盟为由宣告他们的合作违法是无意义的。"本案中，协会及其会员推销的是竞争本身——大学之间的竞赛。自然，如果没有竞争者同意创立的规则，不对要推销的竞争进行定义，比赛将是完全不可能的。

3. 当案件的各项条件使得产生反竞争效果的可能性如此大，以至于没有理由对所涉及的行为进行进一步检验时，就适用本身违法原则。但是，无论最终的判决是基于预先假定还是基于实际的市场分析，其关键问题仍然是相同的——所涉及的行为是否促进竞争。在《谢尔曼法》项下，在判断一项行为是否限制贸易时所使用的标准是它对竞争的影响。

4. 因为协会的电视转播计划限制了价格和产量，所以它有相当程度的潜在的反竞争效果。地区法院的判决认识到这一点。地区法院认为，如果会员大学有权自由地出卖转播权，那么将会有更多场次的比赛在电视上转播，并且，协会的数量限制提高了电视台支付的转播价格。而且，法院也发现，通过固定电视转播的价格，协会创造了一种与观众需求以及与竞争市场的价格水平无关的价格结构。而且，由于所有的会员需要协会的批准，所以会员没有选择，而只能依附于协会对电视台的控制。

该协议的反竞争后果是明显的。个体的竞争者丧失了竞争的自由。价格被抬高，产量被降低，无论是价格还是产量都与消费者偏好无关。后一点也许是最关键的，因为“国会是把《谢尔曼法》当做‘消费者福利的药方’来设计的。”

5. 我们之所以决定不在本案中适用本身违法原则，在很大程度上是因为我们认识到，如果要保护协会及其会员试图推销的竞争的类型，一定程度的合作是必要的。我们认为，协会所进行的绝大多数的控制，对于促进业余体育运动队之间的竞争是合理的，因为它们促进校际运动的公共利益。但是，对于橄榄球电视转播的特别限制，与规定比赛条件、参与者资格、会员承担义务的方式和享有的好处的规则，是不同的。

三、判决结果

最高法院支持了较低层次法院的判决，但该判决却是根据合理原则而不是本身违法原则进行分析之后作出的。结果是，各大学可以自由地签订它们的电视转播合同。

第三节　证明协议影响了州际或与外国的贸易或商业

《谢尔曼法》之所以以协议影响州际或与外国的贸易或商业为条件之一，是因为美国是一个实行联邦制的国家，对州内贸易或商业的管理属于各州保留的权力，只有州际和与外国的贸易或商业才属于联邦专属管辖权。

实际上，对州际或与外国的贸易或商业的影响可以分解为两个问题，一是所指控的行为是否与贸易或商业有关，二是贸易或商业是否与州际或国际贸易有关。

在英文中，贸易（trade）与商业（commerce）是两个意义相近的词汇，在《谢尔曼法》中也是以相同意义来使用这两个词的。根据《布莱克法律词典》的解释，在一般意义上，商业一词有三种含义，一是指商品、生产或财产的交换，二是指货物的买卖或交换，三是指通过陆路、水路和航空对人和财产的运输。[1]

---

[1] Black's Law Dictionary, fifth edition, p. 244, West Publishing Co., 1979.

《谢尔曼法》通过之后的最初几年里，最高法院对“商业”的解释是相当狭窄的，仅指实际上在不同州间流动的交易或商品。在 E. C. 奈特案[1]中，最高法院认为制造与商业不是一回事，并据此拒绝了《谢尔曼法》对该案的管辖权。该案涉及位于几个州的糖加工厂的合并。20 世纪 40 年代“罗斯福新政”后，最高法院的态度发生了巨大变化。在 Wickard v. Filburn 案[2]中，最高法院认为，国会可以管辖对州际商业“有影响”的经济活动，而且该影响的程度不一定很大。这意味着《谢尔曼法》可以适用于对州际商业仅有些微影响的任何市场或交易。例如，在 Burke v. Ford 案[3]中，最高法院认为《谢尔曼法》适用于一个酒类批发商在州内划分地域市场的横向限制性协议案件，因为划分市场的结果使酒类的销售量降低，从而来自州外造酒者的购买也势必降低。在医院建筑公司案[4]中，最高法院认为《谢尔曼法》适用于一个联合拒绝交易案件。该案中，一家医院联合其他医院企图阻止另一家医院在相同地区内搬迁。最高法院认为，原告医院从州外购买设备，接受州外保险公司的付款，从州外银行借款，与其在州外的母公司有财务往来，这些事实足以支持《谢尔曼法》的管辖权。事实上，1980 年以来，几乎没有案件因为州际贸易问题而被判不适用《谢尔曼法》[5]。

如果案件涉及国际贸易，则美国法院发展了一套标准，具体请参考第二章，我们已经进行了详细的阐述，在此不再赘述。

---

[1] United States v. E. C. Knight Co., 156 U. S. 1, 33, 15 S. Ct. 249, 262 (1895).

[2] Wickard v. Filburn, 317 U. S. 111, 63 S. Ct. 82 (1942).

[3] Burke v. Ford, 389 U. S. 320, 321-322, 88 S. Ct. 443, 444 (1967).

[4] Hospital Building Co. v. Trustees of the Rex Hospital, 425 U. S. 738, 96 S. Ct. at 1853.

[5] See Herbert Hovenkamp, *Federal Antitrust Policy: the Law of Competition and Its Practice*, 2nd edition, p. 747, West Group, 1999.

第六章
限制贸易的横向协议

我们在第一章已经简单列举了横向协议的表现形式和基本概念,本章将具体探讨这些形式。本章将依照如下顺序展开:第一节是控制或影响价格的横向协议;第二节是竞争者之间划分市场或分配顾客的横向协议,以及联合拒绝交易的横向协议;第三节探讨行业协会的限制竞争问题。

第一节　控制或影响价格的横向协议

对自由、公开的价格竞争进行限制,无疑对市场经济的中枢神经构成了实际的或潜在的威胁,所以美国法院认为,竞争者之间抬高、压低、稳定或以其他形式决定价格的协议是“本身违法”的。但美国法院也认识到,并非所有具有控制或影响价格水平效果的协议都会降低竞争。如果一项协议有整合当事人之间的经济活动、从而促进竞争的效果,而且对价格的限制完全是附属性的,或者,如果限制与价格之间的因果关系相当弱,那么美国法院适用“合理原则”而不是“本身违法原则”来处理。

一、本身违法的影响价格的协议

(一)影响价格的协议的多样性

本身违法的价格协议不仅表现为竞争者之间确定实际的产品价格,而且表现为通过一系列的安排影响价格。1935 年 2 月,为了防止汽油价格下滑,美国中西部的 12 家主要炼油公司决定分别购买其他独立炼油公司的汽油,以阻止过多的汽油流入市场。12 家公司的每一家都被指定了一个独立炼油公司(称为“舞伴”),并要求每一家炼油公司购买其“舞伴”汽油产量的 10%—15%。有证据显示,该计划抬高以及稳定了 1935 年和 1936 年初期的汽油价格。该案中,并不存在一个明确的把价格固定在某一水平上的合同,但最高法院宣布炼油公司的计划本身违法,因为“联合起来固定价格的形式是不重要的,根据《谢尔曼法》,为了抬高、压低、固定、限定或稳定一种商品的价格或造成这样的效果而形成的联合,其本身是违法的”,炼油公司的计划“直接干预了市场力量的自由活动”❶。

固定价格的协议也不是一定涉及产品的最终价格。在卡特拉诺公司案中,一群啤酒零售商针对批发商拒绝给予赊销的行为提起了集体诉讼。传统上,啤酒批发商根据零售商的销售量同意零售商在一定期限内赊销,零售商赊销的期限各不相同。后来,批发商达成协议,拒绝给予零售商任何期限的赊销。最高法院认为,这种行为是本身违法的,一如直接抬高价格的协议:“几乎不言自明的是,给予一定期限的没有利息的赊销等同于给予折扣。因此,必须把赊销条件视同价格的不可分割的一部分。终止给予赊销的协议无异于取消折扣的协议,因此正好符合传统的反对固定价格协议的本身违法原则。”❷顺着这个思路下来,美国法院先后宣布那些给予统一的津贴的协议、要求统一的首付款的协议、限制折扣的协议、停止免费服务的协议等为本身违法❸。

竞争者达成的利用公式或某种其他方法计算价格的协议也属本身违法之列。在水泥协会案❹中,水泥协会设计了一种“多基点价格制度”来达到固定价格的目的。该制度把美国的几个不同的城市作为计算运到价格的基点,然后把每一个城市划入一个基点区,水泥在基点城市的价格加上运费,就是该城市的运到价格。美国法院曾经把另外一些计算价格的方式宣布为本身违法,例如竞争者之间确定统一的成本和利润,为不同级别的产品指明价格差,设定折扣比率等等❺。

❶ United States v. Socony-Vacuum Oil Co., 310 U.S. 150 (1940), at 221.
❷ Catalano. Inc. v. Target Sales, Inc., 446 U.S. 643 (1980) (per curiam), at 648.
❸ See ABA Section of Antitrust Law, *Antitrust Law Developments* (5th ed. 2002), volume 1, p. 84.
❹ FTC v. Cement Institute, 333 U.S. 683 (1948).
❺ See ABA Section of Antitrust Law, *Antitrust Law Developments* (5th ed. 2002), volume 1, p. 85.

美国法院也曾把以下行为确定为本身违法行为：竞争者之间为了固定价格而使用共同的销售代理人；使用统一的目录价格作为与顾客谈判的起点价格；限制作价格比较；使用指定的会计方式；要求从每一份合同中提取一定比例的现金作为全行业集体谈判基金；仅仅使用一组被指定的分包商；将一个削减价格的竞争者赶出一个贸易展览会；以及集体价格广告等。❶

产品的供求规律告诉我们，限制产量其实是限制价格的另一面，所以美国法院把限制产量的协议与限制价格的协议同等看待。美国法院曾经把本身违法原则适用于限制产量或设定配额的协议、停止生产某一种较低产品的协议、限制营业时间的协议、将产品出售数量固定在最低水平上的协议以及限制某种基本原料数量的协议。❷

美国法院把串通投标行为视为固定价格行为，也将其作为本身违法行为来看待。串通投标也可以表现为多种形式，如在投标之前比较标价、轮流中标、同意撤出投标、故意提交没有竞争力的标价、通过假装竞争操纵投标等。即使串通投标的当事人不可能执行其协议，亦属违法。❸

（二）所固定的价格是否合理与适用本身违法原则无关

在实际发生的案件中，被告往往辩解其所确定的价格是合理的，但最高法院直接干脆地拒绝了这种辩解。在泛密苏里运输协会案❹中，被告泛密苏里运输协会辩解，该协会所确定的运费率向来是合理的，如果没有该协会的协调，将发生毁灭性的竞争，并将毁灭整个行业。最高法院在判决中说："很明显，确定什么才是合理的费率带有很大的不确定性。判断合理费率的标准如何确定才合适？必须使全行业的回报足以支付股东们获得公平合理的利润吗？如果是这样，那么公平合理的利润是多少？……很明显，确定一个标准来衡量什么是合理的费率就异常困难。……竞争将把费率拉低到一个合理的水平，而如果允许存在把价格维持在高位的协议，则竞争将无法起作用。"

在特兰顿陶瓷公司案中，最高法院这样说道："每一个固定价格协议，如果有效的话，其目标和结果都是消除某一种形式的竞争。固定价格的力量，不管是

---

❶ See ABA Section of Antitrust Law, *Antitrust Law Developments* (5th *ed.* 2002), volume 1, p. 86.

❷ 同上, p. 87.

❸ 同上, pp. 89－90.

❹ United States v. Trans-Missouri Freight Association, 166 U. S. 290 (1897).

否已被合理地使用,都是与控制市场和固定随意设定的、不合理的价格的力量相联系的。今天确定的合理的价格,随着经济和经营的变化,明天将变成不合理的价格。价格一旦确定,就很难改变,因为竞争被固定价格的协议消除了。产生这种潜在力量的协议应该被确定为本身不合理的或者非法的限制,没有必要对所固定的具体价格的合理与否进行详细的询问,也没有必要给《谢尔曼法》的政府执法机构添加对价格变化进行日常监管的负担。"❶

二、适用合理原则的影响价格的协议

尽管一般而言,固定价格或限制产量的协议适用本身违法原则,但并不总是如此。美国法院在数个案件中偏离了本身违法原则,转而适用合理原则。至于什么案件适用本身违法原则,什么案件适用合理原则,美国法院并没有一定之规。通常,如果"该行为看上去好像总是或几乎总是倾向于限制竞争以及降低产量"❷,则适用本身违法原则。这是一个相当模糊的说法。实际上就是说,如果呈现在法官面前的案件事实足够简单,没有什么可使法官怀疑的,则适用本身违法原则;如果案件事实足够复杂,协议的效果难以判定,则需要适用合理原则进行分析。归根结底在于法官审判该类案件的经验。在美国,适用合理原则分析过的关于固定价格或限制产量的主要判例有:全国职业工程师协会案❸,广播音乐公司诉哥伦比亚广播公司案❹,全美大学运动员协会案❺,印第安纳牙医协会案❻,布朗大学案❼等。

本书作者认为,对于从事对美贸易的中国企业而言,可以遵循以下几个原则:第一,原则上将固定价格或限制产量的协议视为本身违法协议,如果在经营中所签订的协议涉及固定价格或限制产量问题,最好请反托拉斯律师或专家进行评估,以防被诉;第二,在遭遇到反托拉斯诉讼时,可以对照美国有关案例,尽力找到免责依据。

❶ Untied States v. Trenton Potteries Co., 273 U. S. 392 (1927).
❷ See Broadcast Music, Inc. v. CBS, 441 U. S. 1, 19 - 20 (1979).
❸ National Society of Professional Engineers v. United States, 435 U. S. 679 (1978).
❹ Broadcast Music v. Columbia Broadcasting System, 441 U. S. 1 (1979).
❺ NCAA. v. Board of Regents, 468 U. S. 85 (1984).
❻ FTC v. Indiana Federation of Dentists, 476 U. S. 447 (1986).
❼ United States v. Brown University, 5 F. 3d 658 (3d Cir. 1993).

[案例:全国职业工程师协会案][1]

一、案情

全国职业工程师协会(以下简称“协会”)成立于1935年,目的是处理工程师所遇到的非技术性问题,包括促进成员在职业、社会和经济方面的利益。协会受到指控,是因为成员达成了一项协议:在顾客为一个具体项目选定工程师之前,不得就收费问题展开谈判,甚至不能讨论这个问题。在1964年7月通过的《协会道德守则》第11(c)条里面,可以找到这个协议的证据。传统上,顾客根据工程师的背景和声誉,而不是价格,选定一个工程师。

协会认为,《协会道德守则》所设定的标准是合理的,因为职业工程师之间的竞争不符合公共利益。对于一个工程师而言,设计和指定非效率的、非必要的昂贵的建筑以及建筑方法,相当简单。因此,以最低价格提供工程服务的竞争压力将对工程质量带来负面影响。而且,把建筑合同授予最低价格投标人,而不顾及质量,将危及公共卫生、安全和福利。

联邦地区法院和联邦上诉法院均认为,该协议一看就是违法的,因此不必考察所声称的或可能存在的好处。

二、美国最高法院的判决要点

(一)合理原则

《谢尔曼法》第一条的语言是有问题的。它规定,“任何”限制贸易的合同都是违法的。但是,如布兰迪斯大法官(Justice Brandies)所言,限制是每一个合同的本质;如果照字面意思,第一条将把整个合同法都变成非法。因此,合理的限制是允许的。

但是,合理原则并不是对与限制有关的所有方面都进行考察。它主要考察所指控的限制对竞争环境(competitive conditions)的影响。换言之,合理原则主要是考察被指控的协议是促进竞争还是压制竞争。

在反托拉斯分析中,存在两个互相补充的类别。第一类称为“本身违法”,在这一类中,协议的性质和必然效果明显是反竞争的,不需要对所在

[1] National Society of Professional Engineers v. United States, 435 U. S. 679 (1978).

行业进行细致分析即可判定其违法。第二类称为“合理原则”，在这一类中，协议的竞争效果只能通过对有关的事实、限制的历史以及限制的理由进行评估才能判定。在任一类别中，分析的目的都是对竞争限制的程度进行判断；而不是判断一项有利于竞争的政策是否符合公共利益，或符合一个行业中成员的利益。

另一方面，以前的判例也早已明确，不能因为一个具体行业的特殊性质，就认为垄断安排比竞争能够更好地促进贸易和商业。是否豁免某个具体的行业，应该向国会请愿，而不是由合理原则解决。

（二）禁止竞争性投标

本案中的协议，是竞争对手联合起来拒绝与潜在顾客讨论价格，顾客只有在初步选定了工程师后，才能讨论价格。尽管这不是典型的固定价格，但此类协议的反竞争性质，同样不需要进行细致的行业分析。

协会的辩护确认而不是否定了协议的反竞争目的和反竞争效果。协会认为，限制是合理的，因为就工程服务进行竞价会导致误导性低价，因此会诱导工程师提供低劣的服务，从而带来公共安全和公共卫生方面的危险。这个观点背后的逻辑是，该协议倾向于维持价格水平；如果没有此种效果，则不能达到其意欲达到的目的。尽管如此，协会仍然求助于合理原则。协会辩解，对价格竞争的限制能够防止低劣工作的产生，能够保障符合道德的行为，因而最终给公众带来好处。如前所述，本法庭从来不接受这种对于合理原则的理解。

一个顾客可能自己会认为质量比省钱更重要。但协会对竞价的禁止使所有顾客都不能在选定工程师时比较价格，而且，这样做，协会就把自己关于竞争之成本收益的观点强加给整个市场。如果这种限制在合理原则之下被正当化，如果这种正当化是基于竞争对公共安全和职业伦理的潜在威胁，这无疑是对《谢尔曼法》基本政策的赤裸裸的攻击。

《谢尔曼法》之所以被通过，是基于这样一个判断：竞争不仅产生较低的价格，而且带来更好的产品和服务。“我们国民经济政策的核心，是长期以来相信竞争的价值。”竞争是自由市场中最好的资源配置的方法，这个信念是说，自由选择的机会会对一个交易的所有因素——质量、服务、安全以及耐用性，而不仅仅是马上发生的成本，产生正面影响。即使考虑到竞争结果的偶然例外，这个制定法也不允许对竞争是好还是坏的问题进行质疑。

职业服务，就其性质而言，可能与其他经营服务有很大差异，因此，竞争在这些服务中的性质可能有所不同。道德规范可能被用来规制和促进竞争，因此落入合理原则的范围。但是，协会在本案中的论点与这一立场相去甚远。我们所面对的辩解是：完全禁止竞价是必要的，否则，工程师将被诱使递交欺骗性的低价投标。当然，职业欺骗问题是一个道德守则的适当主题。但是，将竞争与欺骗相平衡，一如将竞争与安全风险相平衡，显然是太不着边际了。我们可以假定竞争对道德行为不是完全有益，但在《谢尔曼法》之下非常清楚，这不是消除竞争的理由。

第二节　分割市场和联合拒绝交易

在上一节，我们实际上涉及三种类型的横向协议，一是直接控制价格的协议，二是控制产量从而达到控制价格目的的协议，三是串通投标协议。因为它们与控制价格直接相关，所以我们统一称之为控制或影响价格的横向协议。除了这些协议外，还存在很多其他类型的横向协议，这些协议不是直接控制市场价格，但也会影响或妨碍市场竞争。本节主要讨论两种类型的横向协议：分割市场的协议和联合拒绝交易。

一、分割市场的协议

分割市场的协议又可以分为两种形式，一是分割地理市场，二是分配顾客。所谓分割市场，是指竞争对手之间就销售区域或顾客的类型达成一致，互不侵犯对方领地。因为分割市场是间接形式地控制产量，其反竞争的效果一如固定价格行为，所以，仅仅以分割市场为目的的协议通常适用本身违法原则来解决。在帕莫案[1]中，最高法院认为不仅实际的竞争对手、而且潜在的竞争对手之间的市场分割协议也是违法的，它强调：“当事人各方或者分割了一个二者都在其中做生意的市场，或者它们仅仅是为一方预留了一个市场而为另一方预留了另一个市场，无论如何，都是反竞争的。”低层次的法院也遵循了最高法院的这一

[1] Palmer v. BRG of Georgia, Inc., 498 U. S. 46 (1990) (per curiam).

原则，通常情况下都适用本身违法原则处理分割市场问题。但如果分割市场的协议属于促进效率的经济活动整合的一部分，则法院一般适用合理原则进行分析。

二、联合拒绝交易或称集体抵制

联合拒绝交易可以有多种表现形式，例如竞争对手联合起来拒绝与另外一个竞争对手进行交易，竞争对手联合起来拒绝与另一个竞争对手做交易的第三方进行交易，竞争对手联合起来拒绝与某些顾客或供应商进行交易等。

联合拒绝交易有可能成为清除竞争对手的工具，也有可能被用来作为惩罚不遵守固定价格协定的竞争对手的手段。但是，并非所有的联合拒绝交易都是妨害竞争的。有些联合拒绝交易行为是有利于经济效率的，有些则有利于促进当事人各方的共同利益而又不违反他人利益或公共利益。甚至在有些情况下，联合拒绝交易行为对社会目标或道德目标起促进作用。例如，一个城市的二手车交易商可以组成一个行业协会。通过该协会，交易商可以决定反对欺诈广告、不与生产污染产品的厂商做生意。如果任何加入该协会的交易商违反了协会规则，则将受到逐出协会、不给予“守信企业”认证的处罚。这样的联合拒绝交易显然是有利于社会公共利益、从而不应受到处罚的。

正因为联合拒绝交易不是绝对不利于竞争的，所以美国法院在处理该问题的时候也不是绝对地适用本身违法原则。目前，基本的原则是，只有当联合拒绝交易者拥有市场势力，或排他性地拥有接近一个关键竞争因素的权利时，才适用本身违法原则；否则适用合理原则进行分析❶。有些联合拒绝交易行为出于很多复杂的动机，利用合理原则可以对各种动机进行是否促进竞争的分析，而不是简单地惩罚了事。

总之，一项合法的联合拒绝交易必须与一个合法的目的密切相关；如果其主要目的是增加参加者的市场力量，则该联合拒绝交易行为是较容易被质疑的。如果联合拒绝交易的目标是针对与参加者的自身经济力量没有密切联系的社会、道德或其他目标，则较少受到《谢尔曼法》的干预。

---

❶ See Ernest Gellhorn & others: *Antitrust Law and Economics*, 5th ed., pp. 247 - 258, West, a Thomson Business, 2004. 又参见本书第四章“西北文具批发商案”。

[案例:美国时装原创者公会案][1]

一、案情

美国时装原创者公会(Fashion Originators Guild of America,FOGA,以下称"公会"),由女士礼服的设计、制作、出售和分销者组成。礼服制作者声称自己是女士时装最初设计式样的原创者,纺织品生产商声称自己是布匹花色的原创者。这些设计进入贸易渠道后,其他生产商仿照这些式样生产相类似的时装,这些仿造品通常价格较原创者低。原创者认为这种仿制行为是不道德的,把这种行为称作"风格盗版"(style piracy)。尽管他们承认其"最初的创造"既无版权也无专利权,现行立法未给他们提供任何保护,但仍然宣称销售仿制式样的礼服构成一种不正当贸易行为,是侵权。因此,尽管这些原创者内部在许多方面存在竞争,但他们仍然联合起来,反击并摧毁——如果可能的话——来自仿制品销售者的所有竞争。他们承认,为了摧毁此类竞争,他们特意联合起来,拒绝将产品销售给销售仿制品的零售商。由于他们的努力,全国大约12000个零售商签订了与公会"合作"的协议,但一半以上签订该协议是由于公会拒绝销售的威胁。公会声称,不合作者将被记在红卡上,合作者将被记在白卡上,然后把卡分发给制作商,制作商将不向记在红卡上的零售商销售产品。

1936年,在以6.75美元以上批发价销售的全部女士礼服中,公会成员的销售量占38%,10.75美元以上价格的礼服中,公会成员占到60%以上。

公会专门雇人,既去合作者的商店,也去不合作者的商店,目的是检查他们销售的产品,判断并报告是否有仿制品。公会审计其成员的账簿。如果发现有违公会要求者,则予以重罚。

公会还做了许多其他事情,这些事情明显与反击仿制相去甚远,包括:联合起来禁止成员做零售广告;规定折扣比例;与地方公会合作,规定促销的天数;等等。

二、最高法院的判决要点

公会行为与《谢尔曼法》相冲突之处包括:限制了礼服和纺织品制造商

---

[1] Fashion Originators Guild of America v. Federal Trade Commissioin, 312 U. S. 457 (1941).

的销售渠道，限制了零售商的采购渠道；把所有拒绝遵守公会计划的零售商和制造商圈进了一个杯葛组织；要求每一个会员向公会公开其个体事务的细节，即是剥夺了会员的行动自由；无论从必然倾向而言，还是从目的和效果而言，公会行为直接压制了来自销售未注册纺织品和仿制设计品的竞争。除此之外，这个联合实际上是一个“二政府”，它为管制和限制州际贸易制定规则，为判断和处罚违反行为提供了一个额外的审判法庭，因此侵犯了国家立法机关的权力。

然而，公会辩解，该联合不可能与《谢尔曼法》和《克莱顿法》相左，因为联邦贸易委员会没有发现联合固定或管制了价格，也没有发现联合降低或限制了产量，同时也没有发现质量降低。但是，以上三种类别并没有穷尽《谢尔曼法》和《克莱顿法》所禁止的行为类别。而且，《联邦贸易委员会法》的目的并非仅仅涉及特征明显的“成熟”行为，还涉及萌芽行为，只要它们可以导致这些或其他的贸易限制，并且其行为被视为不适当。本案中，联邦贸易委员会发现，为了把不遵守公会规则和管制的制造商和销售商排除出女士礼服和纺织品工业，公会的联合行为对该行业施加了很大程度的控制，因此倾向于在该行业造成垄断。尽管勾结固定价格是非法的，但对于《谢尔曼法》和《克莱顿法》的违法构成而言，提高价格的意图并不总是一个必备要素；即使一个联合可能暂时，甚至永久性地，降低所制造的或所出售的产品的价格，仍然可能构成违反上述法律的垄断。如本法庭在 Trans-Missouri 案中所言：“在那些环境下，把一生都投入该行业的人和小经销商——他们可能无法调整自己而适应变化了的环境——赶出市场，将可能相当严重地限制贸易或商业。商品降价的好处可能由于资本的威力巨大的联合摧毁了这样一个阶层，以及对商品控制权的集中，而被迫支付巨大的代价。”

但公会进一步辩解，他们的集体抵制以及对州际贸易的限制，不在《谢尔曼法》和《克莱顿法》禁止的范围内，因为其行为可以防止制造商、劳工、零售商和消费者受到仿制品的邪恶侵害，所以是合理的和必要的，是对以上四种人有好处的。联邦贸易委员会拒绝听取这一方面的辩解。正如我们已经指出的，公会的联合旨在摧毁与公会成员相竞争的一类制造和销售。联合的意图、目的，其潜在的势力，其垄断的倾向，对另一种竞争方式的压制，均落入《谢尔曼法》和《克莱顿法》禁止的范围内。在这些情况下，联邦贸易委员会拒绝听取这方面的证据并无不当,因为通过联合实现非法目的,并不比联合造成的固定价格更合理。公会声称,大量仿制礼服设计是侵权。我们不能这样判决,首先,是否侵权是一个州法问题,不是联邦法律问题;其次,即使仿制在任一州的法律之下都被认为是侵权,并不能使公会的联合起来管制和限制州际商业的行为——这些行为违反联邦法律——正当化。

三、案后缀语

在我国,经常看到有人把低价竞销称为“恶性竞争”。其实,大多数低价竞销属于正常的价格竞争。于美国反托拉斯法而言,只有低于成本销售,而且把低于成本销售作为垄断市场的手段时,才可能违法。低价竞销使消费者受益,并迫使企业不断降低成本,使整个经济更加有效率,何来“恶性”? 所谓“恶性”的攻击,不过是无效率企业的遁词,一如本案中职业工程师协会把竞争称为低劣工程的渊源。在我国执行《反垄断法》的过程中,肯定有不少似是而非的理由,强调行业的特殊性,否定竞争的价值。我们应当牢记,竞争不仅带来较低的价格,而且带来更好的产品和服务,任何以其他价值代替竞争价值的企图,都是值得怀疑的。

[案例:印第安纳牙医联盟案][1]

一、案情

20 世纪 70 年代以来,牙医健康保险商企图把治牙费用包括进来。为了评估治疗情况,保险商经常要求牙医除了递交要求支付保险费的表格之外,同时递交为患者检查时所拍的牙齿 X 光片,以及与诊断和治疗相关的其他信息。通常,表格以及 X 光片由保险公司的职员审查。如果他认为没有什么问题,就批准支付患者所花费用;如果他对治疗是否必要有疑问,就把材料转交给持有执照的牙医顾问进行进一步的审查。

某些牙医将这种对诊断和治疗的审查视为对其职业独立性和经济福利的威胁。20 世纪 70 年代早期,印第安纳牙医协会(Indiana Dental Association)——其成员包括了 85% 的印第安纳州执业牙医——发起了一次积极的努力,鼓励会员签署一个协议,不将 X 光片提交给保险商。该协会的努

[1] FTC v. Indiana Federation of Dentists, 476 U. S. 447 (1986).

力取得了巨大成功:大量牙医签署了该协议,在印第安纳开业的保险商发现,他们关于X光片的要求很难得到满足,因此他们不得不选择其他较昂贵的途径(例如访问牙医办公室或进行独立的口腔检查),或者放弃这种努力。

1979年,联邦贸易委员会颁发了一个同意令,要求该协会及其分支协会停止阻止会员递交X光片。并非所有的印第安纳牙医都愿意放弃这种做法。1976年,为了继续执行该协会的政策,一些此类牙医组成了印第安纳牙医联盟(Indiana Federation of Dentists,以下简称"联盟")。尽管联盟成员数量很少,不到100人,但他们高度集中在三个印第安纳社区:Anderson、Lafayette以及Fort Wayne。在Anderson地区,近100%的牙医参加了该联盟;在Lafayetter地区,包括了67%的牙医。在这些地区,该联盟成功地执行了印第安纳牙医协会拒绝递交X光片的政策。

二、最高法院的判决要点

1. 联邦贸易委员会认为,如果没有联合行为,牙医应该会受到竞争所产生的市场力量的制约,使他们产生遵守病人的保险商要求的动机。这个观点不仅有常识的支持,也有经济理论的支持,同时也有文件的支持,包括在印第安纳牙医中发行的新闻快报。这些文件显示,印第安纳牙医自己认为,不受压制的竞争将使他们的同事遵守保险商关于X光片的要求。而且,有证据显示,在印第安纳州以外的其他未联合拒绝递交X光片的州,保险公司能够毫无困难地得到牙医们的合作。

联盟的联合行动导致顾客所要求的信息被拒绝,并且迫使他们选择其他较昂贵的服务或放弃检查牙医们的治疗措施。至少在这个意义上,就与保险商的合作而言,牙医之间的竞争被限制了。

2. 问题是,以上这些发现在法律上是否足以判定联盟的行为违反《谢尔曼法》第一条。换言之,联盟集体拒绝与保险商合作是否构成"不合理的"限制贸易。

联盟的政策已被贴上"集体抵制"的标签:该政策构成了一个联合拒绝交易——牙医们拒绝与被集体牙科保险所涵盖的病人做交易。尽管本法庭过去曾经宣布集体抵制本身违法,但在本案中,我们拒绝简单地将联盟政策放进贴有"集体抵制"标签的格子并宣布其本身违法。正如我们在"西北文具案”❶中采取的立场，被归类为集体抵制的限制的类别，不能不加选择地扩大，并且，只有当具有市场势力的厂商，为了阻止供应商或顾客与一个竞争对手做生意，而抵制他们的时候，才适用本身违法原则。本案显然不属于这个情况。而且，我们对职业协会的规则采取本身违法原则总是相当谨慎的（参见“职业工程师案”❷）。一般而言，我们对某些交易的经济影响不明朗的案件适用本身违法原则也是相当谨慎的（参见“广播音乐公司案”❸）。因此，我们适用合理原则而不是本身违法原则审理本案。

适用合理原则分析这些事实并不是特别困难的事情。联盟政策的表现形式为牙医之间的横向协议，牙医们撤回了一项为顾客所需要的具体服务——把X光片与要求支付费用的表格一起交给保险公司。拒绝就提供给顾客的“服务包”（the package of serivies）进行竞争，与拒绝就一项协议的价格条款进行竞争一样，会损害市场提升社会福利的能力——市场能够保证以接近于边际成本的价格为消费者提供所需要的商品和服务。如果没有促进竞争的好处——例如，产生效率或提供商品和服务，这样一种因损害市场的正常运转而限制消费者选择的协议不可能经受住合理原则的检验。

联盟提出了三个主要的辩护理由。

第一，联邦贸易委员会认为联盟限制贸易，却没有对限制贸易的市场进行定义，也没有明确联盟成员在该市场上的势力，因此，从法律的角度而言，关于联盟不合理限制贸易的结论是错误的。这个辩解与本法庭在NCAA案❶中所持的观点相反：“从法律的角度而言，没有证明市场势力，并不能使那些赤裸裸的限制价格或产量的行为正当化。”即使联盟所施加的限制不足以被称为“赤裸裸”，联邦贸易委员会没有进行细致的市场分析，对于其作出的违反合理原则的结论而言，并非致命。联邦贸易委员会发现，在印第安纳州的两个地区（Anderson和Lafayette），联盟牙医占执业牙医总人数的比例非常大；并且，由于联盟的努力，那些地区的保险商在几年的时间内实际上不能得到所要求的X光片。定义市场和测定市场势力的目的，是为了

❶ 参见本书第四章“西北文具批发商案”。
❷ 参见本章“全国职业工程师协会案”。
❸ 参见本书第四章“广播音乐公司案”。
❶ 参见本书第五章“全国大学运动员协会诉俄克拉荷马大学校务委员会案”。

判断一项安排是否可能对竞争产生负面效果。而联邦贸易委员会已经证明了实际的危害效果,所以就没有必要调查市场势力了。

第二,由于联邦贸易委员会没能证明联盟政策导致牙医提供的服务比在遵守保险商要求的情况下更贵,所以联盟政策不属于不合理的贸易限制。这个辩解同样是没有说服力的。尽管保险商要求提供X光片的目标是尽量降低评估成本,但证明这一目标通过所选择的途径实际上得到了实现,对于确定牙医们的行为——他们联合起来拒绝提供所要求的信息,试图阻止保险商目标的实现——属于不合理的限制贸易,并非不可或缺的步骤。顾客要求提供信息的目的,是判断一项具体的购买在成本上是否合理。采取联合并有效的行为扣押顾客所需要的信息(或使其较昂贵),很可能足以扰乱市场所提供的价格设定机制的正常运转。这种行为,即使不能证明其导致了较高价格,或购买了较高价格的服务,也可能受到惩罚。而且,对于保险商和病人判断何为花费最少的治疗措施而言,即使所需要的信息完全无用(或者换言之,如果评估这些信息的花费比使用这些信息所节约的花费大得多),联盟的行为仍然不能被正当化:联盟是在代表顾客判断他们不需要这些信息。如果顾客真的不需要这些信息,市场本身的训诫会使保险商放弃他们关于X光片的要求。联盟没有权利预先排除市场的作用。

第三,联盟认为,禁止向保险商提供X光片可以产生“提高服务质量”(quality of care)的效果,这是非竞争性因素,与合理原则分析有关,但联邦贸易委员会没有考虑这个因素,因此是错误的。所谓“提高服务质量”是指,仅X光片本身并不是牙病诊断或形成治疗方案的合适基础,因此,存在这样一种危险,对于实际上符合病人利益的治疗,保险公司将错误地拒绝支付费用,结果是,病人得不到充分合适的治疗。

联盟的辩解无论在法律上还是在事实上都是有缺陷的。这个辩解的前提是:提供X光片将产生太大的影响——它将导致保险商通过选择不适当的治疗方式降低成本。这个辩解实质上是说,顾客从中获得信息的不受压制的市场将使他们作出不明智的、甚至危险的选择。“这种辩解不过是对《谢尔曼法》基本政策的正面攻击。”[1]而且,没有任何特别的理由能使人相

[1] 参见本章“全国职业工程师协会案”。

信，信息的提供在牙科服务市场上比在其他市场上对顾客伤害更大。决定支付水平的保险商自己不是牙医服务的接受者，但这并不是说，他们除了降低成本之外缺乏考虑病人福利的动机。他们自己也在为争取病人——或者在多数情况下，是签订集体保险合同的工会或企业——的忠诚而竞争。并且，他们不仅要在合理成本的基础上提供保险，而且保险范围也要满足顾客的需求，以取悦潜在的顾客。因此，没有理由认为，牙科保险公司为了节约成本而牺牲质量，正如在工程师服务市场上，工程师不会为节约成本而牺牲质量一样。

三、案后缀语

1. 本案中，印第安纳牙医联盟并没有因法院适用合理原则而逃脱被惩罚的命运。适用合理原则与适用本身违法原则，于本案而言，看起来结果是相同的。但是，由于适用合理原则，联盟有了为自己行为提供正当理由的机会。如果在本身违法原则之下，联盟将没有这样的机会，法院也不会听取、考虑被告所提供的理由。

2. 在适用合理原则的时候，通常要从定义市场和测定市场势力开始。但法院在本案中说，即使没有定义市场和测定市场势力，也可证明被告违法。法院的逻辑似乎是，定义市场和测定市场势力只是手段，这个手段并不能决定结果。无论如何，本案所反映的是一个较极端的情况。大多数情况下，还是要从定义市场和测定市场势力开始的。

第二节　行业协会的限制竞争行为

行业协会对市场竞争和经济发展的促进作用有目共睹。第一，它们可以通过搜集和汇编有关供求各方面的数据资料（例如成本、价格、生产规模、销售、运输、存货和生产能力等方面），帮助其成员制订更为完善的生产计划和采取更为有效的市场策略，从而有利于企业降低成本、增加利润、增加企业的市场竞争力。第二，它们可以通过确定产品标准、进行产品研发等手段帮助企业提高技术。第三，它们可以促使其成员在有关健康与安全、保护消费者利益、环境保护、能源有效利用等方面更好地遵守政府的规定，使政府的管制更加有效率。第四，行业协会可以利用团体优势帮助其成员开拓新的市场，而单个企业做起来则可能相当困难或效率较低。

但行业协会也可能被用来作为固定价格、在成员之间分配销售机会或联合拒绝交易等限制竞争行为的工具。一方面,无论是全国性的还是地区性的行业协会,都是一个能供其成员讨论价格的天然场所。成员企业或者在行业协会里直接商定某种商品的价格,或者利用行业协会交流的信息,达到事实上控制价格的目的。另一方面,在已经结成价格卡特尔的情况下,可以通过行业协会交流的信息了解哪些企业没有遵守卡特尔的规定,从而可以有效地惩罚这些企业,以保证卡特尔的稳定性。

企业通过行业协会或者行业协会自身进行的限制竞争行为无疑属于《谢尔曼法》管辖的范围。但是困难在于如何区分合法行为与违法行为。这里的核心问题是:如何做到既有效地惩罚那些固定价格、联合拒绝交易等损害市场竞争的行为,又不至于将正常的商业行为当作违法行为进行处理?美国最高法院近百年的反托拉斯司法实践中,有多个案件涉及行业协会,案件的性质也多种多样。以下介绍一些有典型意义的案例。

一、是正常交流信息还是固定价格:两个木材协会的判例

(一)美国硬木生产商协会案[1]

美国硬木生产商协会成立伊始,就执行一个所谓"公开竞争计划"(以下简称"计划")。名义上,成员是否参加这个计划不是强制性的,但当本诉讼开始的时候,其400个成员中就有365个参加了这个计划。

该协会的力量非常强大,虽然成员数量仅占美国硬木行业的5%,但产量却占13%之多。该协会对"计划"的目标作了如下陈述:"公开竞争计划是一个有关价格、贸易统计和贸易行为的交流中心。通过使协会成员充分快速地了解到其他成员的信息,该计划旨在使贸易行为保持某种统一性。"

"计划"要求每个成员向协会秘书(1)每日报告销售额和运输量,且必须明确购买者的身份以及买卖的所有细节;(2)每月报告每种产品的生产量和储存量;(3)每月开始时报送价格清单,该清单若有变化,还要报送变化后的价格清单。

协会秘书将这些信息汇总后再提供给成员。除此之外,协会还要对成员的

[1] American Column & Lumber Co. v. United States, 257 U. S. 377 (1921).

存货量和确定木材等级的情况进行检查，目的是保证成员报告的准确性和同一性。同时，该“计划”规定，所有报告均需经过协会代表的审查；不向协会报告有关信息者将不能从协会接到汇总后的信息报告；在6个月内有12天不向协会报告有关信息者，将被开除出协会。

除了报告信息外，该协会在某些地区几乎每周召开会议。会议之前，每一个成员必须陈述过去的产量，估计其今后两个月的产量以及市场的发展状况。

对于以上案情，最高法院认为，详细的报告、广泛的信息交流极易使成员达成各种实际的或潜在的协议。该协会的行为超越了协会应发挥的作用，其“计划”与签订赤裸裸地限制竞争的协议几乎没有任何区别。正常的经营者不会向竞争对手提供如此详细的有关其生产经营状况的日报、月报和年报，不会像该协会成员那样进行如此广泛、深入的信息交流。尽管在协会成员中间没有一个具体的限制竞争的协议，但“计划”限制竞争的目的是非常明显的。而且，经调查发现，“计划”的实施确实造成了木材价格的大幅度上涨。因此最高法院认定“计划”违反反托拉斯法。同时，最高法院指出，“计划”和公开发表的有关市场信息的区别在于：后者既对销售者公开也对购买者公开，而“计划”只对销售者公开；在公开发表的市场信息报告中，没有人像在“计划”中这样不厌其烦地建议采取共同行动以获取利润。

（二）枫木地板制造商协会案[1]

枫木地板制造商协会共拥有22个成员，其中20个成员的主要经营场所在密西根、明尼苏达和威斯康辛三州。1992年，协会成员的产量占了同种类型地板材料的70%。

协会做了很多工作，其中引起争议的活动主要包括：(1)计算并为会员提供各种类型和等级的地板材料的平均成本的信息；(2)计算并为会员提供有关运费的信息；(3)收集有关统计材料，包括：已售出的地板材料的质量和种类（由每个成员向协会秘书定期提供），现有存货数量等，协会将收集到的信息汇总整理后提供给会员，但不透露会员的具体身份；(4)召开会员代表参加的会议并讨论行业中的问题。

最高法院认为上述引起争议的活动不构成违法。理由是：第一，尽管检察人

[1] Maple Flooring Manufacturers Assn. v. Untied States, 268 U. S. 563 (1925).

员指控协会的以上活动产生了统一价格的后果，但没有证据能够证明这一点，同时也没有证据证明协会的活动对消费者带来不利影响。第二，所有关于销售额和价格的报告都是针对过去的和已经结束的交易，而没有涉及当前的价格；协会收集的统计资料都发表在贸易期刊上，并送到商务部以及其他有关的机构；这些资料的性质与公开发表的资料并无不同。第三，会员在会议上没有讨论过价格问题，因为过去的价格已经公开，没有必要进行讨论，而将来的价格被认为是不适当的议题。因此，尽管会员可能利用协会提供的资料作出较一致的判断，从而使价格倾向于稳定，但并不能仅由这一结果而认定协会有共谋行为。法律并不单纯地禁止资料收集和发布行为。

最高法院的结论是：如果行业协会仅仅是公开和公平地收集和发布有关其产品成本、产量、在过去交易中产品的价格、存货量以及从生产地到销售地的大概的运输成本的信息，以及召开会议讨论这些信息但并不就产品的价格、数量或限制竞争达成任何协议或采取任何共同行动，则不违反反托拉斯法。

二、行业协会的章程是否等同于限制竞争的协议

有时候，行业协会所制定的章程也有可能违反反托拉斯法。美国最高法院在美联社抵制交易案[1]中的判决清楚地表明了这一点。

美联社是一个具有法人资格的非营利性合作组织，它拥有 1200 家报社会员。美联社向其成员分发新闻，这些新闻由其雇员、会员报社以及外国新闻通讯社提供。美联社的章程禁止会员向非会员提供新闻，同时给予会员很大的权力，以阻止竞争对手变成美联社的会员。如果申请人不是美联社会员的竞争对手，则只要获得董事会的简单多数即可成为会员，且不必缴纳入会费。如果一个竞争对手申请加入，则需要获得绝对多数，而且要缴一大笔会费，同时还要放弃一切专有权利。因为美联社是美国最大的新闻提供机构，所以这些政策对进入报纸行业造成了很多困难。

最高法院认为，美联社的章程因含有限制报纸出版领域竞争的内容，所以属于限制性贸易合同。美联社辩护说，尽管章程中含有限制竞争的内容，但实际上没有造成限制竞争的效果。对此，最高法院认为，只要一个合同本身有可能造成限制竞争的效果，就已经构成了违法，而不管其实际上是否造成了这样的效果。

[1] Associated Press v. Untied States, 326 U. S. 1 (1945).

无可争辩的证据表明，协会章程确实捆住了众多出版者的手脚，以至于它们不能也确实没有向非会员的竞争者出售新闻。章程不允许非会员从这家最大的新闻机构或其中任何一个会员那里买到新闻，会严重地限制新报纸进入该领域的机会，这将会毁灭竞争以及挫伤美国的自由企业制度。

美联社还从以下两个方面提出了辩护理由，最高法院对此进行了一一驳斥：

第一，美联社辩护说，应该超出反托拉斯法，或者说从财产法的角度来看待协会章程。财产所有者可以选择合作伙伴，自己有权决定是出售还是不出售自己的财产。最高法院认为，尽管在一般的意义上来说，一个人可以按照自己的意愿处分自己的财产，但他不能过分行使其权利，不能通过合同或联合的手段，明示或默示地以不正当手段阻止或限制州际贸易的自由和自然的流动。这正是反托拉斯法的宗旨所在。

第二，美联社又进一步辩护说，既然有其他的新闻机构也在出售新闻，那么绝大多数的出版商联合起来拒绝向少数出版商出售新闻并不违反反托拉斯法。但最高法院认为，一个限制贸易的合同没有阻止全部的竞争，并不能使这一合同免于追究。事实上，没有加入协会的报纸确实在竞争中处于极其不利的地位。通过限制性的章程，每个参加联合的出版商实际上把自己完全置于协会的控制之下。因此章程是阻止竞争的，而不是正常的有助于商业和贸易的合同。

三、如何看待行业协会设定标准和执行规则的行为

对于有些行业协会来说，其重要功能之一是为行业制定标准或规则。一般而言，这种制定标准或规则的行为是符合消费者利益的，因为它们可以减少信息成本以及消费者的搜寻成本。我们经常在产品上看到各种各样的标签，例如“绿色食品”、“符合某某标准”等，这些标签能够起到为消费者提供产品或服务信息的作用。它们很多是政府部门制定或政府部门授权制定的，但也有些属于所谓行业自律标准，即企业自发组织的行业协会制定的标准，反托拉斯法主要是针对后者，这主要是因为行业协会制定的标准在有些情况下可以用作排除竞争对手的工具。如果一个企业的产品不符合行业标准，它就有可能被逐出该协会，甚至被逐出市场，这就发生了是否联合拒绝交易的问题。

在“光明灯公司诉人民煤气灯和焦炭公司”案[1]中，被告是一个协会，由煤气

---

[1] Radiant Burners, Inc. v. Peoples Gas Light & Coke Co., 364 U. S. 656, 81 S. Ct. 365 (1961).

炉制造商、管道公司和煤气公司组成,该公司对以煤气为燃料的产品进行检查,如果检查结果是合格,则在产品上打上“通过检查”的钢印。如果检查结果是不合格,则不仅是该协会拒绝打钢印,而且作为协会成员的煤气公司也拒绝为使用不合格产品的家庭或企业提供煤气。原告认为,协会评估其产品使用的标准是随意的,这在很大程度上是因为评估其产品的是它的竞争对手。最高法院最后的结论是:对该协会的行为适用本身违法原则。这主要是因为两个重要的因素:(1)原告产品没有得到客观评估,而是由竞争对手以随意的方式评估的;(2)被告的确强迫用户不得购买原告的产品,使原告无法进入市场。上述两个因素缺一不可,缺少任一因素都不能适用本身违法原则。如果上述两个因素均缺乏,那么法院一般不会禁止该行为。

例如,在“埃利阿森公司诉全国公共卫生基金会”案❶中,原告是一个制造商业冰箱的公司,被告是一个检测协会。原告指控被告拒绝通过它的一项设计。检测标准是由很多商业冰箱的制造商和用户制定的。首先,没有证据证明检测实验室被原告的竞争对手所“控制”,也没有证据证明原告产品被以不同的标准所对待。其次,有个别的制造商的产品也没有获得通过。第三,获得通过的产品由检测实验室打上通过的印记。未获通过的结果只是撤销该印记。被告没有阻止人们购买未获通过的产品。第六巡回法院拒绝适用本身违法原则。它认为,如果所指控的联合拒绝交易源于行业自律规定,则原告“必须证明,或者其产品被阻挡是因为竞争对手的歧视,或者行为整体上是明显不合理的”。既然本案不存在这样的证据,法院最终认为原告的指控不成立。

分析:行业协会的“可以”与“不可以”

行业协会可以:

• 搜集和汇编有关供求各方面的数据资料(例如成本、价格、生产规模、销售、运输、存货和生产能力等方面),帮助其成员制订更为完善的生产计划和采取更为有效的市场策略。公开和公平地收集和发布有关其产品成

---

❶ Eliason Corp. v. National Sanitation Foundation, 614 F. 2d 126 (6th Cir. 1980), cert. denied, 449 U. S. 826, 101 S. Ct. 89 (1980).

本、产量、在过去交易中产品的价格、存货量以及从生产地到销售地的大概的运输成本的信息,以及召开会议讨论这些信息。一般而言,这些资料应当尽量不标明来源或具体公司的名称,发放的范围尽量广,尽量不涉及当前价格和成本。

●确定产品标准、进行产品研发等,帮助企业提高技术。产品标准可以基于产品的性能(或质量)确定,也可以根据产品的成分、构造和大小来确定,也可以把产品的安全和环境保护问题考虑进来。通常,指明产品的性能较少引起反托拉斯问题,因为它们不在产品的建造方式或成分上限制生产商。另外,一般而言,所有利益方(无论它们是否是行业协会的成员)都应当被允许就拟采取的标准发表意见。所有利益方的意见和建议都应当予以考虑。每一个公司都应当自由决定是否接受该标准。

●促使其成员在有关健康与安全、保护消费者利益、环境保护、能源有效利用等方面更好地遵守政府的规定。

●利用团体优势帮助其成员开拓新的市场,而单个企业做起来则可能相当困难或效率较低。

●进行产品认证。认证必须基于合理的标准。既向会员企业提供认证服务,也向非会员企业提供认证服务。行业协会要保证其官员或雇员的行为正当、合理、公平。在一个案件中,某行业协会的官员发出一封未经批准的信件,指出某产品不符合该协会的安全标准。美国最高法院判决,该协会应当为该信件造成的损失负赔偿责任。

行业协会不可以:

●召开会议讨论现在或将来的定价、产量以及市场营销方面的问题。

●强制成员企业参加某种统计项目。

●强制成员企业接受行业协会制定的行业标准。

●就产品的价格、数量或限制竞争达成任何协议或采取任何共同行动。

●采取措施抵制交易,使竞争对手处于极其不利的地位。

●利用产品规则、标准或协会的章程作为排除竞争对手的工具,或贬低竞争对手的产品。

第七章
纵向关系中的贸易限制

前两章主要讨论横向协议中的反托拉斯问题，本章则讨论纵向贸易限制中所涉及的反托拉斯问题。所谓纵向关系，是指卖方与买方，也就是制造商（或供应商，下同）与经销商（或零售商，下同）之间的关系。制造商生产出商品后，将其出卖给批发商，批发商再卖给零售商，零售商再销售给最终顾客，形成了一个商品流通的完整链条。在这个链条中，卖方与买方属于商品流通的上下游关系，在反托拉斯法中称为纵向关系（vertical relation）。这与横向关系（horizontal relation）形成对比，横向关系是指两个或更多的制造商之间的关系，或两个或更多的经销商之间的关系。就两个生产或经销同一产品的制造商而言，他们之间除了存在竞争关系外，并不存在产品的买卖或供应关系。他们可能各自生产自己的产品，互不干涉。因此在横向关系中，当事人互为竞争对手；而在纵向关系中，当事人一般并非竞争对手，他们在更多意义上是合作者。

在纵向关系中，与在横向关系中一样，也存在限制竞争问题。例如，制造商有可能要求经销商只经销该制造商提供的商品，这就可能涉及排挤竞争对手的问题；制造商也可能要求经销商以一个双方预先商定的价格出售商品，这可能涉及抑制价格竞争。反过来，经销商也可能对制造商提出一定的要求，例如要求制造商在该区域内只将商品提供给该经销商，这也可能影响该区域内的价格竞争。但是，纵向限制也可以在某些方面提高效率，可以有促进竞争的效果。所以，在很多纵向限制案件中，执法或司法部门要对纵向限制的效果进行评估。这种评估有时涉及复杂的经济问题，大大增加了处理纵向限制的难度。

具体而言,美国反托拉斯法是如何处理纵向限制问题的?在纵向限制关系中适用的反托拉斯原则,与在横向关系中有哪些不同?中国企业在对美贸易中,应该注意哪些问题?本章将分三节具体讨论这些原则。第一节是概述,介绍纵向限制的种类和所适用的法律;第二节、第三节讨论纵向的价格限制和非价格限制;第四节讨论搭售;第五节讨论独家交易安排。

第一节　概　　述

一、纵向关系中贸易限制行为的种类

纵向贸易限制主要分为四种行为,分别是纵向的价格限制、纵向的非价格限制、搭售和排他性交易。

纵向的价格限制(也称转售价格维持,resale price maintenance),是指供应商与经销商之间签订协议,规定后者将产品转售给顾客的时候,不能低于某一个固定的价格或价格水平(称为最低转售价格维持,minimum resale price maintenance),或高于某一个固定的价格或价格水平(称为最高转售价格维持,maximum resale price maintenance)。

纵向的非价格限制有多种表现形式,其中最常见的是限制销售地域。例如,供应商要求A经销商只能在某个指定地区销售产品,不能到另外一个地区销售产品,因为另外一个地区可能已经安排给了B经销商。另外一个重要的纵向非价格限制是限定顾客群体。例如,供应商规定A经销商只能与高龄顾客打交道,必须将中青年留给B经销商。其他纵向非价格限制还有很多,例如限定经销商只能经营某一特定种类的产品,限定经销商与顾客签订协议的种类,限定经销商只能与一定数量的零售商打交道,等等。

纵向的价格限制与非价格限制有一个共同的特点,即它们都属于品牌内限制(intrabrand restraints)。无论价格限制还是非价格限制,供应商和经销商都是对同一个品牌的产品销售进行限制,不直接涉及其他品牌的产品。例如,一个啤酒生产商可以限定自己生产的啤酒的最低销售价格,但他不能限制其他厂家产品的价格。

而搭售和排他性交易则属于品牌间限制(interbrand restraints),也就是涉及限制其他品牌产品的问题。

搭售(tying arrangement),是指消费者购买一种商品必须以购买另一种商品或服务为先决条件,而被搭售的商品是消费者所不需要,或者可以以较低的价格从其他出售者手中买到的。搭售的直接目的就是排斥其他产品的竞争。例如一个销售复印机的企业要求顾客同时购买它所提供的复印纸。顾客若接受了这种搭售交易,则势必限制其他品牌复印纸的销售。

排他性交易(exclusive dealing)则要求买方只能从一个特定的卖方那里购买一种或多种产品,不能购买其他品牌的产品。这很明显就是针对其他品牌的。

二、品牌内限制所适用的法律

《谢尔曼法》第一条规定:"任何旨在限制州际或与外国间贸易或商业的合同、以托拉斯或其他形式的联合或共谋,都是不合法的。"只要构成了限制州际或与外国间贸易或商业的合同,都适用《谢尔曼法》第一条。纵向贸易限制,无论转售价格维持还是纵向非价格限制,都可以落入这一条的范围,可以适用《谢尔曼法》第一条进行处理。

《谢尔曼法》第一条是针对限制贸易的合同、联合或共谋的,所以处理纵向贸易限制,也像处理横向贸易限制一样,首先要证明当事人之间存在限制贸易的合同或协议。如果不存在这种合同或协议,或者说限制贸易行为仅是一方当事人单独进行的,便不能适用这一条。

虽然同样要求存在一个合同或协议,但在司法过程中对于横向限制和纵向限制的要求是不同的。例如,在横向关系中,如果竞争对手聚在一起讨论价格问题,就会引起很大的怀疑。原告只要能够证明被告曾聚在一起讨论价格问题,法官就可以推论被告之间存在横向限制竞争协议。但在纵向关系中,一个供应商和一个经销商要达成买卖协议,就必须聚在一起,而且在签订合同的过程中,他们肯定要讨论价格问题,否则便无法做生意。所以,不能仅凭供应商和经销商曾经聚在一起讨论价格问题就推论他们之间存在固定转售价格的协议。原告必须进一步证明被告确实达成了固定转售价格的协议。

总之,对于横向协议,所强调的是存在协议这样一个事实;而对于纵向协议,所强调的是协议的内容。当法官判断一个纵向协议是否涉及价格时,他所适用的标准比横向协议要严格得多。一个横向协议,即使仅仅"影响价格",就是本身违法的。但对于纵向协议而言,如果该协议没有确定一个具体的价格或价格水平,便不构成一个"价格协议"。

三、品牌间限制所适用的法律

对于搭售和排他性交易来说，不仅可以适用《谢尔曼法》第一条，也可以适用《克莱顿法》第三条。《克莱顿法》第三条规定，任何人出租、出售或签订合同出售商品，如果建立在以下条件、协议或理解的基础上，并且可能大幅度减少竞争或造成在任何商业中的垄断，则是违法的：承租人或购买人不能使用出租人或出售人竞争对手的商品，也不能就竞争对手的商品做交易。

《克莱顿法》第三条与《谢尔曼法》第一条所用的语言显然是有区别的。《谢尔曼法》第一条禁止不合理地限制贸易的协议，而《克莱顿法》第三条则禁止"不购买竞争对手产品"的协议（如果该协议在相当程度上减少了竞争）。但是，美国法院在处理搭售和排他性交易案件时所使用的标准却并无不同。在实际生活中，对于搭售和排他性交易，原告既可能根据《谢尔曼法》第一条提起诉讼，也可能根据《克莱顿法》第三条提起诉讼，或者同时根据这两条以及其他有关法律提起诉讼，但法院都适用同样的标准处理搭售和排他性交易问题。我们将在以下几节具体讨论这些标准。

四、纵向限制的竞争后果

对于纵向限制的竞争后果，历来争议较大，而且现在仍在争议之中。一般认为，纵向限制既有可能产生促进竞争的效果，也有可能产生反竞争的效果。

纵向限制可能产生的反竞争效果主要有以下几点：

1. 如果零售商之间存在固定价格协议[1]，则转售价格维持有可能是这个固定价格协议的表现形式，零售商借助于供应商力量监督固定价格协议的执行。也有一种可能，即供应商之间存在固定价格协议，为了保证协议的执行，供应商才限定零售商的转售价格。

2. 纵向限制可能产生排挤效果。例如，一个具有市场支配地位的供应商可能与零售商签订独家交易协议或搭售协议，以达到排挤竞争对手的目的。

3. 纵向限制可能被利用来维持价格歧视[2]。如果供应商想成功地实施价格歧视政策，或者说在不同地区的顾客或不同类型的顾客之间征收不同的价格，他首先必须解决套利问题。所谓套利问题，就是可能被征收高价格的顾客向被征

---

[1] 注意，这是横向固定价格协议。

[2] 定义见本书第一章。

收低价格的顾客购买商品。如果发生了这种情况,供应商的价格歧视政策就不可能达到目的。供应商为解决这一问题,就可能利用纵向地域限制或顾客群体限制。例如,在 Clairol❶ 案中,生产商用两种不同的瓶子装同样数量的染发剂。一种瓶子卖给理发店,另外一种卖给普通顾客。就包装而言,两种瓶子的成本只相差 2 美分。但卖给理发店的染发剂比卖给普通顾客的染发剂少 46 美分。供应商禁止向理发店出售产品的经销商将产品卖给普通顾客。

纵向限制也可能产生一些促进竞争的效果,例如:

1. 可以解决"搭便车"问题。例如,如果 A 汽车销售商有一个大且昂贵的展销室,允许顾客试驾驶,并提供良好的售前、售后服务,而 B 汽车销售商只在同一城市或地区租一间简陋的办公室经销同样的汽车,则 B 的成本要远低于 A 的成本,所以 B 可以远低于 A 的价格销售汽车。顾客很可能利用 A 的良好服务选定汽车,然后以低价格从 B 经销商那里购买汽车。这里,B 搭了 A 的"便车",影响了 A 的销路,A 于是没有积极性推销该汽车,最终影响汽车生产商的利益。汽车生产商至少可以采取两种方式解决这一问题。第一,它可以与 A 签订独家经销协议,不与 B 交易。第二,它可以规定最低零售价格,如果 B 不遵守这一规定,它就停止与 B 交易。这里,汽车生产商的纵向限制措施是合理的。

2. 可以促进品牌间的竞争。例如,如果供应商 A 与经销商 B 签订独家交易协议,约定除了 B 之外,在某一特定地区不再有其他经销商经销同一产品,则 B 可以放心采取强有力的措施推销 A 的产品,这就增加了与其他品牌产品的竞争力。再如,如果供应商固定转售价格,则经销商就可以在提高服务质量方面下功夫,同样增加了与其他品牌产品的竞争力。

正因为纵向限制既存在促进竞争的可能,也存在反竞争的可能,而且在具体的案件中促进竞争与反竞争的效果互相缠绕,难以区分,所以,美国法院现今基本上以合理原则处理纵向限制问题。但是,在美国,取得这一结果并不是一帆风顺的,法院的态度几经变化。法院先是对纵向限制普遍适用本身违法原则,后来发现纵向非价格控制有很多促进竞争的效果,所以对于纵向非价格限制转而适用合理原则,而对于纵向价格限制以及搭售安排仍然适用本身违法原则。根据 2008 年对 Leegin 案的最高法院判决,纵向价格限制也不再适用本身违法原则,

---

❶ Clairol v. Boston Discount Center of Berkley, 608 F. 2d 1114 (6th Cir. 1979).

而代之以合理原则。对于搭售安排，虽然名义上仍适用本身违法原则，但事实上适用合理原则[1]。因此，尽管还没有尘埃落定，但基本上可以说，法院如今对所有的纵向限制均适用合理原则。

第二节　纵向价格限制

如前所述，纵向价格限制分为最高价格限制和最低价格限制。在一个相当长的时期内，对于两种纵向价格限制，最高法院均适用本身违法原则。看起来，限定最高转售价格对消费者是有利的，为什么最高法院仍然适用本身违法原则？法院认为，一方面，法院本身没有能力判断一种价格是高还是低；另一方面，最高价格限制经过一段时间后有可能变成最低价格限制。但是这种状况到1997年的时候发生了变化，最高法院在一个案件中判决最高转售价格限制适用合理原则，也就是判断最高转售价格是否违法要具体问题具体分析，要看该限制所造成或可能造成的竞争效果。

2007年美国最高法院对Leegin Creative Leather Products, Inc. v. PSKS[2]一案的判决对于纵向最低价格限制有划时代的意义。美国最高法院在该案中宣布，对于纵向最低价格限制应当用合理原则处理。它打破了持续将近一个世纪的适用本身违法原则处理纵向最低价格限制的传统。

本节，我们就从Leegin案讲起。

一、Leegin案

Leegin是一个女鞋制造公司。该公司制定了一项政策，规定零售商必须遵守公司制定的建议转售价格，否则公司将停止与该零售商的交易。零售商PSKS Inc在出售Leegin产品的时候，把零售价格定在Leegin的建议价格之下，Leegin因此停止供应PSKS产品。PSKS起诉Leegin。陪审团裁定Leegin的定价政策本身违反《谢尔曼法》第一条。在联邦地区法院审理阶段，Leegin的专家证人建议适用合理原则，因为Leegin的行为有促进竞争的效果。主审法官拒绝接受专家证人建议，因为对于纵向价格限制，美国法院历来的传统是适用本身违法原则。

---

[1] 我们在本章以下的内容中还要提及这一点。

[2] Leegin, 127 S. Ct. at 2720.

而根据该原则，促进竞争的效果不在考虑之列。Leegin 于是向第五巡回法院提起上诉。第五巡回法院支持陪审团的判决。案件上诉到最高法院。

最高法院要解决的问题是，纵向最低转售价格维持协议是否应当继续视为本身违反《谢尔曼法》第一条，或者换言之，此类行为是否应当根据合理原则进行分析。Leegin 公司认为，最低转售价格维持可以有不少促进竞争的好处，例如可以保证产品的品牌形象，增加品牌间竞争，减少"搭便车"的负面效果。这些好处可以增加消费者福利。引人注目的是，联邦贸易委员会和司法部支持 Leegin 公司的立场。PSKS 则争辩道，推翻长期适用的本身违法原则并没有经济的、实际的或法律上的理由。PSKS 特别强调，最低转售价格政策对消费者而言提高了价格，并且可以帮助制造商或零售商形成横向固定价格卡特尔。PSKS 还认为，如果适用合理原则，则可能影响今后原告对最低转售价格提起诉讼的积极性。因为在本身违法原则下，原告可以预期纵向价格限制的违法性，因此有动力起诉；而在合理原则下，原告无法形成这样的预期，所以可能放弃一些本该起诉的案件。

最高法院最终以 5:4的票数作出了判决。肯尼迪大法官写作了最高法院的多数意见。最高法院判定，最低转售价格维持应当根据合理原则进行分析。最高法院认为，本身违法原则是一个过时的方法，无法解决最低转售价格所引起的复杂的经济问题。维持最低转售价格既有促进竞争的一面，也有反竞争的一面。一方面，最低转售价格可以刺激品牌间竞争，减少"搭便车"，有利于市场进入；另一方面则可能为卡特尔行为提供方便，为制造商或零售商所滥用。鉴于纵向价格维持的所有这些可能的促进竞争和反竞争的效果，最高法院认为，它不能确认最低转售价格"总是或几乎总是倾向于限制竞争以及降低产量"。因此，不能适用本身违法原则进行分析，而应当采用合理原则。在判决中，肯尼迪大法官也强烈拒绝本身违法原则可以降低行政成本的观点。判决认为，尽管本身违法原则可以降低行政成本，但也可能鼓励不必要的诉讼而增加诉讼成本。

最高法院的判决对于以后处理纵向价格限制问题将产生重要影响。在 Leegin 案件之前，纵向价格限制适用本身违法原则，纵向非价格限制适用合理原则。而在 Leegin 案件之后，两种行为适用同样的原则，这就意味着适用于纵向非价格限制的合理原则的各项标准将适用于纵向价格限制。在合理原则之下，原告在分析任何反竞争效果和促进竞争的效果之前，必须展示一个相关产品市场以及被告有市场势力。因此,将来针对最低转售价格的诉讼很可能会集中在具有市场势力的被告身上。另外,在合理原则下,被告可以提供促进竞争的证据来证明其行为的合理性。[1]

总之,尽管 Leegin 案件的判决并不意味着所有最低转售价格限制是合法的,但合理原则的确为企业在纵向定价政策上提供了相当大的自由度,只要他们能够说明,其所实施的限制政策在开拓市场和分销产品方面能够提高效率。

二、后 Leegin 案件的纵向价格限制

尽管最高法院在纵向限制问题上作出了新的判决,但因为美国是联邦制国家,最高法院的判例只对联邦法院有约束力,无法约束各州的行为。而很多州恰恰在这一问题上与最高法院意见相左。这一点,从最近各州对 Nine West 案件的态度可见一斑。

Nine West 案件的基本情况是:2000 年,联邦贸易委员会曾经就 Nine West 的纵向限制价格问题作出了一项同意令。该同意令根据本身违法原则,禁止 Nine West 与其零售商达成转售价格维持协议。在最高法院作出对 Leegin 案件的判决后,Nine West 公司向联邦贸易委员会请求重新审理以及修正联邦贸易委员会于 2000 年作出的一项同意令。Nine West 认为,根据 Leegin 案件的原则,联邦贸易委员会应当准许其达成转售价格维持协议,因为这并不与合理原则相违背。

26 个州的检察长反对修改同意令。在最高法院的判决作出之后,很多州检察长坚持认为,在州反托拉斯案件中,他们将继续坚持本身违法原则。州检察长呼吁联邦贸易委员会就转售价格维持问题坚持过去的本身违法原则。它们敦促联邦贸易委员会拒绝 Nine West 的要求,因为 Nine West 以前的转售价格维持协议提高了价格,使消费者多付了将近 4500 万美元。因此,Nine West 的转售价格维持协议是反竞争的。Nine West 如欲联邦贸易委员会修改决定,就必须证明该协议促进竞争的好处大于其反竞争效果。

Nine West 认为,它无法提供该协议促进竞争的证据,因为自 2000 年以来该协议即处于被禁止的状态。该公司进而认为,其竞争对手并没有被禁止达成转售价格维持协议,因此 Nine West 处于不利的竞争地位。

---

[1] 关于纵向非价格限制中合理原则的具体适用问题,见本章第三节。

联邦贸易委员会同意 Nine West 的观点。它指出,在对 Leegin 案的判决中,最高法院法官的多数意见认为,不能仅仅依据转售价格协议导致较高的价格而作出结论。联邦贸易委员会认为,在评估转售价格协议是否违法的时候,起点应该是,该协议在相应的竞争环境中是否本身可疑,也就是说,是否看起来就会引起反竞争问题。然后,即使该转售价格维持协议是"可疑"的,但如果被告能够证明其促进竞争的好处能够冲抵其可能的或实际的反竞争损害,那么该协议仍然是可以被允许的。

就 Nine West 的转售价格维持协议而言,联邦贸易委员会认为,根据合理原则,该协议并不是本身可疑的。第一,Nine West 在相关市场上缺少市场势力,其市场份额低于 12.5% 。第二,Nine West 本身,而不是其零售商,促成了该协议。因为 Nine West 缺少市场势力,所以如果它企图在相当长的一段时期内收取超过竞争水平的价格,将不会成功,因为它面对其他品牌的竞争。另外,Nine West 本身促成了转售价格维持协议,而不是某个具有市场支配地位的零售商促成该协议,这说明它的意图是促使零售商为顾客提供更多或更好的服务,而不是限制竞争。

因此,即使 Nine West 的转售价格协议提高了价格,联邦贸易委员会也倾向于相信,该转售价格协议将会增加消费者对 Nine West 产品的需求,从而有利于竞争。2008 年 5 月 6 日,联邦贸易委员会发出了一项命令,根据合理原则修改了原同意令❶。

Nine West 案件证明,在 Leegin 案件之后,联邦贸易委员会将采用合理原则来处理转售价格协议问题。但参与该案件的州检察总长的态度表明,目前,在他们的管辖范围内,他们仍将根据州法律,适用本身违法原则处理这一问题。事实上,2008 年 1 月,纽约州检察总长与伊利诺伊和密执安州检察总长一起向美国联邦地区法院指控 Herman Miller, Inc. 的转售价格维持协议违反联邦托拉斯法以及纽约、伊利诺伊和密执安三州的反托拉斯法。尽管指控发生在 *Leegin* 判决之后,但他们仍然认为该公司的行为属于违反《谢尔曼法》第一条以及相应各州法律的本身违法行为。案件最终以同意判决的方式解决,禁止 Herman Miller 公司在 2010 年前签订转售价格维持协议,并罚款 75 万美元。

---

❶ In the Matter of Nine West Group, Inc. (*Nine West*).

州法院在这场争论中还没有机会表明态度，因此目前还不确定它们是否与其检察总长的意见相一致。过去的经验表明❶，如果州法院倾向于不接受 Leegin 案件判决的原则，它们通常会在语言、立法意图、联邦和州制定法的历史以及州判例中寻找与 Leegin 案件的不同之处。

因此，面对州检察长的态度，以及可能的三倍赔偿私人诉讼，中国企业在对美贸易时最好还是谨慎行事，仍然遵循法院过去确立的原则：允许采取单方行动，但禁止签订转售价格维持协议，直到关于这一问题的争论最终尘埃落定。

既然许多州在一段时间内仍然会坚持过去的本身违法原则，我们以下将介绍、叙述这一原则。

三、纵向价格限制中的本身违法原则

在纵向价格限制中适用本身违法原则始于 1911 年的 Dr. Miles❷ 案，之后美国法院均坚持这一原则。从多年的司法实践来看，原告如欲证明被告的纵向价格限制本身违反《谢尔曼法》第一条，就必须证明如下几点：(1) 在两个或多个不同的企业之间存在一个符合条件的协议；(2) 所争议的协议包括销售和转售，而不仅仅是一个委托合同；(3) 协议是一个符合条件的关于价格或价格水平的协议。❸

1. 高露洁理论

美国最高法院在 United States v. Colgate & Co. ❹案中最早阐述了纵向限制中的协议问题。该案中，高露洁与其经销商达成了销售协议，然后又宣称，如果经销商的售价低于高露洁宣布的价格，则高露洁将不与经销商签订这样的销售协议。此后，高露洁确实拒绝与低价销售商品的经销商做交易。最高法院认为，这只是高露洁的单方行为，并不构成转售价格维持协议；如果制造商提前宣布他将拒绝交易的先决条件，则属于他的权利，这种权利是长期以来就得到承认的，《谢尔曼法》并不限制这个权利。

---

❶ 例如 Illinois Brick Co. v. Illinois, 431 U. S. 720 (1977)。

❷ Dr. Miles Medical Co. v. John D. Park & Sons Co., 220 U. S. 373, 400, 31 S. Ct. 376, 381 (1911).

❸ Herbert Howenkamp, *Federal Antitrust Policy: the Law of Competition and its Practice*, p. 426, West Publishing Co., 1994.

❹ 250 U. S. 300, 39 S. Ct. 465 (1919).

高露洁案件传达的信息是，如果制造商只是单方面宣布希望经销商遵守一个建议的销售价格，而经销商确实遵守了这个建议价格，这个事实本身并不构成“协议”，所以并不违反反托拉斯法。但是，如果制造商以任何其他方式警告、威胁或阻吓经销商，则很可能属于本身违法❶。

2. “转售”的含义

所谓转售价格维持协议，只有当供应商向经销商销售了商品、并且试图管制该商品的再销售价格时，才能成立。这里一个核心的概念是“转售”，如果在商品流通过程中没有“转售”，则一切无从谈起。例如，假设一个汽油供应商要求其零售商在清洗顾客的车窗时不得加价。这里就不存在转售问题，因为清洗车窗不是供应商卖给零售商的，零售商也没有“转售”，它不过是零售商提供的一种服务。同样的，如果一个理发店的特许经营者指令被特许人，某种发型的价格必须是 12 元，那么转售价格维持的规则也不适用，因为没有什么东西被“转售”。

在 United States v. General Electric Co. ❷案中，法院判决转售价格维持规则不适用于一个寄卖协议。该协议的一方当事人零售商是制造商的代理人，而不是购买者和转售者，并且产品的所有权仍然属于制造商。这里，没有什么东西“出售”给经销商，因此也没有“转售”给顾客。

但是，问题在于，试图控制转售价格的生产商很容易把转售合同转变成寄售合同，从而规避法律。因此法院必须区分真正的寄售合同和伪装的寄售合同。在一个案件中，法院认为，在一个大生产商和已经设立的分销网络之间，不存在寄售合同❸。但在另一个案件中，法院认为，在航空公司和机票代理人之间，不存在转售合同❹。

3. 关于价格或价格水平的协议

初看上去，“价格”协议与“非价格”协议的区别似乎非常明显，但实际上并不容易。我们以纵向地区限制为例。假设甲经销商获得了 A 地区的独家经销权，乙经销商获得了 B 地区的独家经销权。乙经销商违反安排，到 A 地区销售

❶ United States v. Parke, Davis & Co., 362 U. S. 29, 80 S. Ct. 503 (1960).

❷ 272 U. S. 476, 47 S. Ct. 192 (1926).

❸ Simpson v. Union Oil Co., 377 U. S. 13, 84 S. Ct., 1051 (1964).

❹ Illinois Corporate Travel, Inc. v. American Airlines, 806 F. 2d 722, 725 (7th Cir. 1986).

商品。乙经销商在A地区的销售价格很可能低于甲经销商的价格，因为甲经销商要承担促销商品以及售后服务的费用。甲向供货商反映问题时，会说乙经销商跨地区销售，同时也削价销售。供货商可能会停止与乙的交易，因为乙侵入了甲的领域，并削减价格。乙经销商向法院起诉，称供应商固定转售价格，乙经销商因为削价而被停止交易。这里，我们看到，本来是一个纵向非价格限制（限制交易地区），却以"价格"为由被诉。

实际上，就美国的司法实践来看，几乎所有的关于纵向限制的诉讼都涉及价格问题。美国法院认识到这一点，因此强调指出："除非一项协议包含价格或价格水平的条款，否则就不是本身违法的。"[1]一些协议尽管是符合条件的协议，但并不是符合条件的"关于价格或价格水平"的协议，因此不能使用本身违法原则。而在横向协议中，只要该协议"影响价格"，就是固定价格协议，适用本身违法原则。

第三节　纵向非价格限制

一、纵向非价格限制与合理原则

纵向的非价格限制（vertical non-price agreements）：即买卖双方达成的关于限制买方如何销售或者在哪里销售产品的协议。简而言之，就是限制销售方式、所销售的顾客类型或所销售的地域范围等。

如前所述，并不是所有附加销售条件的协议都是反竞争的，有些附加条件的协议是有利于消费者，有时甚至是促进竞争的。例如，制造商要求经销商在销售一种产品时必须提供售后服务，或者要求经销商必须在一定地域范围内销售产品。这些协议有可能激发经销商促进产品销售的努力或者提供更好的服务，以及促进与其他品牌的产品的竞争。再如，生产商A与零售商B签订了独家代理销售协议，在该地区内，只允许B经销A公司的产品，不允许其他代理商与B竞争。B得到A公司的承诺后，会采取多种方式促销A公司的产品，从而增加A公司与其他生产商的竞争。如果没有这种独家代理协议，B则不会有促销的积极性，因为他的努力与他应当得到的利润不相称。

但有些协议可能具有反竞争的效果，例如独家销售协议有可能导致其他制

[1] Business Elecs. Corp. v. Sharp Elecs. Corp., 485 U.S. 717, 728, 108 S. Ct. 1515, 1521 (1988).

造商丧失进入市场的途径，从而使该市场缺乏竞争。

因此，在纵向非价格限制案件中，法院采取合理原则进行分析。也就是说，法院考察协议可能具有的促进竞争和反竞争效果，然后进行比较，最后作出协议是合法还是违法的判断。法院通常认为，纵向非价格限制往往有增加产量、产生经营效率、提供新产品、促进生产或服务质量、增加消费者的选择等效果。所以，纵向非价格限制的结果往往对消费者有利，也有利于促进品牌之间的竞争。一般而言，如果被告不具备市场势力❶，则纵向非价格限制的好处大于其反竞争的坏处。所以，在纵向非价格限制案件中，法院比较关注被告有无市场势力。如果被告没有市场势力，法院通常不会判其违法，以至于现在有人说，在纵向非价格限制案件中，“本身违法原则”已经变成“本身合法原则”了。如果被告被发现具有市场势力，限制行为也并不必然违法。如前所述，法院要考察协议所具有的促进竞争和反竞争的效果。

二、法院审理纵向限制所采取的步骤

一般而言，法院在审理纵向非价格限制案件中，会遵循以下几个步骤。首先考察是否存在一个符合条件的非价格协议，存在这样一个协议，才能适用合理原则。其次，假设法院没有发现存在一个横向协议，它们就要考察被告在被限制的产品或服务市场中的势力。如果被告的市场份额不足25%，则法院通常会终止审理，驳回诉讼。如果该市场份额在25%以上，法院就会要求被告提供证据，证明限制有合理依据。如果合理性不强，而限制又会在品牌间市场产生反竞争效果，则法院很可能会判被告败诉。

三、原告起诉的要件

原告要想在纵向非价格案件中胜诉，则必须具体说明：第一，为什么该限制是反竞争的；第二，原告必须界定一个相关市场❷，并证明在该市场中，或者被告有单独的市场势力，或者有一组有市场势力的企业存在横向串通行为。

对于上面所说的横向合作行为，并不是说原告必须证明存在合作协议。例如，如果产品的上游市场是一个寡占市场❸（例如只有两三家企业供应该产品），

---

❶ 本书第八章将进行具体分析。
❷ 同上。
❸ 同上。

则原告只要证明供应商利用纵向价格协议加强该寡占市场就可以了。法院将要求原告提供的证据包括:上游市场是寡占市场,所有或至少大部分的供应商都使用纵向限制措施,且这种措施为上游市场的串通提供了便利条件。这里,符合条件的"协议"可以是原告与其供应商之间的协议,也可以是同一市场中的其他纵向协议。

为了证明一种限制行为有反竞争效果,原告必须证明有下列情况之一:

(1)该行为为经销商(下游)的串通提供了便利条件。一般而言,经销商串通行为所涉及的商品应当占相关市场中的大部分市场份额;如果串通行为涉及几个品牌,那么这些品牌联合起来应当占相关市场中的大部分市场份额。这种市场份额应当至少达到40%—50%。

(2)该行为是一个有市场势力的大经销商为实现其反竞争目的而首先发起的。

(3)该行为为上游市场的串通或寡占提供了便利条件。上游市场同样应当是集中度比较高的市场。

如果原告证明了上述情况之一,被告就要证明以下两点:(1)该限制行为有某些可以具体识别的合法目的;并且,(2)没有更好、更方便的替代措施。如果被告能够证明以上两点,法院就可能批准该限制行为。

四、被告的辩护要点

在纵向限制案件中,被告可考虑从以下几个方面证明自己所采取的限制措施是合理的:

第一,被告的行为是单方行为,符合被告的最大利益。

第二,被告的行为是"非价格"性的,没有固定价格。

第三,在合理原则之下,被告的行为是被允许的。

第四节　搭　　售

一、搭售以及本身违法原则

所谓搭售(或称搭售协议、搭售安排)就是指产品的销售者在出售一种商品("主卖品",tying product)的时候要求购买者必须以购买另一种商品为先决条件,而被搭售的商品("搭卖品",tied product)是消费者所不需要或者可以以较低的价格从其他出售者手中买到的。例如一个出售复印机的企业要求顾客必须同时购买复印用的纸张，一个电脑生产企业要求客户在购买电脑的时候，必须同时购买其计算机软件产品等。

企业采取搭售这种销售方式，可能会对竞争带来不利的影响。例如，企业如果在“主卖品”市场上达到垄断地位，它可能希望通过搭售方式把这种垄断地位延伸到“搭卖品”市场，搭售在这里起“杠杆作用”。再如，搭售可能会提高市场进入的障碍。假如A传媒出版公司既发行早报，也发行晚报，另有一家公司B试图进入晚报发行市场。A为了排斥B的竞争，就向广告主收取一种较便宜的“单位价格”，根据该价格，在早报上做广告的企业必须同时在晚报上做广告。通过这种方式，A阻止广告主在B将要发行的晚报上做广告，从而会增加后者的运营费用，也可能会因此把后者排除在市场之外。

尽管如此，搭售在特定情况下也可能有一定的好处。例如，将关联商品一起销售能够节约成本，并且可能给消费者带来方便。有时候，销售者之所以将零件和辅助材料搭配销售，也可能是出于产品质量和标准的要求。

传统上，美国司法机关适用本身违法原则处理搭售安排。但适用于搭售的本身违法原则与适用于其他行为的本身违法原则有所不同。典型的本身违法原则不考虑被告有没有市场势力、对竞争产生的效果或是否有反竞争的意图。但在搭售案件中，原告必须证明被告在“主卖品”市场上有“相当大的经济势力”(appreciable or sufficient economic power)，并且该搭售安排在“搭卖品”上影响了“相当数量的商业”(a substantial volume of commerce)。换言之，法院要求证明被告具有市场势力，并且至少要有某些证据证明该行为可能产生反竞争效果。另外，在搭售案件中，法院一般允许被告提出一些理由为自己的行为辩护，而典型的本身违法原则不考虑这些理由。总之，在搭售案件中适用本身违法原则，相对于典型的本身违法原则而言，需要更多种类和更多数量的证据。因此，美国有不少人认为在搭售案件中仅是名义上适用本身违法原则，而实际上是适用合理原则。即使美国最高法院的法官也曾建议放弃在搭售案件中适用本身违法原则[1]。

---

[1] Jefferson Parish Hosp. Dist. No. 2 v. Hyde, 466 U. S. 2, 12 – 18, 80 L. Ed. 2d 2, 104 S. Ct. 1551 (1984).

二、搭售的违法构成要件

如前所述,搭售适用《谢尔曼法》第一条和《克莱顿法》第三条处理。这两条有一个"协议"的要件,如果不存在协议,仅是售卖方的单方行为,则不受这两条的管辖。但在搭售案件中,一般认为,如果卖方在出售"主卖品"的时候,以购买"搭卖品"为条件,而买方又接受了这个条件,则《谢尔曼法》第一条所要求的"合同、联合或共谋"就满足了。也就是说,购买第二种产品本身就构成了协议。因此,在搭售案件中,一般不把是否存在"协议"作为违法构成要件,因为问题的重点不在于是否存在一个"协议",而在于卖方是否把购买第二种产品作为购买第一种产品的条件。

最近的案例表明,在分析搭售行为时,原告需要证明:(1)存在两个独立的产品(或服务,下同),换言之,两个产品不是本质上互相依赖的,如果将它们分开,对产品的性能或使用价值没有影响;(2)出售者出售一种产品以另一种产品为条件;(3)卖方在"主卖品"市场上有相当的经济势力;(4)搭售协议对"搭卖品"市场造成的影响并非微不足道❶。

(一)两个独立的产品

判断两个产品是否独立,在大多数情况下可能是简单的,仅凭直觉就能判断出来。例如一般情况下左、右两只鞋肯定是同一产品,普通消费者不会只买一只鞋,而销售商成双成对地卖鞋才有效率。再如汽车的车身和轮胎也应是同一产品,消费者买车要买整个的,销售商也不会分开出售车身和轮胎。又如美国早期反托拉斯案中所出现的电影放映机和电影,也很容易区分出是两个独立的产品。

但在有些情况下,判断两个产品是否独立则相当复杂,仅凭直觉无法解决。例如前面提及的早报和晚报广告,它们是两个产品还是一个产品?在著名的Jefferson Parish案件中,也涉及这一比较棘手的问题。Jefferson Parish是一个医院,该医院规定,在该医院动手术必须使用其附属医疗组织提供的麻醉服务。手术和麻醉是一个"产品"还是两个"产品"?仅凭普通人的直觉显然无法判断。

❶ Eastman Kodak Co. v. Image Tech. Servs., Inc., 504 U.S. 451, 461 - 462, 119 L. Ed. 2d 265, 112 S. Ct. 2072 (1992); Jefferson Parish, id.; United States v. Microsoft Corp., 253 F. 3d 34 (D. C. Cir. 2001).

最高法院认为,首先,“回答是一个还是两个产品的问题”,不能求助于“产品之间的功能关系”[1]。换言之,两个产品仅仅存在互补的关系是不够的。就制定搭售法律的目的而言,“一个东西没有另外一个东西是无用的”并不能使它们构成一个单一的产品。其次,关于是否涉及两个产品的问题,关键在于该安排是否引起了法律规则所关心的竞争后果。最高法院认定,除非顾客有相当的需要在医院服务之外购买独立的麻醉服务,而且在医院服务之外提供独立的麻醉服务是有效率的,否则就不存在两个独立的产品,也不存在搭售安排。

在以上原则指引下,最高法院考察了消费者关于“搭卖品”需求的直接和间接证据。直接证据所问的问题是:如果有机会,消费者是从医院购买“搭卖品”,还是从其他机构购买?最高法院记录下病人的回答,作为消费者需求的直接证据。本案中,最高法院发现,病人时常要求与医院没有关系的麻醉师提供服务。间接证据则是假设在“主卖品”市场上存在一个竞争性公司(也就是一个没有市场势力的公司),法院主要考察这个竞争性公司将会如何行为,并将其行为作为间接证据。法院问的问题是:这个竞争性公司是把两个产品合在一起出售,还是分开出售?如果竞争性公司总是把搭售产品和被搭售产品捆绑在一起出售,那么它们就是单一产品,而不是两个产品。因为经济学认为,在竞争市场上,商品的供应应当是顺应需求的,所以竞争性公司的行为可以作为消费者需求的间接证据。最高法院发现,除了被告医院自己雇用的麻醉师外,市场上只有27%的麻醉师与医院有财务关系,并且麻醉师通常不被医院所雇用,也就是说,麻醉师的服务不与医院服务捆绑在一起。通过这些直接证据和间接证据,最高法院判决,医院的手术和麻醉服务是独立的产品。

总之,最高法院通过此案确立的原则是,判断是否两个独立的产品,不能看它们是否在功能上相关联,而要看消费者对两个产品的需求特点。也就是说,消费者通常要求两种产品是捆绑出售还是独立出售。

在最高法院确立“消费者需求”原则之前,一些法院已经使用了这个原则。除了这个原则外,他们同时也考察,这些产品是合在一起收费还是分开收费。另外一些法院时常考虑将产品打包出售是否提高了效率或提高了产品质量。如今,这些法院除了适用消费者需求原则之外,可能仍然会考虑这些问题。

---

[1] Jefferson Parish, 466 U. S. at 19; see also 466 U. S. at 19 n. 30.

（二）强迫

确定属于两个独立的产品之后，接下来就要看被告在卖一种产品的时候，是否以另一种产品为条件，也就是确定是否存在搭售。

许多法院衡量这一条件的时候，适用“强迫”（coercion）标准。原告如欲证明一个搭售安排非法，必须证明产品售卖者存在一定程度的强迫行为。如果购买者购买“搭卖品”属于自愿，则该搭售行为就不是非法的。

（三）市场势力

售卖者在“主卖品”市场上必须具有市场势力，才能强迫购买者购买“搭卖品”。但是，这里的市场势力，不等于要求售卖者在市场上具有“垄断”势力，只要求售卖者在“主卖品”（消费者实际要买的产品）市场上具有“充分的经济力量”（sufficient economic power）、足以强迫购买者购买“搭卖品”即可。

怎样判断售卖者是否有“充分的市场力量”呢？首先，市场份额是一个重要的因素。如果售卖者在“主卖品”市场上有很大的市场份额，则是售卖者具有市场势力的有力证据，尽管不是绝对的证据。但较小的市场份额往往使法院相信被告不可能强迫购买者购买“搭卖品”。在一个案件中，最高法院考察了被告的市场份额，然后得出的结论是：30%的相关市场份额不足以使产品的售卖者自动卷入一个非法搭售安排。除了市场份额外，法院还可能考察其他方面。例如法院常常认为产品的独特性可以使售卖者具有优势地位。但是，仅仅从产品具有专利本身不能推导出产品有市场势力。

需要注意的是，法院在搭售案件中，并不过于具体、详细地分析卖方是否有市场势力。具体、详细分析市场势力，是合理原则使用的方法。而搭售案件毕竟名义上属于“本身违法”范畴。

（四）对搭卖品市场的影响并非微不足道

搭售协议应当对“搭卖品”市场有相当程度的影响，如果影响微不足道，则没必要浪费资源去管制它。怎样衡量是否对“搭卖品”市场有相当程度的影响？法院一般要看所影响的“搭卖品”的金额。至于多少金额才达到“并非微不足道”的影响，则随具体案件的不同而有差别。

除了“搭卖品”的金额外，有些法院还考察搭售安排对“搭卖品”市场竞争所造成的影响。也就是说，这些法院在考察对“搭卖品”市场造成的影响时，要同时考虑金额和竞争效果两个因素。只有同时满足了两个因素，法院才认定该搭售协议违法。

［案例：柯达公司案］[1]

一、案情

柯达公司制造并销售复杂的商业机器，例如复印机和缩微设备。柯达的设备是独特的。例如，用在柯达机器上的缩微软件与竞争对手的机器不相兼容。柯达的零件与其他制造商的设备也不兼容，反之亦然。尽管柯达的新设备价格昂贵，但再出售的价值很小。

柯达为顾客提供服务和机器零件。它自行生产部分零件，其余的则由独立设备制造商（original-equipment manufacturers，OEMs）生产。柯达为其机器提供80%—95%的服务。

20世纪80年代早期开始，多家独立服务组织（independent service orgnizations，ISOs）开始维修柯达设备并提供其他服务。独立服务组织的价格比柯达公司提供服务的价格要低很多。某些顾客认为，独立服务组织的服务质量也较高。独立服务组织库存一些备用零件，这些零件或者从柯达购买，或者从其他渠道购买，主要是从独立设备制造商那里购买。

1985年和1986年，柯达执行了一项新政策，只向使用柯达服务的顾客出售零件。柯达并与独立设备制造商达成协议，独立设备制造商只将零件出售给柯达。同时，柯达向柯达设备的拥有者和独立零件分销商施加压力，不许它们出售零件给独立服务组织。

柯达的政策取得了成功。独立服务组织不能从稳定的渠道获得零件，某些独立服务组织被迫歇业，另外一些独立服务组织的营业收入也大幅度降低。顾客被迫转而使用柯达自己的服务。

1987年，18家独立服务组织向法院起诉，控告柯达将机器零件与服务非法搭售，违反了《谢尔曼法》第一条，同时也控告柯达非法垄断以及企图垄断柯达机器的服务市场，违反了《谢尔曼法》第二条。

二、最高法院关于搭售部分的判决要点

1. 搭售协议是指，当事人出售一个产品（主卖品），以购买者必须购买

---

[1] Eastman Kodak Co. v. Image Technical Services (540 U. S. 451, 1992). 本案关于垄断部分的判决，见本书第八章。

另一个不同的产品(搭卖品)为条件,或者购买者至少同意不从另外的供应商购买该产品。如果出售者在主卖品市场上有“相当大的经济势力”(appreciable economic power),并且,如果该安排对搭卖品市场上相当大的商业量造成影响,则该搭售协议违反《谢尔曼法》第一条。

2. 我们首先需要确定,“服务”和“零件”是否两个不同的产品;其次,柯达是否将两个产品捆绑出售。

按照在 Jefferson Parish 案中确立的原则,将服务和零件确认为不同的产品,关键是看厂商将服务和零件分开提供是否有效率,这取决于对两种产品是否有充足的消费者需求。本案证据显示,服务和零件在过去一直是分开出售的,并且仍然分开出售给自我服务的设备所有者。事实上,整个高科技服务行业的发展证明独立的服务市场是有效率的。

柯达坚持认为,没有零件,将没有人需要服务;没有服务,也没有人需要零件,所以服务和零件不可能是分离的市场。按照这个逻辑,将永远不会有分离的市场。例如,照相机和胶卷、电脑和软件或者汽车与轮胎。

事实上,柯达的理由也是错误的。至少,某些顾客只购买服务,不购买零件,因为某些服务根本不需要零件。而某些顾客,例如自我服务的顾客,只购买零件而不购买服务。

最后,独立服务组织已经展示了服务和零件捆绑销售的充足证据。这些证据显示,只有第三方同意不从独立服务组织购买服务,柯达才将零件出售给第三方。

3. 在证明存在一个搭售协议后,我们接下去考虑柯达是否在主卖品市场上有相当大的市场势力。市场势力是强迫购买者做某种在竞争市场上他不可能做的事情的能力。它也被定义为一个单一卖者提高价格和限制产量的能力。这种能力的存在通常可以从卖者在市场上拥有支配性的市场份额推论出来。

(1)独立服务组织认为,柯达在零件市场上的势力足以强迫购买者接受其服务。它们的证据显示,某些零件只有通过柯达才能买到。同时,柯达也控制了其他制造商生产的零件。柯达通过对零件的控制,排除了服务的竞争,抬高了服务价格,并强迫接受柯达的服务。某些更愿意选择独立服务组织的顾客被迫转向柯达,即使独立服务组织的服务质量较高。这导致独立服务组织被迫歇业。

柯达反对以上观点。它认为,即使它承认在相关零件市场上拥有垄断性的份额,它实际上也不可能行使这个市场势力。这主要是因为设备市场上所存在的竞争❶。柯达声称它没有能力将服务价格和零件价格提高到竞争水平之上,因为,在售后市场上因为较高价格而增加的利润将被设备市场的相应损失抵消,因为顾客将选择服务费用更少的设备,转而购买其他厂家的设备。

我们认为,即使柯达不可能将其服务和零件价格提高一分钱,也不能否认其在售后市场的市场势力。即便是一个垄断者,当它以垄断价格销售产品的时候,销售量也会下降,但是,较高的价格可以补偿销售量下降带来的损失。柯达声称,提高服务和零件价格不过是"一个短时间的游戏",不可能持久。这种说法基于一个错误的二分法——厂商只能收取两种价格:竞争价格或自我毁灭价格。但是实际上,一种介乎中间的、乐观的价格是存在的。根据这个价格而增加的收入将能够补偿销售量下降带来的损失,而且还有盈利。设备市场对售后市场价格所形成的掣肘,无论如何不能否认售后市场上市场势力的存在。并不存在一个一成不变的规则,认为设备市场上的竞争不能与售后市场的市场势力共存。

柯达认为,较高的服务价格将导致设备销售量的大幅度下滑。如果是这样,就可以推论,低服务价格将导致设备销售的大幅度增加。果真如此,柯达可以利用独立服务组织的低服务价格,增加设备销售量。但是,柯达却执行了一个限制销售政策,排挤独立服务组织的低价格服务。这个行动,照柯达的理论来说,或者会对柯达的设备销售造成毁灭性打击,或者对柯达的信誉造成毁灭性打击。但是,这两种结果都没有出现。对柯达顾客而言,服务价格已经提高,但没有证据证明,也没有人声称,柯达的设备销售出现了下降。

(2)柯达还企图把服务价格的提高描述为一种定价策略。例如,柯达可以以低于竞争水平的价格销售设备,然后以高于竞争水平的价格进行补偿,顾客总体上可以得到一个竞争水平的价格。但事实上,柯达声称其设备价格与竞争对手的价格相当,并且设备销售和服务分支都是营利的。而且,

❶ 注意,这里是"设备市场",而不是"零件市场"。着重号为本书作者所加。

这个假设的定价策略与柯达对自我服务的顾客所采取的政策不相符。如果柯达低价销售其设备,希望锁定消费者并在服务市场上找回损失,它就无法负担仅向顾客出售零件而不出售服务。

独立服务组织认为,在复杂耐用品市场上,因为存在相当大的信息成本和转换成本,柯达的理论无法精确地解释主要市场和衍生市场的行为。

对于服务市场价格影响设备需求而言,消费者在购买的时候,必须清楚了解所有的成本——设备、服务以及零件的成本,亦即,消费者必须了解该产品整个生命周期的价格。对于复杂耐用设备而言,了解整个生命周期的定价非常困难,并且花费很大。为了得到精确的价格,消费者必须获得大量原始数据,并且进行复杂的分析。必要的信息包括:价格、质量、升级或改良最初的设备以及服务和维修费用,包括估计机器坏损的频率、修理的性质、服务和零件的价格,"死机"时间的长度以及由于"死机"造成的损失。

在购买时,多数此类信息难以得到,某些甚至不可能得到。在一个产品的生命周期中,厂家可能改变服务和零件价格,开发具有更先进功能的产品。此外,信息可能因顾客不同而不同,整个生命周期的成本随设备的类型、设备适用的程度以及"死机"的花费不同而变化。

柯达承认信息成本,但认为顾客的信息需要将由于设备市场的竞争对手而得到满足。但是,竞争对手是否提供必需的信息是个事实问题。设备市场的竞争对手对于它不提供服务的复杂设备可能没有可资信赖的信息。即使竞争对手有相关信息,为消费者提供此类信息也不见得能够提升其自身利益。

而且,即使顾客能够获得和处理那些复杂的信息,他们也可能不会这样做。获得信息是昂贵的。如果相对于设备价格,服务费用较低,或者如果顾客更加关心设备能力,而不是服务费用,他们可能不认为收集信息能够节约费用。某些顾客,例如州和地方政府,时常把服务当做营运支出,把设备当做资本支出,把两种支出分到不同的部门处理。这些政府机构不从产品生命周期的角度考虑价格,而是选择每一个单独市场上的最低价格。

柯达认为,有一些大批量购买的、成熟的顾客将会进行比较研究,并坚持柯达收取从产品生命周期考虑的竞争性价格。这个价格会传达给其他顾客。这个说法同样是值得怀疑的。首先,如果成熟顾客的数量相当少,则柯达因在服务市场上收取超竞争水平的价格而获取的利润,足以使其停止与这些顾客做交易。更重要的是，如果一个公司能够对成熟顾客和不成熟顾客收取不同的价格，成熟顾客的存在并不能防止对不成熟顾客的剥削。出售者可以很容易地采取手段，例如设计不同的设备/服务打包价格，使用不同的保证条款，或者对不同的组成部分设计不同的折扣价格，对不同的顾客收取不同价格。

(3)如果转换成本比较高，已经购买设备的顾客因此被“锁定”，他们将不得不忍受某种程度的服务价格上涨。如果被锁定的顾客很多，出售者就可以通过维持高于竞争水平的价格而获利。而且，如果出售者有办法对被锁定的顾客和新顾客收取不同的价格，则获利的可能性更大。在出售设备的时候，出售者可以对新顾客收取低于边际成本的价格，而通过提高服务价格予以补偿，或者也可以为新顾客提供长期服务合同或终生保修条款，而被锁定的顾客则得不到此类优惠。

独立服务组织提供的证据显示，柯达设备昂贵的最初价格，加上必需的支持材料(它们仅适用于柯达设备)，使顾客的转换费用非常高，柯达公司自己的证据也显示，对于不同的顾客，它设计了不同的设备/零件/服务价格。

(4)柯达辩解说，尽管表面上看来是反竞争的，但实际上却是有利于竞争的，因为其实施市场创新计划的能力将能够使它在设备市场上的竞争更有效。较低的设备价格和较高的售后市场价格可以促进设备的销售，因为顾客最初不用花很多钱就可以购买设备。毋庸置疑，当一个厂商能够提供数个市场选择的时候，是可以促进竞争的。这些措施也并不违反反托拉斯法律。但是，被指控的具体行为的促进竞争的效果，远非明显。

三、案后缀语

在柯达案中，美国最高法院把一个品牌的产品定义为一个相关市场。这在美国反托拉斯法的历史上是罕见的。案件判决后引起学术界的轩然大波和批评。但事情既然发生了，就有可能再次发生，值得企业界警惕。况且最高法院也并非没有道理。

此案也为我们思考类似问题提供了一些思路，例如某些生产复杂耐用品的厂家故意采取技术手段，迫使顾客不得不向其购买零件或耗材；本来，如果没有这些技术手段，顾客可以以便宜的价格从其他厂家购买这些零件或耗材。这种行为是否违反我国的反垄断法？恐怕要具体问题具体分析。

笔者以为,关键的问题之一,是看厂家采取这些技术手段的目的是什么:是为了效率(例如产品质量的要求),还是为了排除其他人的竞争?

第五节 独家交易安排

一、独家交易安排与合理原则

独家交易安排(exclusive dealing arrangements)是指在一段特定时间内,买方同意只从一个特定的卖方那里购买某些商品或服务。独家交易合同包括独家限购合同(requirement contracts)和独家限售合同(output contracts)。前者是指买方同意在一段具体的时间内,仅从一个特定的卖方那里购买所有或绝大部分的某种特定产品。后者是指卖方同意在一段具体时间内将所生产的某种产品全部卖给一个特定的买主。处理独家交易安排所适用的法律主要是《谢尔曼法》第一条和《克莱顿法》第三条。

与其他纵向限制一样,独家交易安排也要求存在一个协议。如果买方单方面决定只与某个卖方做交易;或者卖方单方面确定了一个独家交易政策,但并不强求买方遵守,则均不构成独家交易协议。

独家交易安排既有促进竞争的一面,又有反竞争的一面。一般认为其反竞争的一面表现在以下两点:第一,独家交易协议签订之后,买方只从一个供应商购买商品,从而排除了其他供应商的竞争。第二,独家交易协议有可能成为卡特尔的工具。现在让我们假设几个供应商签订了卡特尔协议。我们在前面讲过,大部分卡特尔协议是不稳定的,因为从自身利益而言,每个供应商都愿意把产品定价稍低一点,以增加销售量。当大部分供应商都这样做的时候,卡特尔协议事实上就不存在了。所以,供应商要想维持卡特尔,必须想办法解决这个问题。独家交易安排就是解决途径之一。如果签订卡特尔协议的成员都各自与一个买主达成独家交易安排,则意味着买方只能从一个卖方购买产品,卖方不再担心其他卡特尔成员降价,从而可以安心以卡特尔商定价格销售商品。

独家交易的好处是多方面的,美国最高法院在 Standard Oil Co. v. United States (Standard Stations)[1]案的判决中指出:对买方来说,这种合同可以保证供

---

[1] 337 U.S. 293, 306 - 307 (1949).

应，防止价格波动，可以使买方根据已知的花费做长期计划，并且对于需求波动较大的商品，可以消除因仓储带来的花费和风险；从卖方的角度看，独家限购合同可以使销售费用的大幅度降低成为可能，可以防止价格波动。对于一个新进入市场的供应企业更有意义，因为对于他们而言，了解资本规模是非常重要的，而独家限购合同使市场变得可以预测。同时，独家交易安排也具有其他纵向限制协议通常有的好处，例如解决“搭便车”问题等。

正因为这些潜在的好处和坏处，美国法院适用合理原则分析独家交易协议。一般而言，只有当独家交易安排对于其他卖方或买方所排除的市场份额足够大，以至于妨碍竞争的时候，才被视为不合理。

二、判断市场影响的方法

美国法院用两个方法检验独家交易安排是否对市场造成较大影响，一是“数量测试法”（quantitative substantiality test），二是“质量测试法”（qualitative substantiality test）。“数量测试法”的重点是考察被排除的相关市场的比例，而不必考察独家交易安排对于市场的实际或潜在的经济效果。“质量测试法”则不仅考察被排除的市场比例，而且也考察对相关领域的竞争效果。近些年来，随着经济分析方法应用得越来越广泛，法院多采用“质量测试法”。

三、合理原则的具体适用

适用合理原则分析独家交易安排，与其他任何协议一样，必须首先划分相关产品市场和相关地理市场。一旦划定了相关市场，法院即从不同的侧面评估独家交易安排的合理性。

（一）被排除市场的比例。历史上，独家交易安排有一个“安全港”，即如果被排除市场的比例低于 10%，则该安排不会被视为违法。但如果该比例高于 30%，则独家交易安排会被视为不合理；如果在 10%—30% 之间，则取决于其他因素。20 世纪 80 年代后期以来，“数量测试法”的应用日趋减少，所以被排除市场的比例也不再像以往那样受到重视。如今，即使该比例超过 30%，在很多情况下也不认为独家交易安排违法。

（二）进入壁垒。如果市场进入的壁垒较低，意味着其他企业很容易进入这个市场，独家交易安排就不可能对竞争造成很大障碍。因此，只有在市场进入比例较高，独家交易安排容易导致垄断价格时，才会被视为违法。例如 A 石油公司与某地所有加油站签订了独家交易协议，如果另外一个 B 石油公司想进入该市场,就必须兴建新的加油站,或者寻找合作伙伴建设新的加油站。假设该地区的城市规划不允许建设新加油站(政府部门的管制造成了较高的市场进入壁垒),那么A石油公司所签订的独家交易协议很可能被判违法,因为A石油公司缺乏竞争对手,它很可能不久会提价。如果该地区政府对建设新加油站没有任何管制,或较少管制,而建设新加油站的成本不高,B石油公司很容易兴建新加油站,则A石油公司被判违法的可能性就较低。

(三)协议的持续时间。协议持续时间越长,越容易被判违法;协议持续时间越短,越不容易被判违法。

(四)终止协议的能力。如果当事人能够较容易地终止协议,则该协议被认为不合理的可能性较小。例如,假设当事人在独家交易协议中规定当事人双方有权随时终止协议,或者当事人双方只要提前30天通知对方即有权终止协议,则应视为比较容易。

(五)其他分销渠道。尽管市场上存在多个经销渠道,则独家交易协议视为不合理的可能性就较小。例如一个电视机生产厂家与某市一个大电器经销商签订了独家交易协议,如果该市还有其他的电器经销商存在,或者该市的大型综合性商店也销售电视机,则该独家交易协议被判违法的可能性就较小。如果除了该大电器经销商外,其他电视机生产厂家无法找到另外的销售渠道,则该协议被判违法的可能性较大。

(六)买方的性质。如果买方是一个最终消费者,则独家交易协议直接排除了其他竞争对手;如果买方是一个中间商,则市场被排除的程度取决于诸如顾客对该中间商的忠诚度等很多因素。

(七)产品的性质。如果独家交易协议涉及昂贵的、耐久性产品,最终消费者在作出购买决定前要"货比三家",则该协议在零售水平上的排除较少可能限制竞争。而如果消费者难以"货比三家",则该协议限制竞争的可能性就较大。

(八)竞争对手使用独家交易协议的情况。如果在一个行业内使用独家交易协议的情况较普遍,则意味着签订独家交易协议较有可能促进品牌间竞争,因此被判违法的可能性也较小。

(九)对市场竞争的实际影响。

(十)卖方的市场势力。如果卖方没有市场势力,则独家交易协议难以对市场竞争产生影响。因此,在合理原则下,如果卖方没有市场势力,一般不会判独家交易协议违法。

[案例:标准加油站案][1]

一、案情

加利福尼亚标准石油公司(Standard Oil Company of California)通过自己的加油服务站,向独立加油站以及工业用户出售石油。它是美国西部地区最大的汽油出售者。1946年,其销售量占该地区全部销售量的23%:公司自己的加油站销售量占6.8%,根据独家交易合同由独立加油站销售的汽油量占6.7%,其余销售给工业用户。标准石油公司6个主要的竞争对手合起来占42.5%的市场份额,其余的份额由70多个小公司瓜分。标准石油的主要竞争对手也采用类似的独家交易安排。1948年,仅有1.6%的零售加油站由一个以上的供应商提供石油。

到1947年3月12日为止,与标准石油签订独家供应合同的独立加油站有5937家,占西部地区所有加油站的16%。有些加油站所签订的合同不止一个,所以涉及争议的共有约8000个独家供应合同。在所有书面合同中,2712个对合同结束时间作了不同的具体规定;其余的都是年复一年的自动有效,但只要提前30天书面通知对方,就可于任何合同年的最初6个月结束时或者任何合同年结束时终止。

联邦地区法院判决,因为无论是否从比较的角度来判断,这些合同都涉及"相当大数目的加油站以及相当大数量的产品",所以《克莱顿法》第三条关于"减少或可能减少竞争,或者有垄断市场的倾向"的要求已经得到满足。既然数量相当大,实质上减少竞争就是自然的结果(联邦地区法院这样推论),因为这些合同的存在使经销商没有机会购进其他供应商的产品,供应商也因此不能进入这些经销商控制的加油站。联邦地区法院还认为没有必要讨论以下问题:自从采用独家限购合同之后,标准石油的竞争对手的数目是增加了还是减少了;它们的经销商的数目是增加了还是减少了;以及在采用该体制前后有关标准石油与其竞争对手的相对地位发生的变化有关的问题。

---

[1] Standard Oil Co. of California (Standard Stations) v. United States, 337 U.S. 293 (1949).

二、最高法院的判决要点

本法院讨论了某些涉及《克莱顿法》第三条的较早的判例，它们似乎强调了"以某种形式显示实际的或可能的经济后果"的重要性；从法律的角度讲，此种经济力量不宜想当然地加给被告。但是，如果适用在 international Salt❶案中确立的标准，则只要能够证明标准石油的限购合同影响了58000000 美元的营业额，占该地区总营业额的 6.7%，即可得出"竞争已经或将要被大幅度减少"的结论。

考虑到以下重要的经济差别，我们认为 International Salt 的标准只宜限制在搭售协议上。搭售协议除了压制竞争外，几乎没有其他意义。对搭售协议的辩护理由时常是：保护主卖品制造商的商誉。但通常情况下，这种理由不能成立，因为只要具体指明与主卖品联合使用的商品的类型和质量就能对主卖品提供足够的保护。如果制造商的搭卖品事实上比竞争对手的产品高明，购买者自然会选择它。保护商誉理由成立的唯一情况，是指明替代品相当麻烦，以至于实际上不可能由别人提供。通常情况下，出售者采纳这样一个合同的目的只是减少竞争，也只有他控制了主卖品——无论是通过专利垄断还是其他方式，才能引诱购买者签订这样一个搭售协议。

但是，独家限购合同对买卖双方很可能有经济上的好处，因此消费大众也能够间接地得到好处。对买方来说，这种合同可以保证供应，防止价格波动，可以使买方根据已知的花费做长期计划，并且对于需求波动较大的商品，可以消除因仓储带来的花费和风险；从卖方的角度看，独家限购合同可以使销售费用的大幅度降低成为可能，可以防止价格波动。对于一个新进入市场的供应企业更有意义，因为对于他们而言，了解资本规模是非常重要的，而独家限购合同使市场变得可以预测。而且，新进入市场的企业可以借助这种合同找到一个立足之地，以对抗已站稳脚跟的竞争对手的攻击。正因为这些好处的存在，所以对于独家限购合同，不能在任何情况下都能得出大幅度减少竞争的结论。

如果我们接受搭售协议和独家交易安排的区别，就应该对独家限购合同的经济用途或限制效果从不同角度进行检验。其中包括"尽管使用该合

---

❶ International Salt Co. v. United Sates, 332 U. S. 392 (1947).

同,但竞争仍然健康"的证据;在这一标准之下,上诉人于本案中提交的证据将是很重要的。与"合同是否被用来压制竞争"相关的,是合同规定的期限是否与本商业领域的要求相一致。另外一个测试,是被告的地位,被告是仍在挣扎的新来者,还是已经站稳脚跟的竞争对手?但是,也许最重要的,是被告控制市场的程度,因为他对市场的支配越有力,就越能得出以下结论:他在利用独家限购合同窒息竞争——而不是服务于合法的经济需要,以获得并维持其地位。

但在试图适用这些测试标准的时候,仍然有很多困难。我们也许可以假定,在独家限购合同存续期间,标准石油的竞争地位没有提高。我们也可以进一步假定,合同规定的期限并不过分,标准石油自己也没有支配市场。但是,在实行当前体制的时候,标准石油是一个主要的竞争者,并且,如果没有采纳这个体制,它的地位可能会变坏。如果我们注意到所有其他主要供应商同样一直在使用独家限购合同,注意到它们的市场份额在使用独家限购合同期间基本上没有变化,我们应该可以推论:这些合同不仅使已站稳脚跟的供应商维持他们自己的地位,而且同时集体——尽管不是串通——阻止了后来者进入这部分不算小的市场。如果这确实是这个体制的结果,那么,它可能带来较高的效率和较低的成本似乎是不重要的,因为这只是独家限购合同的短期效应,而这个社会长远的好处在于去除竞争之上的限制。

上诉人请求我们进行经济调查。但《克莱顿法》第三条只要求"可能"在实质意义上削弱竞争,如果坚持这样一个范围宽泛的经济调查,就削弱了该条的力量。如果加油站从一个单一的供应商购买石油在经济上是合适的,即使没有合同的约束,它们也会继续这样做;如果对加油站而言,通过获得一个单一供货商的承诺而获得稳定的供应是重要的,则为寻找这样一个支持者而存在的竞争应该能使它们坚持这样一个安排,但不必限制自己寻找其他支持者的自由。

三、少数法官的反对意见

首席大法官 Vinson、大法官 Jackson 和 Burton 持反对意见:按照制定法的规定,法院有义务就竞争效果听取证据以及作出裁判。如果必须在没有证据的情况下对合法性进行判断,他们将会判决该安排是合法的,因为独家交易安排使加油站不必维持大量的存货,因此该安排是必要的。

大法官 Douglas 担心法院的判决会鼓励炼油公司用它们自己的加油站和雇员替代独立的小加油站。他假定,最高法院将不明智地判决这种纵向一体化合法。在这种假定的前提下,他对本案的判决持反对意见。

第八章
垄断市场

垄断，顾名思义，就是一家独大，就是把竞争对手赶出市场，就是消除市场竞争。所以，《谢尔曼法》第二条规定：“任何人垄断、企图垄断或与其他任何人联合或共谋垄断州际或与外国的贸易或商业的任一部分，均被视为重罪。”但是，只有市场份额达到100%才能算垄断吗？90%算不算？60%呢？低于50%怎么样？规模大的企业就是垄断企业吗？如果是这样，美国应该是中小企业占主导地位，但为什么世界上有那么多的大企业落户美国？另外，怎样才是“企图”垄断？怎样才是联合垄断？看来，这个貌似简单的问题并不简单。实际上，尽管一代又一代智慧的美国法官努力了一百多年，有些问题到如今仍然没有尘埃落定。因此，我们在这一章仍然面临艰巨的任务，需要到美国复杂的司法实践中去寻根究底。

本章将分四节展开。第一节是概述，介绍垄断的概念、《谢尔曼法》第一条和第二条的关系以及美国最高法院处理垄断案件的历史变迁；第二节研究如何判断企业具有垄断地位；第三节研究几个典型的垄断行为；第四节研究企图垄断以及联合或共谋垄断。

第一节　概　　述

一、垄断及其经济后果

尽管垄断是独霸市场，但不仅包括一个企业霸占市场，而且也包括几个企业联合起来霸占市场，经济学上称为寡占（oligopoly）。无论“独占”还是“寡占”，其目的都是把别的企业赶出市场，或者阻止其他企业进入市场，以攫取超额利润，并使消费者的利益遭到损失。因此垄断是一个重要的经济祸害。

但垄断并不完全是祸害，在很多情况下它有规模经济的好处。处于垄断地位的企业往往是规模大的企业，这种企业在很多情况下符合规模经济的要求，可以带来成本的节约或质量的提高，对社会经济的发展是有利的。另外，实际上，每一个企业都希望获得垄断地位，以获取普通企业无法达到的超额利润，所以获得垄断地位成为企业经营的动力之一。如果完全禁止企业的垄断地位，很多企业在发展到一定水平的时候，就丧失了继续经营的动力。这样，禁止垄断的结果反而出现了不利于竞争的局面。所以，经济学家并不主张完全禁止垄断。可是，经济学的理念在司法实践中并不总是能得到完全的接受，美国的司法实践就经历了相当程度的曲折。

二、美国法院对于垄断态度的历史变迁

1911 年，美国政府根据《谢尔曼法》对美国钢铁公司提起诉讼❶，指控该公司从事非法的贸易限制和垄断活动，要求解散这家企业。美国钢铁公司是美国大型企业的代表，它通过一系列合并而成为当时美国同类企业中最大的公司。在该公司受到指控时，它已控制了该产业大约 44% 的钢铁铸块能力和 66% 的产量。但最高法院却最终宣布美国钢铁公司无罪。最高法院认为，美国钢铁公司无疑具有相当大的规模，但法律并不仅仅因为规模或存在尚未发挥的支配力而认为该企业违法。因为该企业并未滥用它拥有的势力或优势，所以不能够判决其违法。

但到了 20 世纪 40 年代中期的时候，在“美国铝公司”❷案中，法院的态度发生了根本的变化。该案中，政府指控美国铝公司垄断了初级铝的制造和某些铝产品的销售。法院在判决中否定了被告关于“企业具有大型规模并非违法”的辩解，判定它违反了《谢尔曼法》第二条的规定。法院认为，美国铝公司在初级铝市场上的份额已超过 90%，“这个比率足以构成垄断”，“国会并不宽恕‘好的托拉斯’而只谴责那些‘坏的’，法律禁止所有的垄断”。

---

❶ United States v. United States Steel Corporation, 251 U. S. 417 (1920).

❷ United States v. Aluminum Company of America, 148 F. 2d 416 (1945).

到70年代中期甚至更早一些,法院的态度再一次发生了变化。在"电报公司诉IBM公司"❶案中,IBM公司为了应付电报公司等公司在计算机外部设备市场上的冲击,采取了一系列诸如降低价格、重新设计某些设备等手段,使电报公司的利润大幅度降低。起初,联邦地区法院作出了有利于电报公司的判决,但上诉法院却认为IBM的行为是正常的竞争行为,如果不允许这些行为,那么居优势地位的企业在竞争面前就只能坐以待毙了。因此,虽然IBM拥有优势,但因其行为是正当的,所以并不构成违法。

自那时以来,法院判断是否存在垄断更倾向于早期判例中确立的标准,即取得或维持市场支配地位的非法行为才是反垄断法最终制裁的对象,仅具有垄断地位本身并不足以受到法律的制裁。自然垄断、法律或政府赋予的垄断以及通过正常的竞争而形成的垄断,都是合法的垄断。汉德(Hand)法官在美国制鞋机械公司案中的判决屡次被引用,他说:如果企业的垄断地位是通过自己"卓越的技术,卓越的产品,自然的优势(包括获得自然资源或市场),经济的或技术的效率(包括科学研究),始终保持的低利润或合法使用的专利"而取得的,则是合法的,不是反托拉斯法制裁的对象❷。

三、非法垄断的构成要素

在United States v. Grinnell Corp.案中,最高法院确认非法垄断包括两个因素:"(1)在相关市场上拥有垄断势力,以及(2)蓄意获得或维持该势力,并且获得或维持垄断势力并非由于卓越的产品、商业的机警或历史的偶然所导致或发展出来的结果。"❸

因此,如今,对于违反《谢尔曼法》第二条的垄断案件,美国法院均同时使用两个标准,即首先衡量涉案企业是否具有垄断势力,然后考察涉案企业是否实施了垄断行为。其中垄断行为是反托拉斯法最终制裁的对象,但垄断地位却是先决条件。因为如果企业在市场上没有相当大的影响,那么它几乎不可能作出限制市场竞争的违法行为。因此在涉及垄断的案件中,确定企业是否具有垄断势力以及企业是否使用了这种势力,是并重的两种因素。

---

❶ Telex Corporation v. IBM Corporation, 510 F. 2d 894 (1975).

❷ United Shoe Machnery, 110 F. Supp. at 342.

❸ 384 U. S. 563.

四、《谢尔曼法》第一条和第二条的关系

《谢尔曼法》第一条针对企业联合起来限制市场竞争的行为，而第二条则针对企业单方面即可实施的限制竞争行为。但是第一条与第二条又是相关联的，并且有一定程度的重合。两个条款都针对限制贸易或者说限制竞争的行为。有些限制贸易的协议违反了《谢尔曼法》第一条，这些协议同时又可能是企业意图垄断市场的一个步骤或一个组成部分，所以也违反《谢尔曼法》第二条。而且，因为第二条包含了"联合或共谋"垄断，这种联合行为可能同时违反第一条和第二条。事实上，原告在很多情况下同时根据两个条款向法院提起诉讼。

[案例:柯达公司案][1]

一、案情

见本书第七章"柯达公司案"案情部分。

二、美国最高法院关于垄断部分的判决要点

1. 违反《谢尔曼法》第二条必须满足两个要件:(1)在相关市场上拥有垄断势力，并且，(2)蓄意取得或维持该势力——如果该势力是由于卓越的产品、经营的机警或历史的偶然而产生或发展，则不属于违法。

2. 第一个因素，即拥有市场势力，是容易证实的。如前所述，柯达在服务和零件市场上有控制价格或排除竞争的实力。当然，第二条所要求的垄断势力，比第一条所要求的条件高。独立服务组织的证据显示，柯达控制了几乎100%的零件市场，80%—95%的服务市场，顾客并且难以找到替代品，这些足以满足第二条的要求。

柯达还争辩说，一个单一品牌的产品或服务从来不能构成《谢尔曼法》所要求的相关市场。我们不同意这个观点。反托拉斯意义上的相关市场取决于柯达设备所有者所可能作出的选择。因为柯达设备的服务和零件不能与其他制造商的服务和零件互换，从柯达设备所有者的角度来看，相关市场只能由那些维修柯达设备的公司构成。

3. 第二个因素是使用垄断势力封杀竞争，获得竞争优势，或者摧毁竞

[1] Eastman Kodak Co. v. Image Technical Services (540 U. S. 451, 1992). 本案关于搭售部分的判决，见本书第七章。

争对手。如果柯达所执行的零件和服务政策是作为蓄意获得或维持垄断势力的一个组成部分,则违反了第二条。

独立服务组织的证据显示，柯达采取了排除性措施，以维持零件的垄断，并且利用其对零件的控制加强其在柯达服务市场上的垄断份额。柯达提出了三个辩解理由：(1) 这样做使柯达能够加强其服务质量，从而促进设备品牌之间的竞争；(2) 通过减少柯达库存成本，提高资产管理水平；(3) 防止独立服务组织“搭便车”，利用柯达在设备、零件和服务上进行的资本投资。

柯达的第一个理由,即通过阻止顾客利用独立服务组织,柯达可以最好地维持高质量服务,避免因为对设备的误操作而伤害其信誉,因为独立服务组织可能不适当地诊断、保养或维修。独立服务组织已经提供了可信的证据,证明独立服务组织提供了有质量的服务,而且被某些柯达设备所有者所欣赏。

而且,柯达关于服务质量的理由与其其他辩解有矛盾。一方面,柯达声称其顾客足够成熟,可以作复杂的决定,也可以判断整个产品生命周期的价格;另一方面,它又说顾客不足以区分机器停止运转到底是因为机器不好,还是因为服务不好。柯达没有提供任何理由,说明为什么信息的复杂性在一种环境中可以出现,而在另外一种环境中却消失。

关于柯达的第二个理由,正如独立服务组织所言,柯达的行动与控制库存是矛盾的。零件的库存量与机器停止运转的频率有关,而该频率与谁进行维修没有关系。更重要的是,柯达的辩解不能解释,柯达强迫独立设备制造商、设备所有者和零件经销商不将零件出售给独立服务组织,与柯达控制其本身的库存成本有什么关系。

关于第三个理由,独立服务组织提出,独立服务组织在服务市场上投资甚多,包括训练维修工人,投资零件库存等。柯达对此没有提出异议。柯达提出,独立服务组织在“搭便车”,是因为它们没有进入设备和零件市场。这种对搭便车的理解在我们的判例法中找不到支持。相反,反托拉斯法认为,如果要求潜在竞争对手同时进入两个市场,就是创设了市场进入障碍,是反托拉斯法所反对的。

第二节 垄断地位的确定

既然《谢尔曼法》第二条针对企业单方面可以实施的行为,那么一个基本的前提必须是该企业具备市场势力(market power),也就是在竞争水平之上定价的能力。如果没有这种能力,说明企业在市场上并非处于强势地位,不会有太多的主动权,更没有限制竞争甚或垄断市场的能力。如果拥有了这种能力,我们就说该企业具有垄断地位(monopoly position)或市场支配地位(dominant position)❶。

垄断地位是一个相对的概念,而不是一个绝对的概念。一个企业具有较大的规模本身并不意味着它具有市场支配能力。只有在一个特定的市场范围内,才能判断一个企业对市场的影响。所以确定一个企业是否具有垄断势力或垄断地位,首先要确定相关市场的范围。确定了相关市场的范围后,再考虑其他各种因素。

确定一个企业是否具有垄断地位,通常要考虑多种因素,其中比较重要的是企业的市场份额、进入相关市场的障碍以及竞争对手的反应等。

一、确定相关市场

一个市场是指一种或者一组产品,以及生产或销售这种或这组产品的地理范围,其中,一个假设的无需服从价格管制的并且追求利润最大化的企业,作为这些产品在当前和今后唯一的生产者和销售者(垄断者),在所有其他条件不变的情况下,可能会进行一个"数目不大但有意义且非临时性的涨价"(Small but Significant and Non-transitory Increase in Price, SSNIP)❷。一个相关市场(relevant market)就是刚好满足以上检验标准的一组产品和一个地理范围。换言之,如果该生产者或销售者在进行了这种涨价后,产品的购买者放弃购买其产品而转向其他替代产品,则说明该产品与替代产品属于同一个相关市场,否则属于不同的

---

❶ 随着中国《反垄断法》的颁布,读者将越来越多地听到"滥用市场支配地位"这个概念。"滥用市场支配地位"与"垄断行为"有共同之处,但也存在相当大的差别。读者在阅读这一章时须避免将其简单类同,以致造成错误的理解。

❷ See Department of Justice and Federal Trade Commission Horizontal Merger Guidelines (1992), see also The Glossary of Industrial Organization Economics, Competition Law and Policy Terms, Paris: OECD (1993).

市场。

从以上定义,我们至少应该明确以下几点:

(一)相关市场包括相关产品市场(relevant product market)和相关地域市场(relevant geographic market)。相关产品市场描述的对象是商品或服务;相关地域市场描述的对象是产品的生产者或出售者的地理位置。

(二)确定相关市场的过程实质上是确定哪些产品在相互竞争以及在什么范围内竞争,亦即研究产品的可替代性问题。

(三)关于涨价的三个条件要求是重要的。首先,价格的提高不是临时性的,购买者对临时涨价和非临时涨价的反应是不同的,如果属于临时涨价,购买者可能不会转向其他替代产品;其次,价格的上涨必须是小幅度的,如果是大幅度涨价,可能会把许多不具紧密替代性质的产品包括进来;最后,涨价必须是有意义的,也就是说,涨价的幅度必须能够引起购买者的反应。

(四)一般而言,界定相关市场仅考虑需求的替代因素,而较少考虑供给的替代因素。也就是说,要从购买者或消费者的需求角度考虑问题,而不是从供应者的角度考虑问题。如果购买者认为两种产品是"紧密替代品"或"容易相互转换",两种产品就属于同一个相关市场。相反,即使生产者或出售者认为两种产品非常相似——也许它们是在同一台机器上制造出来的,也不影响相关市场的确定。

对于产品的涨价,不同的消费者会有不同的反应。比如皮鞋和布鞋两种产品[1]。如果将布鞋的价格提高5%(美国执法机关所用的比例一般就是5%),消费者可能会有三种不同的反应:第一,如果几乎所有的消费者放弃布鞋而转向购买皮鞋,布鞋与皮鞋对于几乎所有的消费者来说属于相互替代的产品,这时候就需要将皮鞋和布鞋看做一个统一的市场;第二,如果在涨价5%之后,几乎没有消费者转向购买皮鞋,则说明皮鞋和布鞋不是替代品,因此可以将布鞋和皮鞋看做两个互相独立的市场;第三,有时候很难弄清楚到底有多少消费者转向购买皮鞋,这时候就需要考察放弃购买布鞋的消费者的比例是否足够大,以至于销售者

[1] 此例意在说明确定相关市场的方法,在实际案件中情况可能要复杂得多,比如皮鞋市场又可以分为男皮鞋、女皮鞋,成人皮鞋、儿童皮鞋等。如何确定相关市场,要视案件的具体情况而定。

难以由于涨价而赢利,根据考察的结果来确定两种产品是否属于同一市场。

界定相关地域市场与界定相关产品市场的方法是相同的。如果在上述涨价之后,购买者转向其他地方购买商品,则说明两个地区属于同一个地域市场;否则属于两个相互独立的市场。实际上,地域市场的界线时常由运输成本、关税和管制等因素所决定。这些因素在很大程度上会影响产品的价格,从而影响购买者的选择。

[案例:美国铝公司案][1]

美国铝公司是一个铝生产和销售公司。该案争论的焦点是:其初级铝的生产在1912年以后是否非法垄断。在这个期间内,它是美国初级铝的唯一生产者。美国铝公司争辩说,这一事实并不能说明它是垄断企业,因为还有进口初级铝以及二级铝(回收加工铝)的存在。同时,该公司也声称,其发展不是坏行为的产物。

法官必须决定如何将铝市场进行分类。一种观点认为,该市场仅仅包括美国铝公司生产的初级铝和二级铝,但不包括美国铝公司为直接制造产品而生产的铝。如果是这样,美国铝公司占33%的市场份额;另一方面,如果把美国铝公司的所有产量以及进口和二级铝都包括进来,美国铝公司的市场份额为64%。另外,如果把美国铝公司所有的产品和进口率作为一个市场,而不包括二级铝,那么美国铝公司的份额上升到90%。法官最后选定了90%作为美国铝公司的市场份额。

[案例:赛洛芬案][2]

一、简介

联邦上诉法院判决杜邦公司没有垄断赛洛芬[3]贸易,因此没有违反《谢尔曼法》第二条,政府就此判决向联邦最高法院上诉。在相关时间内,杜邦生产的赛洛芬占全美国销售量的75%,但赛洛芬在所有软包装材料中所占

---

[1] United States v. Aluminum Co. of America, 148 F.2d 416 (1945).

[2] United States v. E. I. du Pont De Nemours & Co. (Cellophane), 351 U.S. 377 (1956).

[3] 一种透明的玻璃包装纸。——本书作者注

的比例不超过20%。较低层次的法院把后者作为相关市场，因此来自其他包装材料的竞争使杜邦不能拥有垄断势力。

关于这个判断的最终目的是被告是否有垄断势力并控制相关市场上的价格和竞争。每一个制造商都是某种产品的唯一生产者，但其在上述意义上的相关市场上的控制取决于顾客是否可以买到另一种替代商品：在赛洛芬和其他包装材料之间是否存在需求的交叉弹性。这种互换性主要由相竞争产品——在价格、特点和适应性上有类似用途的产品——的购买所衡量。

二、事实背景

杜邦的地位发源于专利许可协议，杜邦据此获得了在北美洲和中美洲的独家经营权利。1930年，赛尔维尼亚，一个外国生产商的美国子公司，开始在美国生产赛洛芬，但它并没有获得专利许可。1934年以来，赛尔维尼亚生产赛洛芬的数量占全美国的25%。通过专利权协商，杜邦许可赛尔维尼亚生产，但要交给杜邦专利许可费，并限制产量——这个限制在1945年有所降低。

在1928—1950年间，杜邦的一般赛洛芬的销售额从3131608美元上升到9330776美元。防水珠赛洛芬的价格尽管一直在降低，但销售额却从603222美元上升到89850416美元。不能说在使用量上的巨大增长仅仅——或甚至在很大程度上——归功于赛洛芬的卓越品质，或杜邦的技术，或杜邦营业的敏锐，尽管这些因素无疑是重要的。这种增长是商品包装习惯扩张的一部分，一个为了迎合现代需要而提高效率的副产品。巨大的利润明显来自于这个市场趋势，以及化学研究在工业上的推广，以及化合物的生产，并非从相关市场上驱逐其他生产商的结果。

三、《谢尔曼法》第二条——垄断

如果赛洛芬是杜邦被判占支配地位的"市场"，则也许可以推论它确实在那个"市场"上有垄断势力。垄断势力是控制价格或排除竞争的力量。看起来很明显，能够限制杜邦设定赛洛芬价格力量的，只有来自其他软包装材料的竞争。而且，如果不能得到杜邦的技术，任何人开始生产赛洛芬也许实际上都是不可能的。但是，杜邦没有力量组织其他包装材料的竞争。因此，本法庭不得不判断其他包装材料的竞争是否阻止杜邦拥有违反《谢尔曼法》第二条的垄断势力。价格与竞争是如此密切地纠缠在一起，任何理论的讨论必须把它们视为一体。没有控制竞争的力量而控制价格是不可想象的,反之亦然。这种判断市场势力的方法同样见之于本法庭在其他案件中的结论:当一个被指控的垄断者有控制价格和竞争的力量的时候,就可以认为他在合适情况下有垄断市场的意图。

如果大量买主和卖主就诸如盐和小麦等标准产品做交易,我们就说这是完全竞争或纯粹的竞争。而专利却在另一个极端,它为我们提供了最熟悉的经典垄断的类型。当一个标准产品的生产者就质量、设计以及包装带来很大区别的时候,竞争就在不同程度上成为不完全的,生产者控制其产品价格和竞争的力量变得更大。一个零售商可能成为某种意义上的垄断者,这可能是因为地点,例如一个与外界隔绝的乡村商店或加油站,也可能因为没有其他人可以造出与其产品的质量或吸引力相同的产品,例如香烟。因此在理论上我们有垄断竞争,也就是说,对于每一个非标准产品而言,每一个制造商都有控制自己产品的价格和产量的力量。然而,这种力量,例如汽车或软饮料制造商对自己有商标产品的力量,并非造成非法垄断的力量。非法力量必须在那种产品的竞争性市场上进行评估。

商品竞争性市场的确定取决于所提供的商品在特点或用途上有多大不同,顾客要走多远去买一种商品的替代商品。例如,在打《谢尔曼法》官司的时候,我们不能说砖与钢、木头、水泥或石头相竞争,因为这些产品太不相同了。这是某些经济学家所强调的工业之间的竞争。另一方面,在软饮料生产方式中有某些不同,但我们不能说每一种软饮料都是非法垄断。无论市场怎么样,我们认为控制价格或竞争是确定是否存在《谢尔曼法》第二条所称的垄断的关键。该条要求,在判断是否存在垄断势力的时候,要适用合理的方式。这当然不是说存在一个合理的垄断。我们下一步是要判断杜邦对于赛洛芬是否有垄断势力,也就是说,在有其他商品竞争的情况下,杜邦是否有控制赛洛芬价格的力量。政府指控杜邦垄断了赛洛芬市场,杜邦辩护说,赛洛芬仅是软包装材料相关市场的一部分。

四、相关市场

当产品只由一人控制、而市场上又没有替代品时,则存在市场势力。因为多数产品有替代品,所以我们不可能给予替代品以无限的范围。另一方面,《谢尔曼法》并不要求在考虑相关市场的时候产品必须相同。

政府方面的论点是："在此我们并不强调，在任何情况下替代品的竞争都不对垄断势力的拥有带来负面影响。以前的判例清楚地表明，除非与被垄断的产品有实质性的相同，并以基本相同的价格出售，否则法院将不会考虑替代品的问题。"

但是，如果市场上有替代产品，顾客可以容易地使用它们来达到自己的目的，则不存在非法垄断，这并不是因为被控垄断的产品与其他产品不同。如果不是这样，那只有完全相同的产品才能构成一个市场。如果接受政府的观点，我们被迫得出的结论只能是：因为每一种包装材料都是有区别的，所以一般赛洛芬的制造商，以及防水珠赛洛芬的制造商，是垄断者，诸如普利薄膜、箔片、格拉辛纸[1]、聚乙烯、萨冉树脂等薄膜生产商也是垄断者。如果，总体而言与赛洛芬相似的新包装材料出现在市场上：每一种都是垄断吗？我们所需要的是进行需求的"交叉弹性"评估。为判断价格和竞争的控制而考虑相关市场是什么的时候，最清楚的规则莫过于：具有相同目的的顾客认为可以合理互换的商品构成一个相关市场，垄断这个市场是非法的。就软包装材料而言，地理市场是全国性的。

我们不能削足适履，把工业活动硬归纳进某种类别中。《谢尔曼法》第二条所规定的非法垄断可能存在于很窄领域的有限产品上——如果竞争被排除的话。但这不能解决本案中的问题。就判断《谢尔曼法》意义上的市场来说，是商品的用途决定对商品的控制。具有类似用途和不同特点的商品之间的售价可能有差异，以至于便宜的产品可能把较贵的商品排挤出市场。或者，较高价格产品的卓越性质占了上风，成为消费者的选择。赛洛芬比多数相竞争的产品价格高，但仍有一些产品比赛洛芬价格高。但无论价格如何，制造商总会购买各种不同的软包装材料，或者在自己的工厂中用來包装产品，或者出售给加工包装材料的工厂，后者把它们制成不同的样式并印上图案，用于包装产品。

赛洛芬与其他软包装材料不同。不同的程度随包装材料的差异而不同。制造包装材料的基本材料是铝、醋酸纤维树脂、氯化物、木纸浆、盐酸橡胶以及乙烯气体等。

---

[1] 一种薄玻璃纸。——本书作者注

赛洛芬集透明、韧性、便宜等优点于一身。必须承认它的这些优点比其他包装材料更鲜明。但是,尽管赛洛芬有这些优势,它在每一个用途上都必须面对其他材料的竞争。赛洛芬主要用在包装食品上,其中烘烤产品占略低于7%,糖果占25%,小食品占32%,肉和家禽占35%,饼干占27%,新鲜农产品占47%,冷冻食品占34%。赛洛芬的另外一个用途是香烟,75%—80%的香烟用赛洛芬包装。因此,赛洛芬与其他产品分享包装市场。总起来看,赛洛芬共占软包装材料的17.9%。

而且,这些产品之间存在相当大程度的功能互换性。除了在对汽油的渗透性这一方面外,赛洛芬没有什么特点不被其他许多包装材料所拥有。肉可以作为互换性的一个例证。尽管杜邦每年出售给肉类加工业19000000磅,占整个肉类加工业包装材料的35%,但这个数量是由于"鲜肉自我服务零售的兴起"。事实上,自从时兴自我服务以来,杜邦的许多份额被普利薄膜抢去了。普利薄膜比赛洛芬贵,但其卓越的物理性质明显抵消了赛洛芬的价格优势。尽管零售商在这两种包装材料之间持续摇摆,但审判法院发现普利薄膜的份额正在增加。还有一个例证值得注意。"二战"之前,在烘烤和烟熏肉上,5%—10%用杜邦赛洛芬包装。1933年达到了高峰。从此之后杜邦敌不过赛尔文尼亚赛洛芬以及防油纸的竞争。其销售量下跌,直到1947年才达到1933年的销售量。需要注意,防油纸、格拉辛纸、涂蜡纸、箔片和普利薄膜,与赛洛芬一样好用。

关于产品之间需求的交叉弹性,一个需要考虑的因素是因为另外产品的价格变化而对该产品销售量的影响。如果赛洛芬的价格稍微降低一点,就能够吸引其他软包装材料的大量顾客,这可能表明二者之间需求的交叉弹性很高;因此这些产品在同一个市场中互相竞争。原审法院判决,在软包装市场上顾客对价格或质量变化的极端敏感性,使杜邦公司不可能拥有对赛洛芬价格的垄断控制能力。证据支持这个判决。

我们的结论是:赛洛芬与其他材料的互换性,足以使赛洛芬成为软包装材料市场的一部分。

政府强调,赛洛芬与其他材料价格的不同,证明它们是非竞争的。因为这些产品都是软包装材料,考察其对顾客的比较成本似乎是合理的,原审法院已经做了这个工作。赛洛芬的成本比其主要竞争对手格拉辛纸和防油纸的成本高2—3倍。其他形式的树脂材料包装以及从其他化学物质或矿物质中生产出来的软包装材料,除铝箔外,价格更贵。这些材料主要被零售商使用在小包装上。包装相对于整个商品的成本而言,只占相当小的比例。不同的生产商需要不同的包装质量,并且随着产品的变化,其需要可能随时间的变化而不同。但软包装的必要性属于核心的、不变的需求。我们不能说,根据所发现的事实和这些成本的差别赋予杜邦控制价格的垄断势力。

原审法院发现,杜邦甚至不可能排除来自其他赛洛芬制造商的竞争,尽管如果相关市场是软包装市场,赛洛芬只是不太重要的一部分。如果没有来自其他发展良好的行业的比较利润资料,我们也不能说,杜邦的利润——尽管丰厚(按照政府说法,在1937—1947年间,税后净利润为15.9%)——能够证明垄断的存在。赛洛芬以超过17%的利润在软包装材料市场中居于领先地位。没有证据显示,杜邦的回报率比其他软包装材料生产商高或低。

当判断一个生产商什么时候有垄断势力的时候,人们必须研究的"市场"将随商业领域的不同而不同。测试标准却是不变的。市场由产品组成,而产品就其所生产的目的——考虑到价格、用途和质量——而言,必须是可以合理互换的。尽管这些测试标准的适用仍然是不稳定的,但对我们而言,当赛洛芬与其他软包装材料有竞争性和互换性的时候,杜邦不应被裁判垄断赛洛芬市场。

五、少数法官的反对意见

首席大法官Warren和大法官Black、Douglas持不同意见。他们强调以下几点:(1)多数法官大量引用了经济学家Stocking和Mueller的一篇文章,但没有引用他们的结论:杜邦在赛洛芬上有相当强的垄断势力。反对意见尤其强调杜邦的巨额利润,这个巨额利润与其另外一个产品人造丝的低利润形成了对比,而在人造丝上存在直接的竞争。(2)尽管赛洛芬的价格相当高,但顾客的购买量却不断上升,这证明其他软包装材料不是紧密替代品。(3)长期以来,杜邦大幅度降低了其价格,但被称为替代品的价格却没有作出反应。(4)杜邦的内部记录显示,它相信赛洛芬是一个独立的市场。(5)杜邦采取的行动,尤其是努力游说对赛洛芬进口征收较高的关税,显示对市场的支配变成了市场势力。反对意见的结论是,杜邦有垄断势力,其行为构成垄断。

六、案后缀语:赛洛芬错误

赛洛芬案或称杜邦案实在是一个重要的案例,自此案例之后,产生了一个新的经济学名词,称为"赛洛芬错误"(the Cellophane Fallacy)。本案中,法院认为,赛洛芬顾客对价格很敏感,稍一提价就会转向其他产品,所以赛洛芬与其他软包装材料互相竞争、互相替代,属于同一个市场。经济学家怀疑,法院的判断可能是一个错误。他们认为,作为赛洛芬的主要生产商,杜邦很可能已经把价格设定在垄断水平。也就是说,在这个价格水平上,杜邦可以得到最大化的利润。如果再上涨,顾客就会大量转向其他商品,杜邦的利润就会流失。而如果价格处于竞争水平,顾客就会把赛洛芬产品本身作为一个相关市场(小幅度但有意义的涨价不会导致顾客转向蜡纸等其他软包装材料)。因此,有时候,如果适用我们上文所述的SSNIP测试法,可能会导致相关市场定义过宽,把不属替代品的产品包括进来。

我国在执行《反垄断法》的时候,关于相关市场的界定是不可避免的,SSNIP也必然作为一种有用的方法被引入。但如果遇到一种产品只有一家或几家企业生产的情况,就要谨防"赛洛芬错误"。

二、衡量市场份额

市场份额是特定企业的销售数量或销售价值(销售额)或生产能力在相关市场中所占的比例或百分比。例如,如果以企业的销售额来计算市场份额,其方法通常是以企业在相关市场上的销售额除以该市场的总销售额,乘以百分之百。其计算公式是:市场份额 = 特定企业的销售额/相关市场的总销售额 × 100%。实践中,选择何种方式计算市场份额通常取决于所能获得的数据。但是,如果各种数据比较齐全,法院在具体选择计算市场份额的方式时,可能会考虑到市场的具体状况,选出最适合的方法,或者以不同的方式进行计算,然后进行比较和平衡。

企业的市场份额在确定其是否具有垄断势力方面有极其重要的作用。如果一个企业的市场份额很小,即使所在的市场有较高的进入壁垒,该企业也不可能具有市场支配地位。在美国,"法院一贯认为,80%—90%甚至更高的市场份额足以推断被告是一个垄断企业。同样,它们一贯认为,低于50%的市场份额不

足以作这样的认定。当市场份额低于70%的时候,大多数法院不愿意承认企业有充分的市场势力。"❶

市场份额仅仅是分析垄断势力的开始。但是,市场份额可以作为一个尺度,对于低于某一市场份额的较小规模的企业,可以推定其不具有垄断势力,而对于较大市场份额的企业,则需要进行其他方面的分析。

三、市场进入壁垒

市场进入壁垒(barriers to entry)是衡量垄断势力时必须考虑的第二个重要的因素。如果进入一个市场的壁垒很低,则意味着市场外的企业实际上是市场内企业的潜在的竞争对手,它们可以随时进入这个市场。因此,在这种情况下,尽管一个企业具有很高的市场份额,也并不意味着该企业拥有垄断势力,因为它没有控制市场价格的能力。如果进入一个市场的壁垒很高,一个具有较高市场份额的企业很容易被确定为具有垄断势力。

市场进入壁垒主要来源于以下几个方面:

(1)政府管制,它或者明确地限制市场进入,或者要支付相当高的代价才能满足政府管制的要求。

(2)无法获得资源。已在市场内的企业有可能控制必需的原材料的供应、专利权、流通渠道或其他有重要意义的因素,致使新的竞争者不可能或实际上无法进入。

(3)规模经济。即该行业,如汽车生产,要求一定的规模经济才能有效率。这个规模本身可能会对新的竞争者进入市场形成壁垒。

(4)资本要求。有效率地进入某些行业可能需要建很大的工厂,可能同时需要进入很多相关的领域,需要大笔的启动资金,消费者接受这个产品可能会相当慢,因此需要大量的资本。

(5)产品的品牌效应。新进入市场的竞争者有可能比已在市场内的企业花费更多的费用来建立自己的消费者群体。

至于一个特定市场的进入壁垒是"高"还是"低",通常要与一个企业进入该市场的预期利润进行比较,这对于执法或司法人员来讲是相当困难的。

---

❶ Herbert Hovenkamp, *Antitrust*, Black Letter Series, p. 106, West Publishing Co., St. Paul, MN (1986).

四、其他判断垄断势力的因素

除了市场份额和进入壁垒外，在确定一个企业是否具有垄断势力时，当前竞争对手可能作出的反应也应考虑在内。如果当前竞争对手对一个大型企业的反竞争行为反应迅速、有实质意义，那么该大型企业不可能拥有市场支配地位。一般而言，如果当前的竞争对手有较大规模的过剩的生产能力，或者如果其生产能力能够快速扩张，或者可以迅速将供应另外一个市场的能力转换为供应该市场的能力，当前的竞争对手就很有可能具备这种反应能力。

其他经常用来判断市场支配地位的因素包括：强有力的纵向一体化或者一个得到良好发展的经销系统，先进的技术，范围广泛的产品，成熟的市场，技术和金融资源等。这些因素都有可能增加市场壁垒。例如，如果一个发展良好的营业系统对于在一个市场上获得成功是必要的，那么发展这样一个系统的时间和花费就必须考虑在内。在很多情况下，也要考虑潜在竞争对手对市场所形成的竞争压力。

第三节　垄断行为

一、蓄意获得或维持垄断势力

如果企业被确认在市场上拥有垄断势力或垄断地位，接下去就要考察该企业是否“蓄意获得或维持垄断势力”。

先说“蓄意”(intent)。从过去发生的案件来看，垄断案件中的“蓄意”要件基本上与美国刑法中的要求相一致。在“企图垄断”案件中，要达到法律要求的违法构成，必须存在一种具体的意图，这一点我们将在下一节具体论述。而在已完成垄断的案件中，法院或者放弃适用这一要件，或者通过其他证据推论出这一要件。多数法院认为，既然市场垄断者不可能不知道其所作所为，那么具有垄断地位的企业实施不被允许的排斥竞争对手的行为本身就是垄断“意图”的明显证据。这几乎等于说在垄断案件中，可以不要求“蓄意”要件。

二、获得或维持垄断势力的表现形式

自从《谢尔曼法》通过以来，许多企业因为实施垄断行为而受到惩罚。这些行为的表现形式是多种多样的，例如间谍行为或损害其他企业的行为、兼并、降低产量、扩大生产能力或增加产量、价格歧视、拒绝交易、纵向整合、搭售安排、伤害性或"操纵性"研发、增加竞争对手的成本、滥用专利、伤害性定价等。其中有些行为，例如降低产量、扩大生产能力等，本身并无不妥，但如作为垄断企业排挤竞争对手的行为，可能就大有问题。我们以下主要讨论几种典型的垄断行为。有些行为已在其他章节中讨论过，此处不再重复。

三、几种典型的垄断行为

（一）伤害性定价（predatory pricing）❶

所谓伤害性定价，是指支配企业为了获得或保护其市场势力，而在短期内把价格降到成本以下，以期把竞争对手排挤出市场。反托拉斯法之所以禁止伤害性定价，是担心企业利用超低价格把竞争对手排挤出市场后，在将来把价格提高到竞争水平之上，最终损害消费者的利益。伤害性定价降低了产品价格，因而在短期内是有利于消费者的，但从长远来看，如果支配企业把竞争对手排挤出市场后能够提高价格，并有能力维持垄断价格，则可能损害消费者。企业要想成功地实施掠夺性价格，必须满足以下几个条件：第一，它必须有相当大的市场份额，否则它不可能把价格再恢复到竞争水平之上；第二，它必须有一定的市场进入壁垒作保护，否则其他企业会快速进入市场，使其无法提高价格；第三，竞争对手必须有可能迅速退出市场，因为一个企业很难长期低于成本经营。

如上所述，伤害性定价是指支配企业短期内将价格降到成本以下。但是，如何计算成本？产品的成本有不同的分析方法，因而也就有不同类型的成本，如边际成本、可变成本、固定成本、短期成本、长期成本等。那么，作为判断伤害性价格的标准的产品成本究竟指的是哪一种？经济学理论认为，短期边际成本是比较科学的标准。但核算和确定边际成本几乎是不可能的。

1975 年，Areeda 和 Turner 教授提出，应当使用平均可变成本（Average Variable Cost，AVC）作为衡量是否构成伤害性定价的标准❷。所谓可变成本，是一个与固定成本相对应的概念。它是指随着产品产量而变化的成本，一般包括材料费、能源费、修理维护费、知识产权使用费等。固定成本是不随产量而变化的成

❶ 我国通常译为掠夺性定价。predatory 既有伤害、损害之意，也有掠夺之意。而所谓 predatory pricing，显然是为了损害竞争对手，因此笔者以为译成伤害性定价较能表达原意。经济学家张五常教授将其译为"以价伤人"，亦传神。

❷ Areeda & Turner, *Predatory Pricing and Related Practices Under Section* 2 *of the Sherman Act*, 88 Harv. L. Rev. 697 (1975).

本，一般包括管理费、折旧、利息和财产税等。表面上看，如果产品的定价低于平均总成本，似乎就是不合理的，因为企业不可能亏本经营。但在实际的经济生活中，比如企业为了应付暂时的不景气，有可能将价格定到平均总成本以下、平均可变成本以上，等企业渡过难关后，再实行新的定价策略。因此，采用平均可变成本比采用平均总成本作为判断是否构成伤害性定价的标准更科学。

美国法院最初采纳了平均可变成本标准。但是，实践证明这一标准也不是像当初认为的那样好用。不同的行业有不同的可变成本的组成要素，有些要素究竟是不变成本还是可变成本也不容易区分。如果企业生产多种产品，则情况更复杂，因为成本的分配更不容易确定。因此，法院尽管把平均可变成本作为一个基本的标准，但实际上根据不同的案件创造出很多例外，或者提出了一些局限条件。例如第九巡回法院曾经判决，如果价格低于平均可变成本，被告仍然可以提出不构成伤害性定价的证据❶。如果价格高于平均可变成本但低于平均总成本，是否构成伤害性定价也是可以商榷的❷。另一方面，即使高于平均总成本，如果有清楚和有说服力的证据，也可以认定属于伤害性定价❸。

在伤害性定价案件中，关于成本问题，历来遭到严厉的批评。也正因为如此，实际生活中真正受到处罚的伤害性定价是相当少的。自 1975 年以来，只有少数原告在伤害性定价案件中胜诉，而且从来没有任何法院在处理伤害性定价案件时适用本身违法原则。

另外，在美国的司法实践中，除了衡量成本外，一个重要的标准是考察企业是否能够成功地收回其降低价格的损失。也就是说，企业把竞争对手逐出市场后，如果有能力把价格定到竞争水平以上并把因为降价造成的损失收回，才有可能判定是伤害性定价。如果企业无法收回损失，则应判定是正常的价格行为，因为降低价格是对消费者有利的。

总之，理论上而言，伤害性定价是否对消费者有害，并不总是清楚的。因为在现代竞争社会，企业降低价格的原因是复杂的，例如有时候是出于吸引消费者的需要，有时候则可能因为技术革新造成产品成本的大幅度降低。所以执法者

---

❶ William Inglis & Sons Baking Co. v. ITT Continental Baking Co., Inc., 668 F. 2d 1014, 1036 (9th Cir. 1981).

❷ Transmerica Computer Co. v. IBM Corp., 698 F. 2d 1377, 1388 (9th Cir.).

❸ D. R. Rogers Assoc., Inc. v. Gardner-Denver Co., 718 F. 2d 1431, 1437 (6th Cir.).

在伤害性定价问题上是谨慎的，以避免“误伤”合法经营者，危害市场的竞争秩序。

（二）歧视

歧视行为是指企业没有正当理由对条件相同的客户提供不同的价格或者其他交易条件。在所有的歧视行为中，价格歧视（price discrimination）是最常见的，因此我们以下主要讨论价格歧视。所谓价格歧视，是指销售商无正当理由就相同等级和质量的商品、对不同的客户收取不同的价格。价格歧视有时候可能以比较隐蔽的形式表现出来，如给予佣金、回扣以及广告促销费等巧立名目的费用等。

价格歧视有可能带来反竞争效果。例如，如果原料供应商为市场上现存的企业提供优惠价格，新进入市场的企业的生产费用相比之下就较高，这对市场竞争显然是不利的。再如，如果具有支配地位的企业可以持续获得小企业无法获得的优惠价格，则有利于它加强自己的支配地位。然而，禁止价格歧视的副作用也很明显。因为价格歧视不允许企业提供不同的价格，因而是不利于企业开展价格竞争的。基于这个考虑，反托拉斯法一般不认为价格歧视行为是本身违法行为。如果销售者能够证明其定价行为是基于正当的商业考虑，或者证明价格歧视行为是与竞争者开展竞争的需要，价格歧视行为是可以免予惩罚的。

美国关于价格歧视的法律，是《罗宾逊—帕特曼法》（the Robinson-Patman Act），也就是《克莱顿法》的第2（a）条。该法仅仅适用于在商业中出售的具有类似等级和质量的商品。也就是说，第一，只有实际出售的商品才符合条件，如果仅仅是要约，则不适用该法；第二，该法只适用于商品，而不适用于服务以及广告等无形商品；第三，商品必须具有类似等级和质量，如果商品具有影响消费者接受的物理上的差异，则不适用该法；第四，所涉及的商品必须是跨州交易。如果对于以上商品收取不同的价格，就构成了价格歧视的初步条件。但是，应当注意，如果出售者对两个条件相当不同的顾客收取相同的费用，则不受价格歧视法律的约束。满足了以上条件后，还要考察价格歧视是否造成了损害，只有造成损害的价格歧视，才会受到制裁。

美国法律把价格歧视的损害分为两类，一是“一线损害”（primary line injury），即对出售者竞争对手的损害；二是“二线损害”（secondary line injury），即对购买者竞争对手的损害。如果出售者在不同的市场收取不同的价格，就属于

"一线损害";如果是在同一市场对相互竞争的顾客收取不同的价格,即属于"二线损害"。现今,对于"一线损害",美国基本上采取与伤害性定价十分相似的分析方法,且如果没有伴随伤害性定价,价格歧视一般不被认为是非法的。

对于"二线损害"的关切,是当初制定《罗宾逊—帕特曼法》的最主要的原因。20 世纪 30 年代的时候,连锁零售商在美国发展迅速,小零售商的地位岌岌可危,当时的政治氛围十分强调保护小零售商。正是因为该法保护竞争者,而不是保护竞争秩序,而使该法后来备受批评。保护小零售商的结果,实际上是打击了大企业的效率,并损害了消费者的福利。总之,美国目前对价格歧视适用合理原则进行分析,实际上很少对价格歧视行为进行惩罚。

[案例:布鲁克集团公司案][1]

一、案情

1980 年,雷吉特[2]首先将"黑与白"基本烟(generic cigarette)引入市场,从而开发了全国卷烟市场的一个新经济分支。该经济分支的特点:一是价格低,二是产品多样化。基本烟市场的产品包括:(1)黑与白,这是真正的基本烟,出售的时候仅以白纸包装,然后用简单的黑体字描述卷烟内容;(2)超市标签基本烟,烟的外包装上印有出售者(通常是超市)的商业名称;(3)有商标基本烟(以下简称"商标烟"),商标烟上有生产厂家的商标,但以低折扣价出售,基本不做广告;(4)"超值 25",每包内装 25 支烟,但价格比正常 20 支装香烟便宜 12.5%。到 1984 年 Brown & Williamson 进入该市场的时候,雷吉特的黑与白占了全部基本烟市场的 97%,而基本烟市场占国产卷烟市场的 4%。当 1980 年雷吉特引进黑与白的时候,基本烟市场的销售量占国产卷烟市场的比例不足 1%。

卷烟市场长期以来是美国集中度最高的工业之一,6 个厂商位居支配地位几十年,它们分别是:R. J. Reynolds、Philip Morris、American Brands、Lorillard 以及卷入本案的雷吉特和 Brown & Williamson(以下称"布朗公司")。R. J. Reynolds 与 Philip Morris 占据前两名,在本案审理时,二者的市

---

[1] Brooke Group L. T. D. v. Brown & Williamson Tobacco Corp., 509 U. S. 209 (1993).

[2] 雷吉特是布鲁克集团公司旗下的一个法人公司。

场份额分别是28%和40%。布朗公司列第三名,但远远落后于前两名,其市场份额是12%。雷吉特的市场份额更低,从1980年的2%上升到1984年的5%。

卷烟市场长期以来也是利润最高的工业之一,部分原因是在竞争对手之间多年来没有激烈的价格竞争。很多证据显示,最近几十年来,该行业的利润率超过竞争水平,尽管不是通过违法行为取得的。

但到1980年的时候,市场大势发生了变化。在美国,对香烟的整体需求呈下降趋势,快速反弹的希望非常渺茫。行业整体需求下降,公司的产能却大大过剩。需求的下降,再加上非价格竞争,对雷吉特带来了严重的负面影响。雷吉特的市场份额曾经超过20%,但到1980年,其市场份额下降到只有2%多一点。它已经到了倒闭的边缘。

1980年,雷吉特把黑与白引进市场,以低于商标烟30%的价格出售给消费者。在批发层面上,如果批发商订购的数量多,还可以获得回扣(rebate)❶。黑与白香烟因此代表了一个新的市场策略。其在竞争上的主要特点是低价格。雷吉特的黑与白获得了快速、巨大的成功,最初,其市场占有率不到一个百分点;到1984年早期,已经占全部香烟市场的4%还多。

雷吉特在基本烟市场上的快速扩张,冲击了其他公司的市场,其中受打击最严重的,是布朗公司。尽管布朗公司仅占商标烟市场份额的11.4%,但转向雷吉特黑与白香烟的消费者中,有20%过去属于布朗的消费者。1983年7月,布朗公司开始出售"超值25"香烟;1984年春,它开始出售自己的黑与白香烟。布朗公司既不是第一个也不是唯一一个认识到雷吉特黑与白威胁的公司。1983年,R. J. Reynolds也开始出售"超值25",在布朗公司出售黑与白之前,R. J. Reynolds把其"Doral"牌香烟的价格降到与基本烟相同的水平。为了与雷吉特的黑与白相竞争,R. J. Reynolds将其"Doral"牌香烟的价格降了大约30%,而且也对批发商提供回扣。"Doral"牌香烟是雷吉特价格水平的第一个竞争对手。

---

❶ 本案中的回扣是指数量回扣,即批发商购买的数量越多,卷烟生产商给予的回扣就越多,回扣的比例可能也越大(例如布朗公司)。回扣是明示的、正当的商业促销手段。我国《反不正当竞争法》规定的回扣是"账外暗中"给的,因此是商业贿赂的一种形式,属于不正当竞争行为。

布朗公司的进入对雷吉特在基本烟市场上的支配地位形成了更大的冲击。不像 R. J. Reynolds 的"Doral"牌,布朗公司的产品也是黑与白,所以无论在批发市场还是在零售市场上都会与雷吉特形成直接竞争。因为雷吉特和布朗公司的黑与白几乎相同,所以批发商一般不愿意同时经营两种产品。并且,布朗公司不仅在价格上与雷吉特产品相当,甚至比后者还低。在零售层面上,布朗公司建议零售价与雷吉特产品相同;在批发层面上,布朗公司的回扣比例比雷吉特更高。在回扣结构上,布朗公司的回扣品种比雷吉特的多;如果顾客订购量特别大,布朗公司还可以给予特别回扣。布朗公司向雷吉特的分销商推销其产品,同时也向它自己的顾客,包括一千个批发商推销黑与白。

雷吉特增加了自己的批发回扣比例。这在批发层面上引发了一场价格战。雷吉特曾经五次试图超过布朗公司的回扣比例。但在每一轮结束之后,布朗公司都能维持对雷吉特的价格优势。尽管布朗公司最初的价格高于成本——这是没有争议的,但雷吉特说,到回扣战结束的时候,布朗公司是赔本出售其黑与白。这个回扣战发生在布朗公司实际上卖出其黑与白香烟之前。

雷吉特声称,布朗公司把差别性的回扣(discriminary volume rebates)结合在一个伤害性定价(predatory pricing)的计划之中;其中,布朗公司把基本烟的最低价格定在平均可变成本之下。按照雷吉特的说法,这些低于成本的价格不是为了促销,而是企图强迫雷吉特提高其基本烟的建议价格,以缩小基本烟与商标烟的价格差。雷吉特解释说,如果雷吉特减少批发回扣,就必然将市场份额大幅度地让给布朗公司;如果雷吉特想避免在主要产品上的长期损失,唯一的选择是提高零售价格。建议价格差的缩小,会限制基本烟经济分支的增长,并使布朗公司保持其在商标烟上的超出竞争水平的利润。

案件审理始于1989年秋天。那时,所有六个卷烟公司均已进入这个新的经济分支。该经济分支是香烟市场增长最快的,从1984年占市场的大约4%,增加到1989年的大约15%。因为在该经济分支中,消费者的兴趣重新转向商标烟,所以黑与白基本烟的比例已经下降。但雷吉特整体销售量已经增加到90亿支。总体而言,基本烟销售量从1981年的28亿支,增加到1989年的800亿支。

随着产量的增加,基本烟的销售价格也提高了。回扣战结束之后的一年里,基本烟的建议价格仍然是稳定的。但1985年6月,雷吉特提高了其建议价,几个月后,其他公司也随之提价。建议价提高造成的确切效果很难评估,因为无论在基本烟还是在商标烟市场上,所有卷烟公司都有各种各样的折扣、奖券以及其他直接针对消费者的促销手段。尽管如此,至少有一部分的建议价提高,体现在销售给消费者的较高的最低价格上了。

1985年12月,布朗公司试图提高其建议价,但因为其他公司坚持他们的价格,所以布朗公司撤回了提价通知。这样,在雷吉特1985年6月提价之后,一直到1986年夏天之前,基本烟的建议价格没有变化。1986年夏天,基本烟的价格,跟随全价商标烟,确定为一年先后两次涨价。基本烟提价的美元数与全价商标烟提价的美元数相同,因此对于廉价基本烟而言,提价的幅度(百分比)比商标烟大,商标烟和黑与白之间的价格差也因之缩小,从布朗公司进入市场时的约38%,缩小到审理案件时的约27%。同时,到审理案件的时候,六家卷烟公司中的五家,包括雷吉特,又引进了所谓"次基本烟"(subgenerics),这是一种商标基本烟,以全价商标烟建议价格的50%以上的折扣销售。

二、最高法院的判决要点

1. 雷吉特声称,布朗公司为批发商提供的差别性数量回扣可能对其造成实质性竞争伤害,同时,布朗公司意在消除基本烟经济分支的伤害性定价计划也会加重这种伤害。

这种类型的伤害,其对象是出售者的直接竞争对手,称为"一线损害"。……造成"一线损害"活动的具体表现形式可能是多样的,但实质是相同的:一个商业竞争者以不公平手段为其产品设定价格,目的是清除或延缓竞争,并由此控制相关市场的价格。

因此,无论是根据《谢尔曼法》第二条提起伤害性定价指控,还是根据《罗宾逊—帕特曼法》提起一线歧视性定价(差别性定价)指控,两个先决条件都是一样的。第一,如果一个原告声称他受到竞争性伤害,而这种伤害来自竞争对手的低价策略,他必须证明该价格低于竞争对手的成本,而该成本经过恰当的量度(本案中,双方共同承认的标准是平均可变成本)。如果价格高于自己的成本,但低于一般市场水平或某一个竞争对手的成本,是不能定为伤害性定价的。高于成本的价格也可能引起排挤竞争对手的效果,但它反映了厂商较低的成本结构,应视为依靠质量的正当的竞争。

第二,原告必须证明,竞争对手有合理的机会收回其以低于成本价格销售商品造成的损失。收回损失是违法伤害性价格的最终目标;这是定价者从伤害性定价中获得利润的方式。如果伤害性定价者不能收回损失,则低于成本的价格将给市场带来总体上较低的价格,从而消费者福利得到提升。

低于成本的定价可能给竞争对手带来非常痛苦的损失,但如果竞争没有受到损害,是不需要反托拉斯法介入的:反托拉斯法的通过是为了"保护竞争,而非竞争者"。我们在其他案件中曾经判决,对于《谢尔曼法》第二条而言,仅询问被告是否实施了"不公平的"或者"伤害性的"策略是不够的;原告还必须证明,被告有垄断一个具体市场的危险的可能性。一个厂商即使实施了针对竞争对手的纯粹恶意的行为,如果没有其他更多的行动,是不能被判违反联邦反托拉斯法的。

为了收回损失,低于成本定价必须能对竞争对手产生欲达到的效果,或者把他们逐出市场,或者使他们提高价格直到寡头垄断市场内的超竞争水平。这要求理解伤害性定价的程度和持续时间,定价者以及伤害对象的相对的金融力量,及其各自的动机和意愿。因为低于成本定价引起总体上的损失,所以必须询问所针对的竞争对手是否可能就范。

如果相关因素显示,低于成本定价可能对竞争对手产生欲达到的效果,则仍然要问它是否可能损害相关市场上的竞争。原告必须证明,伤害性定价计划有可能使价格上涨到竞争水平之上,并足以补偿它在伤害性行为上的花费,包括所投资的金钱的时间价值[1]。

仅有低于成本定价的证据不足以推论出收回损失的可能性和对竞争的损害。判断是否能够收回损失可能需要估计伤害性定价的成本,并细致分析该定价行为,以及细致分析相关市场的结构和条件。在某些情况下,例如,市场高度分散并具有竞争性,或者市场进入很容易,或者被告缺乏额外的能力吸收其竞争对手的市场份额,并且不可能创设或购买新的能力,则可

[1] 例如利息、通货膨胀引起的金钱贬值等。——本书作者注

以判断伤害性定价不会损害竞争。

要满足以上这些条件并不容易。我们在其他案件中说过，伤害性定价计划是罕见的，成功者更加罕见，由于错误判决引起的费用却很高。一个厂商进行伤害性定价——降低价格——的机制与一个厂商刺激竞争的机制是相同的；因为，为增加生意量而降低价格市场是竞争的最核心部分；错误推论的代价相当高，因为它们冻结了反托拉斯法意欲保护的行为。事实上，如果伤害性定价的法律责任标准太低，以致反托拉斯诉讼变成维持高价的工具，是相当有讽刺意味的。

2. 雷吉特没有指控布朗公司意图将其逐出市场，而是指控布朗公司试图通过强迫雷吉特提高基本烟价格，而维持商标烟的超竞争水平利润，在这一过程中，布朗公司与其他卷烟公司达成默契（tacit collusion）。默契，有时被称为寡头价格协调，或有意识的同步涨价，其本身并不违法。在一个高度集中的市场上，几个厂商认识到他们有共同的经济利益，在价格和产出决定方面互相依赖，所以通过默契，他们可以共享垄断势力，把价格定在利润最大化的超竞争水平之上。

在 Matsushita 案[1]件中，我们认为，一般而言，伤害性定价很难成立。如果这种计划需要几个厂商的协调行动，则更不可能。Matsushita 案涉及伤害性定价的明确勾结。法院注意到，除了单个厂商试图收回伤害性定价的损失所面临的通常困难之外，勾结定价还面临其他困难，以至于几乎无法执行这样一个计划。为了获得成功，勾结者必须就如何分配目前的损失和将来的收益达成一致，而且每一个厂商必须抵制互相欺瞒的诱惑。

如上所述，数个厂商勾结起来进行伤害性定价几乎不可能，而如果没有明确的协议则更不可能。通过有意识的同步涨价寻求收回损失的厂商必须依赖于不确定的和模糊的信号协调其共同行动。信号可能被误读；作为协调的手段，信号不灵敏、不精确，尤其在变化的或没有先例可循的市场环境中，更是如此。即使对一个守纪律的寡头垄断而言，这个反托拉斯协奏曲也是最难谱写、最难演奏的。

除此之外，如果伤害性定价成功，将来的收益要由寡占者（包括意欲伤

[1] Matsushita Electric Industrial Co. v. Zenith Radio Corp., 475 U.S. 574 (1986).

害的对象)按市场比例分享。而在本案中,伤害性定价的成本却是落在布朗公司一家身上的。布朗公司的市场份额是11%—12%,这就意味着,就每1美元的损失性投资而言,必须产生约9美元的超过竞争水平的利润,布朗公司才能收回损失,而其余的8美元则属于其竞争对手,但他们却没有承担任何风险。

3. 雷吉特关于通过寡断性价格协调产生竞争性损害的理论依赖于一个复杂的因果关系链:布朗公司欲进入基本烟市场,其建议价格与雷吉特产品相当,但针对雷吉特最大的批发商,它设计了一个庞大的、差别性的数量回扣计划;结果,布朗公司的基本烟最低价格低于其成本;如果雷吉特试图捍卫其市场份额和批发商顾客群体,则必须提供与布朗公司相当的回扣,这将导致亏损;为了避免进一步的亏损,雷吉特将提高基本烟的建议价格,或者接受布朗公司价格领导地位;较高的建议价格将缩小基本烟与商标烟之间的零售价格差;这个缩小的价格差将降低对顾客的吸引力,因此将降低新经济分支的发展速度,提高商标烟销售量及与之相连的超竞争水平利润。

尽管布朗公司进入基本烟市场,无论从意图上还是从效果上,都可以视为是促进竞争的,但有充足的证据使陪审团相信,在约18个月的时间内,布朗公司基本烟的价格低于成本,这种低于成本定价使雷吉特亏损到不愿继续经营的地步,其母公司甚至努力想把雷吉特出售。但是,雷吉特没有能够证明"竞争性伤害",也就是说,它没有证明布朗公司如何收回低于成本定价带来的损失。如我们在Matsushita案件中所言:"任何伤害性计划的成功端赖于维持垄断势力足够长的时间,以使定价者收回损失,以及获得其他某种收益。"

从本案证据中,我们无法得出布朗公司能够收回损失的推论,因为布朗公司——无论其引进黑与白出于何种意图——不可能获得把基本烟的价格提高到竞争水平之上的能力。通过卷烟市场超竞争水平的价格收回损失是雷吉特理论的不可或缺的方面,因为增长速度放缓本身并不反对竞争,即使这种放缓是因为基本烟价格的上涨。只有当较高的价格是出于非市场力量的时候,竞争才受到伤害。如果价格上涨是因为供不应求,或者,经济增速的放缓是因为消费者习惯趋于稳定,则市场的运转是竞争性的。从反托拉斯法的角度看,价格上涨并不伤害消费者;实际上是消费者引起了价格上涨。因此,雷吉特所指控的伤害性定价计划的关键点,是布朗公司——与其他寡头一起——在基本烟市场上将价格提高到竞争水平之上的能力。因为依赖于寡头之间的默契收回损失是很难成立的,所以必须有合格的证据证明,布朗公司的做法确实威胁了竞争。本案中的证据不足以证明布朗公司被指控的计划有此等危险。

4. 基于雷吉特关于本案的理论及其证据,有两种方法可以用来证明布朗公司在基本烟市场上有维持超竞争水平定价并收回损失的能力:第一,如果基本烟的产量或价格信息能够显示,寡头价格协调事实上在基本烟市场上产生了超竞争水平的价格;或者第二,如果关于市场和布朗公司行为的证据能够显示,被控定价计划可能带来基本烟市场的默契和寡头定价——即使它实际上没有做到。

(1)本案中,价格和产量数据不支持布朗和其他卷烟公司把基本烟价格抬到竞争水平之上的推论。超竞争水平定价造成产量的限制。但在布朗公司进入基本烟市场后,基本烟市场的扩张速度没有降低;实际上,该经济分支的增长速率翻了一番。从1980年到1984年,基本烟市场只有雷吉特一家公司,该市场以每年平均1%的速度获得市场份额,从1980年占卷烟市场的0.4%到1984年的4%稍多一点。在其后5年里,也就是被控伤害性定价发生之后,基本烟市场从4%扩张到15%还多,每年增长2%还多。也许有人会说,如果没有布朗公司的伤害性定价,说不定增长速度是过去的三倍,而不是现在的两倍。但是没有具体的证据能够证明这一点。倒是可以从一个数据中得出相反的推论。1984年,在一个重要的计划文件中,布朗公司预测,如果它不进入基本烟市场的话,到1988年,这个市场能够达到全部卷烟市场的10%。事实上,1988年,在布朗公司进入之后,基本烟市场占全部市场的12%还多。

雷吉特提供的证据证明,在20世纪80年代后期,所有卷烟(包括基本烟和商标烟)的建议价格有大幅度上升。但是,从20世纪80年代中期开始,因市场趋势的改变,卷烟公司都有很大数量的促销计划,包括奖券、降价条以及赠送等。许多批发商也把部分折扣传递给消费者,从而大幅度降低了实际销售价格。1984年6月,在布朗公司进入黑与白市场之前,顾客可以市场领先品牌香烟价格38%的折扣价购买一桶雷吉特的黑与白;在雷吉特控告的行为发生之后，顾客可以52%的此种折扣价购买一桶雷吉特的商标基本烟。

(2)证据不仅不能证明在基本烟市场上存在实际的超竞争水平定价，而且连这种可能性也不能证明。20世纪80年代卷烟公司面临的形势使寡头之间的默契变得几乎不可能。默契的发生，必须有一系列条件的支持，例如稳定的市场环境，相似的产品，公司需要协调的变量较少，等等。但在布朗公司进入基本烟市场的时候，卷烟工业整体面临下降的需求以及过剩的生产能力，处于明显的不稳定状态。这些情况倾向于打破寡头定价模式，产生价格竞争。1980年基本烟的引进是自20世纪30年代以来卷烟市场上第一次像样的价格竞争。这种态势必将打乱先前的期望和市场行为的模式，并降低卷烟工业预测各自行为的能力。

更多数量的产品类型和定价方式也降低了有效同步定价的可能性。当布朗公司1984年进入基本烟市场的时候，市场上的产品类型包括"超值25"、黑与白和商标基本烟。对每一种产品而言，市场上的最低价格不仅由建议价格决定，而且由提供给顾客的多种折扣和促销决定，同时也由提供给批发商的回扣所决定。为了以有效的方式进行协调并消除价格竞争，卷烟公司必须就每一个变量都确定同步行为(不能交流意见)，许多变量，例如在商品上贴降价条或给消费者发奖券，是很难监控的。默契具有天然的局限性，因此这种多变量协调是不可能的。

此外，在某些方面，R. J. Reynolds有自己的不同于其他卷烟公司的算盘。如果在延缓基本烟经济分支上没有共同利益，布朗公司与其他寡头们不可能同步定价，并把基本烟价格提高到竞争水平之上。如果任何重要的厂商选择不加入，协调将是不可能的。1984年春天，R. J. Reynolds把"Doral"牌香烟的价格降到与基本烟同样的水平，这就说明它根本没有顾及所谓的寡头协调的好处，它进入到基本烟市场的自然和可能的结果是促进竞争的。Reynolds进入该分支的目的是扩大销售量，从Phillip Morris手中重新夺回销售量第一的宝座。1985年，当布朗公司试图提高基本烟价格的时候，R. J. Reynolds也拒绝跟从。

即使所有的卷烟公司愿意参加到一个计划之中，限制基本烟市场的增长，它们也不能协调其行动并把价格提高到竞争水平之上，除非它们理解布朗公司不是在与雷吉特相竞争。即使有一个公司把布朗公司进入基本烟市场的行为理解为扩张市场份额,则一系列的竞争性反应几乎确定会发生,寡头的纪律将被破坏,甚至是永久破坏。

雷吉特辩称,布朗公司将其反竞争意图传达给其他公司的信号是其价格结构。按照雷吉特的说法,维持当时的建议价格,但给批发商大幅度的回扣,是在给其他公司传达信号:它不打算将更多的"烟民"吸引进这个市场。但其他公司把这个价格结构理解为一个重要信号的可能性是低的,因为雷吉特自己也使用同样的价格结构,R. J. Reynolds 在推销其"Doral"商标基本烟的时候同样如此。

三、案后缀语

中国的反垄断法第十七条规定,具有市场支配地位的经营者没有正当理由,不得以低于成本价格销售商品。怎样才算"低于成本"?中国的执法机关曾经以行业平均成本为标准,显然是不适当的。具有较高效率的企业的经营成本,必然低于行业平均成本。用行业平均成本作为衡量是否违法的尺度,不仅冤枉好人,而且打击企业的经营积极性。毋庸讳言,中国的执法机关和司法机关在执行这一条款时,还有很长的路要走。美国法官对本案的判决,于我国而言是很好的借鉴。不仅如此,本案对于我们理解寡占市场,无疑也是一篇绝好的论文。

(三)拒绝交易(refuse to deal)

一般而言,一个企业有权选择自己的交易对象,这是其经营自主权的体现。一个支配企业也是如此,它有权决定与谁做交易,不与谁做交易。即使是长期合作伙伴,一个支配企业也有权无任何理由中断交易关系。因此拒绝交易行为并非本身违法。在 United States v. Colgate & Co. [1]案中,最高法院也确认了这一原则。但是,这个原则有两个例外。第一,拒绝交易的决定必须是独立作出的。如果与其他企业共同作出一个拒绝交易的决定,就成了联合拒绝交易,这是反托拉斯法所不允许的,我们在第五章也已经涉及联合拒绝交易的问题。第二,拒绝交易不能出于"获得或维持垄断"的目的。也就是说,如果一个垄断企业,或者一

[1] 250 U. S. 300, 307, 39 S. Ct. 465, 468 (1919).

个企图垄断市场的企业,单方面拒绝交易,则可能是违法的。例如1927年的柯达公司案件❶就属于这种情况。当时,柯达公司是照相机胶卷和其他摄影器材的垄断制造者。柯达公司试图通过纵向整合进入零售市场,也就是建立自己的零售渠道。因此,它拒绝将产品提供给独立零售商。最高法院判决柯达公司违法,指责其试图通过在制造领域的垄断地位作为杠杆,获得在销售领域的垄断地位。

应当注意,在任何情况下,只有当拒绝交易能够导致垄断地位时,才是一个垄断性质的行为,否则即不应受到惩罚。例如,一个企业因为停业而清仓销售,尽管它决定只通过自己的销售渠道进行这种销售,并终止了与一个独立销售商的业务关系,法院也没有判决该企业违法❷。很明显,企业离开市场肯定不会导致垄断市场。另一方面,企业总是可以离开市场作为合理的理由为自己拒绝交易的行为辩护。

在拒绝交易案件中,还有一个被经常提到的理论,即"关键设施"(essential facilities)理论。该理论鼓吹,关键设施的拥有者有义务允许其他人使用该设施,如果拒绝别人使用则是违反了《谢尔曼法》第二条。那么,什么属于反托拉斯法意义上的关键设施?拥有关键设施的企业在什么情况下才可以拒绝别人使用该设施?

所谓关键设施是指支配企业所拥有的原料或设施是其竞争对手所必需的,而其竞争对手又不能方便地复制。从美国的司法实践来看,关键设施一般包括以下三种类型:(1)有很大规模经济效应的自然垄断或合营安排,例如煤气管道。(2)作为受管制的一部分的建筑、工厂或其他贵重生产资料,无论它们是否自然垄断。(3)政府拥有的建筑,且其建造或维护是有政府补贴的。需要注意,关键设施不一定是有形资产,无形资产也有可能属于关键设施。例如在Bellsouth Advertising v. Donnelley Inf. Pub. ❸案中,原告希望出版一本电话簿,要求被告提供其客户名单,被告拒绝提供。法院判决客户名单也可以属于关键设施。

关键设施理论要求原告证明:(1)一个垄断企业控制该关键设施;(2)竞争

---

❶ Eastman Kodak Co. v. Southern Photo Materials Co., 273 U.S. 359, 47 S. Ct. 400 (1927).

❷ Olympia Equip. Leasing v. Western Union Tel. Co., 797 F. 2d 370 (7th Cir. 1986).

❸ 719 F. Supp. 1551 (S. D. Fla. 1988), affirmed, 933 F. 2d 952 (11th Cir. 1991).

对手实际上无法合理地复制该设施；(3)拒绝竞争对手使用该设施；(4)提供该设施对于垄断企业来说是可行的。❶

除了以上几点外，一般而言，按照《谢尔曼法》第二条的要求，原告必须证明该拒绝交易行为是排斥性的，或者说在经济上是反竞争的，是有助于被告“获得或维持垄断势力”的。但有些法院对此要求并不严格。

即使拒绝交易行为有可能产生反竞争效果，法院也不要求关键设施的控制者为满足别人的要求而牺牲自己的利益。例如，如果煤气管道的拥有者已经满负荷运转，它就没有义务一定要让竞争对手使用该煤气管道。

总之，一般而论，在认定拒绝交易中的滥用行为时，法院要考虑下列要素：企业的市场力量，拒绝的理由，由此造成的竞争损害。如果被拒绝的企业能够避开该被拒绝的交易而仍然是竞争对手，该拒绝交易就不具有反竞争性。即使没有这种可能性，但如果在合理的时间内以合理的成本另行建成该设施，也可以不构成反竞争行为。

[案例：奥斯本滑雪公司案]❷

一、案情

在奥斯本，奥斯本滑雪公司(以下称滑雪公司)在三座山上拥有并经营滑雪设施，奥斯本高地滑雪公司(以下称高地公司)在第四座山上拥有并经营滑雪设施。两公司向顾客出售一种“周票”，可以在四座山上的任何一座使用。周票比日票的价格低。高地公司从周票收入中所得的比例为(基于使用比例)：1973—1974 年，17.5%；1974—1975 年，18.5%；1975—1976 年，16.8%；1976—1977 年，13.2%。到 1977 年的时候，多地区票收入占整个市场收入的几乎 35%。

从 1962 年到 1977 年，滑雪公司和高地公司在各自经营的山上独立提供不同的 1 天、3 天和 6 天的滑雪票组合。除了一个滑雪季节外的所有季节，两个公司也出售某种形式的、可在整个奥斯本使用的 6 天滑雪票，并分配收入。但是，在 1977—1978 年滑雪季节，滑雪公司建议继续出售在整个

❶ MCI Communic. Corp. v. AT & T, 708 F. 2d 1081, 1132 - 1133.

❷ Aspen Skiing Co. v. Aspen Highlands Skiiing Corp., 472 U. S. 585 (1985).

奥斯本使用的票，但条件是，高地公司只能接受该票收入的13.2%。

高地公司认为，尽管该比例反映了它在1976—1977年的收入比例，但以该年度作为衡量标准并不准确，因为当年天气不好，滑雪者也出乎意料的少。最终，高地公司接受了15%的比例。关于该滑雪票当年的使用情况，没有进行调查。

1978年3月，滑雪公司向高地公司建议了一种“4地区”滑雪票，但高地公司必须同意接受12%的收入比例——大大低于高地公司的历史平均水平(基于使用比例计算)。

高地公司自己设计了多地区滑雪票，以取代两公司联合推出的滑雪票。但滑雪公司采取了不少措施，使高地公司极难推销自己设计的多地区门票。滑雪公司在1978—1979年度中止了“3天3地区”门票[1]，并且拒绝向高地公司出售——无论以向旅行社提供的折扣价格还是以零售价格——任何缆车票。高地公司最终开发了一种产品，称为“冒险组合”，包括一张高地公司的“3天”票以及三张代用券，代用券的价格与滑雪公司每日缆车票相同。代用券以存在一家奥斯本银行的资金作担保，奥斯本的商人可以完全票面价值兑换。但是，滑雪公司拒绝接受代用券。

后来，高地公司重新设计了“冒险组合”，以“American Express”旅行支票或汇票取代代用券。滑雪公司最终接受了这些金融票据，顾客可以这些票据交换其每日缆车票。尽管“冒险组合”起到一些作用，但仍然遇到不少旅行社和顾客的排斥，因为他们已经习惯了“全奥斯本”票的方便和灵活。

没有了“全奥斯本”票的方便，高地公司基本上变成了一个“旅游胜地的一天滑雪区”。自从1977年取消“4地区”票后，高地公司的市场份额持续下滑：从1976—1977年度的20.5%，到1977—1978年度的15.7%，到1978—1979年度的13.1%，到1979—1980年度的12.5%，到1980—1981年度的11%。高地公司相关滑雪服务的收入，例如滑雪学校、雪具出租、业余滑雪比赛和饭店，同样大幅下滑。

[1] “3天3地区”和“6天3地区”票的不同在于：如果一个顾客购买了“3天3地区”票，他可以在奥斯本的山上滑3天，然后到高地公司的山上继续滑。但6天的票使高地公司完全丧失了与这些顾客做生意的机会。——原注

二、美国最高法院的判决要点

1. 违反《谢尔曼法》需要满足两个条件:(1)在相关市场上拥有垄断势力,并且,(2)利用反竞争或排挤手段,或者为实现反竞争或排挤之目的,故意获得、维持或使用该势力。关于第一个因素,尽管在地区法院和上诉法院有过激烈的争执,但滑雪公司并没有向本法院挑战陪审团关于其拥有垄断势力的判决。

2. 滑雪公司向本法院提出的观点是,即使一个厂商拥有垄断势力,它也没有义务与其竞争对手进行联合推销;如果没有相当程度的排挤行为,就不应当违反第二条;而其行为均不能被认定为排挤。

即使一个厂商拥有垄断势力,也没有与竞争对手联合推销的一般性义务,这当然是对的。但这并不意味着一个厂商每一次都拒绝加入到某个合作项目,也不意味着在某些情况下他不可以承担责任。没有与另一个厂商做生意的义务,在某些方面,等同于独立商人有选择顾客或合伙人的权利。我们赞同其拒绝与其他厂商交易的权利,但这并不意味着该权利是没有限制的。

本案中,垄断者不仅仅是拒绝了加入到一个合作项目的新的建议,它实际上是对过去的分销模式作了重要的改变,而过去的分销模式源于竞争市场并已持续数年。全奥斯本6天滑雪票,其所得收入按照使用频率分配,这种模式最初由在奥斯本地区经营三座滑雪山的三个独立公司所创设。当市场扩大到4座山头的时候,该模式作为滑雪者喜欢的形式继续存在;当市场的性质被滑雪公司所获得的垄断势力改变的时候,该模式仍然继续存在。而且,资料显示,通用滑雪票也在其他存在数座滑雪山的地区使用,那些地区明显是竞争市场。因此,我们似乎可以得出结论:此类滑雪票可以满足自由竞争市场的顾客需求。

因此,滑雪公司终结全奥斯本滑雪票的决定,是一个垄断者对市场性质作出了重要的改变。这种决定并不必然反竞争,滑雪公司也争辩说,其决定,以及与执行该决定有关的行为,被认定为排挤性质,均非公平。但是,从整个的市场记录来看,我们必须作出有利于高地公司的解释。

滑雪公司行为的性质是否可以适当地确定为排挤,这个问题不能通过仅考虑对高地公司的影响来回答。还要考虑它对消费者的影响,要看它是否以不必要的限制方式伤害了竞争。如果一个厂商一直企图以效率以外的方式排挤竞争对手，则将其行为界定为排挤是公平的。因此，有必要考察所指控的行为对消费者的影响，对滑雪公司较小的竞争对手的影响，以及对滑雪公司本身的影响。

(1)"全奥斯本"票的卓越品质

数年来，滑雪者养成了对"6天全奥斯本"票的强劲需求。多数老资格的滑雪者倾向于购买一张全票，不仅在奥斯本滑雪的数天内均可自由使用，而且省去了很多排队买票的时间。滑雪者可以预先购买4地区6天票，然后选择自己想滑的山头，选择自己想滑的时间。这种票为滑雪者提供了方便和灵活性，使其享受更多的风光，可以滑更多的次数。

尽管滑雪公司销售的"3地区6天"票也有这些特质，但证据显示，顾客因4地区票的取消而受到负面影响。首先，1967年之后3地区票和全奥斯本票之间的竞争资料显示，滑雪者明显愿意选择全奥斯本票。1979—1980年度的顾客调查显示，53.7%的受访者想滑高地公司的山头，但没有滑成；39.9%的受访者说，他们不能在所选择的山上滑雪，因为他们的票不允许。

一个主要的旅游经营者断言，如果有4地区票，他将不会考虑推销3地区票。在1977—1978年和1978—1979年滑雪季，持有滑雪公司3地区票的人"很自然地"来到高地公司的山头，试图登上缆车或参加滑雪学校。高地公司的职员不得不向生气的滑雪者解释，他们必须购买一天的缆车票才能在高地公司滑雪或参加它的滑雪学校。即使对富裕的人来说，这也是恼人的事情，因为滑雪者或者浪费6天3地区票中包含的一天，或者花上一上午的时间及丧失6天票折扣的代价获得退款。一个亚特兰大滑雪俱乐部的职员作证说，4地区票的取消使他"非常生气"。

(2)高地公司的竞争能力

滑雪公司行为模式对高地公司的负面影响未在本法庭辩论。4地区票取消后，高地公司的相关市场份额持续下滑。

(3)滑雪公司关于其营业行为的辩护理由

对于其行为模式，滑雪公司没有提出效率方面的理由。至于为什么取消联合推出的票，滑雪公司说，使用频率不能够被适当地监控。然而，证据显示，滑雪公司自己监控3地区票的使用，它让缆车操作员记下在每座山的使用次数,在此基础上计算每座山的收入情况。滑雪公司辩解,代用券使用起来很麻烦,记录员经常受到干扰,他们的工作不准确。但是,代用券并不比信用卡更麻烦,滑雪公司的售票窗口却接受信用卡。而且,在其他市场,滑雪公司自己也参与了接受代用券的通用缆车票。至于记录问题,滑雪公司自己的经理作证说,这个问题被滑雪公司官员夸大了,而且多数问题已经得到解决。高地公司曾经建议自己花钱雇一个有声誉的全国性会计事务所审计4地区票在高地公司山头上的使用情况,但滑雪公司拒绝,因为没有办法"控制"审计。

最后,滑雪公司说,它之所以取消4地区票,是因为想与高地公司低劣的滑雪服务撇清。但是,全奥斯本票是基于使用频率的,顾客自己可以就质量问题作出选择。滑雪公司的关切与许多证人的证词形成鲜明对照。而且,滑雪公司承认,在其他市场上,它情愿与低档次的产品联系起来。因此,我们认为证据能够支持下面的推论:滑雪公司并非出于效率动机,它情愿牺牲短期利益和顾客口碑,以换取对较小竞争对手的可以看到的长远影响。

第四节 企图垄断

《谢尔曼法》第二条不仅禁止实际上的垄断,而且禁止企图垄断(attempt to monopolize)。与垄断一样,该条也没有对何为企图垄断下定义。在Swift & Co. v. United States 案[1]中,最高法院首次阐述了企图垄断的含义,霍姆斯大法官代表法院写作了对案件的判决意见。后来人们从霍姆斯大法官的意见中,总结了构成违法企图垄断的三要素:(1)被告必须在某个商业领域有控制价格或摧毁竞争的具体意图;(2)为达到非法目的,被告实施了伤害性(predatory)或反竞争性行为;以及(3)有成功的危险(a dangerous probability of success)。

第一个要素,即被告必须有控制价格或摧毁竞争的具体意图,法院没有发展出一个一般性的规则。在某些极端的案件中,具体意图是容易判断的。例如,一个厂商计划炸掉竞争对手的工厂,明显地反映了其具体的非法意图。再如,一个厂商计划生产更好的产品,并计划以更低的价格销售,明显反映了其合法意图,

[1] 196 U.S. 375 (1905).

即使其结果可能伤害竞争对手。但介乎两个极端之间，有大量的中间行为是不容易判断的。关键是，有些同样的行为，在某些情况下属于正当竞争，但在另外一些情况下可能就是意图垄断。法院如果不能正确地区分这些行为，就可能走向反托拉斯法的反面，起到伤害竞争的作用。

第二个要素，即被告实施了伤害性或反竞争行为，与在垄断案件中是一样的，读者只需参考本章以上内容，在此不赘。

第三个要素，即有成功的危险，按照最高法院的意见[1]，需要定义一个相关市场并实际考量被告在该市场上减少或摧毁竞争的能力，而不能仅仅从意图中推断出来。但在企图垄断案件中，对市场份额的要求可能大大低于垄断案件的要求，因为在这类案件中，垄断还没有实际发生，仅仅是一种可能性，要求过高的市场份额是不切实际的。尽管如此，一般认为，低于50%的市场份额不足以产生垄断的可能性。就像在垄断案件中一样，法院对市场份额的要求取决于市场进入障碍的高低以及竞争对手的规模、竞争对手市场份额的稳定性等，法院往往根据这些因素进行调整。总起来看，如何判断被告的经济势力，与在垄断案件中采取的方法是相同的。

---

[1] See Spectrum Sports v. McQuillan, 506 U. S. 447 (1993).

第九章 企业合并与合营企业

企业合并与市场竞争的关系是复杂的。在大部分情况下,企业合并对市场竞争能够起到促进作用,例如可以促进投资,促进新市场的开发,便利企业开展多元化经营,保证企业的原材料供应或产品的销售渠道,促进技术革新和转让,获得规模经济和降低成本,改善企业结构等。但在某些情况下企业合并也会对市场竞争产生消极影响,例如强化集中的市场结构,抬高市场进入的障碍,加强市场势力等。还有一些情况下,企业合并可能对市场竞争基本上没有影响。反托拉斯法的任务,就是禁止和惩罚那些阻碍或者可能阻碍竞争的企业合并。但在,在一个具体的市场环境中,一个企业合并对市场竞争的影响究竟是积极还是消极并非泾渭分明的。那么,什么样的企业合并是促进竞争从而是反托拉斯法所允许的?什么样的企业合并又是减少竞争从而为反托拉斯法所禁止的?法官和行政执法人员在分析企业合并给竞争带来的影响时主要考虑哪些因素?执法机关采取哪些措施控制企业合并?本章将具体探讨这些问题。

本章由以下四节内容组成。第一节概述,主要阐述美国反托拉斯法对企业合并的界定,企业合并的类型以及各种类型的企业合并所带来的竞争问题;第二节探讨企业合并政策的价值标准或者说企业合并政策所应当保护的利益;第三节讨论在具体分析企业合并时应当考虑的各种因素;第四节讨论企业合并的预先申报程序。

第一节　概　　述

一、美国的企业合并立法

美国关于企业合并的规定体现在数个法律中。美国第一个反托拉斯法《谢尔曼法》并没有具体规定企业合并，但它禁止"以托拉斯或其他任何形式的联合"，因而该法仍然可以作为控制合并的法律依据。实际上，1911 年的美国标准石油公司合并案就是应用了《谢尔曼法》的规定。但《谢尔曼法》的规定比较不明确，因而 1914 年通过的《克莱顿法》对一家公司收买另一家公司的股票导致的合并进行了具体的规定。在以后的年代，直到今天，该法第七条成为控制合并的主要武器。但《克莱顿法》仍有重大漏洞，它只规定了购买股票导致的合并，企业要想逃避合并条款，只要购买竞争企业的实物资产就可以做到。这个漏洞直到 1950 年的《赛勒—凯弗维尔法》(The Celler-Kefauver Act)才得到弥补。该法规定，在美国国内任何地区任何商业中，凡是购买竞争企业的股票或资产，并且可能在实质意义上减少竞争的，均属违法。因而，在美国，形成合并必须满足两个条件：购买竞争企业的股票或资产，在实质上减少竞争或导致垄断。如果缺少后一条件，则一家企业购买另一家企业的股票或资产属正当投资。1976 年，美国又通过了《哈特—斯科特—拉蒂诺反托拉斯改进法》(The Hart-Scott-Rodino Antitrust Improvements Act of 1976)，该法规定，符合条件的企业合并要向美国司法部和联邦贸易委员会申报，获得批准后，才能完成合并。除了这些基本法律外，美国反托拉斯法执行机构还制定了不少关于企业合并的指南，也是考察美国企业合并法律的重要文件。还有，法院关于企业合并的判例永远是美国重要的法律渊源之一，需要认真研究。

二、企业合并的概念与表现形式

在反托拉斯法中，企业合并(merger)一词有广泛的外延，既可以指企业间的完全融合，也可以指一个企业控制另一个企业的全部或部分，而原有企业并不因此而在法律上消失的情况。

反托拉斯法之所以采用较宽泛的概念，是因为其关注的重点在于企业合并对市场竞争的影响，而不在于企业合并的具体途径。只要一个企业控制了另一个企业的经营，二者之间的竞争就趋于消失，而不管这种控制是通过什么途径实现的。所以，一般而言，反托拉斯法并不因为合并途径的不同而适用不同的法律规则。只要合并行为能够造成市场的集中，可能给竞争带来危害，就有可能成为反托拉斯法关注的对象。因此，对于反托拉斯法而言，衡量企业合并的核心概念是"对经营的实际控制"，而不是企业是否在形式上融合到一起。

上述企业合并实际上包含了四种情况：(1)两家或多家企业合并成一个新的企业，原有的企业在法律上不再存在；(2)一个企业取得另一个企业，后者在法律上不再存在，而成为前者的一部分；(3)一个企业取得另一个企业的一部分，但后者仍然在法律上存在；(4)两家或多家企业各拿出部分资产组成新的企业，也就是设立合营企业。这里，两家原有的企业必须在法律上和经济上相互独立，同属于一个企业集团的两家企业的合并不是反托拉斯法意义上的企业合并。

《克莱顿法》并没有规定一个企业取得另一个企业股票或资产的比例，只是规定取得另一个企业"全部或部分的股票或资产"，关键要看取得另一个企业股票或资产是否会带来反竞争的后果。有时候，即使取得另一个企业股票或资产的比例不大，也可能改变竞争态势。假设甲企业与乙企业属于竞争对手，则两个企业必欲把对方赶出市场而后快。但如果甲企业收购了乙企业15%的股份，那么很清楚，两个企业联手控制市场的可能性大增。

应当注意，不以经营为目的而取得另一企业股份的情况，即使取得了该企业的全部或大部分股份，反托拉斯法也不将其作为控制对象。《克莱顿法》第7A条规定，下列情况不视为反托拉斯法意义上的企业合并：

(1)控制不享有表决权的债券、抵押、信托凭证(deeds of trust)或其他不享有表决权的证券。

(2)虽控制了他人有表决权的股票，但该控制是以投资为唯一目的，且所持有的数额不超过有表决权股票总量的10%。

(3)在普通交易中获得其他企业的商品或不动产。

(4)银行、银行公会(banking association)、信托公司、投资公司或保险公司，根据公司重组或解散计划，仅为投资目的而持有具有表决权的股票。

三、企业合并的类型及其对市场竞争的影响

按照合并企业之间的竞争关系，企业合并可以分为三种类型：横向合并(horizontal merger)、纵向合并(vertical merger)以及混合合并(conglomerate merger)。横向合并是指在同一地区范围内，生产或销售相同或相似类型产品，或提

供相同或相似类型服务，而处于相互直接竞争中的企业之间的合并。纵向合并则是具有购销关系企业的合并，它又可以分为向下游的合并和向上游的合并，例如一个生产商与一个其产品零件的提供者之间的合并即为向上游的合并，一个生产商与一个其产品的批发商之间的合并则属于向下游的合并。混合合并是指处于互不关联的市场上的企业之间的合并。混合合并又可以分为三种类型：第一种是所谓“纯粹的”混合合并，即产品完全不同的企业之间的合并，如一个汽车制造企业与一个食品加工企业之间的合并；第二种是“产品延伸型”的合并，即所生产的产品不同但又有一定关联的两个企业之间的合并，例如一个生产微波炉的厂家与一个生产微波器皿的厂家的合并；第三种是“市场延伸型”的合并，即两个生产相同或相似产品但在不同的地域市场进行销售的企业之间的合并，例如一个纽约生产面包的企业与一个在芝加哥生产面包的企业之间的合并。不同类型的企业合并对竞争造成的影响是不同的。

（一）横向合并带来的竞争问题

尽管横向合并可以带来规模经济，也可以产生其他的经济效率，但与其他类型的企业合并相比，横向合并对竞争带来的消极影响也是最直接的。其消极影响主要体现在三个方面。第一，横向合并是直接竞争者之间的合并，所以该合并直接导致参与合并的企业之间竞争的消失。如果两个参与合并的企业原本在市场上就占有举足轻重的地位，那么它们之间的合并对整个市场上的竞争有可能造成很大影响。第二，如果参与合并的企业原本在市场中就占有相当大的份额，那么企业合并之后，将可能大大加强合并后企业的市场势力，使其有能力单方面提高产品价格，垄断该产品市场。第三，直接竞争的企业之间的合并，导致市场上的竞争者数目减少，不仅有利于企业签订价格和产量协调协议，而且有可能造成寡头垄断的市场环境，为企业的默示协调行为提供便利。

（二）纵向合并的竞争问题

纵向合并最大的好处是可以提高企业的管理效率、节约企业的交易成本，使原材料的供应或产品的销售更符合企业的要求，因为它把原来外在的供应商或客户变成了内在的合作关系。

纵向合并并不减少在同一水平的市场上相互竞争的企业的数量，但它有可能改变企业的行为方式。不管是向上游的合并还是向下游的合并，被合并的企业有可能决定只与合并它的企业做生意，这样对于合并企业的供应商、客户和竞争者而言，原来的竞争状况都发生了改变。例如，如果一个生产商兼并了一个原材料供应商，其结果导致该供应商只向兼并他的生产商提供原料，其他生产相同产品的厂家则不得不转向其他供应商，这样在原材料供应市场以及该产品本身的市场上，竞争态势都发生了变化。如果兼并能够带来产品成本的降低，而且这种降低能够进而传递给客户，那么下游市场的竞争态势也因之发生了改变。

（三）混合合并的竞争问题

混合合并无论表现为何种形式，所涉及的都是在不同市场上进行经营的企业，无论在兼并企业的市场上还是在被兼并企业的市场上都不导致企业数目的减少，也不发生所谓的排挤竞争对手以及抬高市场进入障碍问题，所以混合合并一般对竞争造成的负面影响较不直接。

但是，人们仍然对混合合并存在一定的疑虑，这种疑虑既是出于经济的考虑，也是出于政治的考虑。第一，如果没有发生合并，那么将来该企业可能以独立的姿态进入该市场，从而增加该市场上的竞争，但混合合并发生后，这种可能性就不存在了。第二，一个混合合并可能会把一个较大的企业转变成一个具有决定性影响的具有市场支配地位的企业。第三，混合合并可能减少市场上小企业的数目，从而增加大企业的政治势力，使小企业在国家政治法律环境中处于劣势。[1]

另外，关于企业合并的反托拉斯法也可以适用于合营企业（joint venture）。在 United States v. Penn-Olin Chemical Co. 案中，Pennsalt Chemicals Corporation 与 Olin Mathieson Chemical Corporation 设立了一个合营企业，在美国东南部生产和销售氯酸钠。在设立合营企业之前，两家企业都没有生产或销售氯酸钠。最高法院判决，《克莱顿法》第七条适用于合营企业，两公司设立的合营企业违法，一方面，该合营企业对其他公司造成了进入障碍，另一方面，该合营企业的设立，排除了其两个母公司进入该市场的可能性。

第二节　企业合并政策的价值标准

关于企业合并政策的价值标准问题，或者说企业合并政策究竟保护什么利

---

[1] See Ernest Gellhorn and others, *Antitrust Law and Economics: in a Nutshell*, 5th Ed., West, a Thomson Business, 2004, p. 415.

益的问题，答案并不是清楚一致的。从美国的司法实践来看，有相当大的变化。

1914年美国制定了《克莱顿法》之后，经历了第一次世界大战、大萧条、第二次世界大战等重大事件，所以控制企业合并没有成为政治和司法的重点。第二次世界大战结束后，美国经济领域的集中现象进一步加剧，不少人开始担忧集中趋势会威胁国家的整个经济、社会和政治制度，甚至危及自由企业和政治民主的存在。在这种氛围下，人们对企业合并表现出相当大的敌意。在20世纪60年代，不仅大企业的合并遭到反对，甚至不少小企业的合并也被禁止。

1962年，美国最高法院对"布朗鞋业公司"❶案件作出了判决。1955年，布朗鞋业公司(Brown Shoe)购买了肯尼(Kinney)公司。两个公司都是鞋生产商和零售商。前者是第四大鞋生产商，占有4%的市场份额，后者是第十二大生产商，占有0.5%的市场份额；在零售领域，肯尼是全国最大的连锁零售商，经营的商店超过350家，但在所有的鞋业零售商中，它位列第八；按照销售额计算，布朗鞋业公司是全国第三大鞋零售商。当时，鞋业生产和销售行业的集中度都不高，以美国最高法院的话来讲，是相当"支离破碎的"。在生产领域，最大的24个厂家仅控制了35%的市场份额；在零售领域，几乎没有任何市场进入壁垒，而且成千上万的独立零售商与连锁零售商相竞争。可以说，两个公司的合并不可能产生市场势力，对市场竞争几乎不会产生负面影响。但最高法院仍然禁止了该合并，首席大法官华伦(Warren)说："国会之所以通过了1950年(克莱顿法)修正案，主要是担心在美国经济中会出现经济集中的浪潮。"因此，法院在此案中的目的主要是保护小企业，担心出现进一步的合并，而不管这些合并是否带来更高的效率，是否为消费者带来更低的价格。

1966年，最高法院又依据同样的理论禁止了"旺斯百货公司"❷的合并。1960年，旺斯百货公司兼并了"购物袋食品店"(Shopping Bag Food Stores)，前者是洛杉矶地区第三大食品零售商，占4.3%的市场份额，后者是第六大食品零售商，占3.2%的市场份额。食品零售行业在洛杉矶地区的市场集中度并不高，前4个最大企业占24.4%的市场份额，前8个最大企业占40.9%的市场份额。在

❶ Brown Shoe Company v. United States, 370 U.S. 294 (1962).

❷ United States v. Von's Grocery Company, 384 U.S. 270 (1966).

洛杉矶地区，食品零售商店数以千计。旺斯百货公司争辩道，该合并可以更有效率地与该地区最大食品零售商进行竞争。但是最高法院并没有对合并产生的竞争效果进行分析，而是从当地市场发展的趋势出发作出了判决。从 1950 到 1963 年，在洛杉矶零售市场上活动的独立食品零售商店从 5365 个减少到 3590 个；由两三个商店组成的食品连锁店的数量在 1953 到 1962 年间从 96 个增加到 150 个；在 1949 到 1958 年间，最大的 20 个连锁经营的食品销售商中，有 9 个从较小的竞争者那里获得了 126 个商店。布莱克（Black）大法官重新强调，1950 年《赛勒—凯弗维尔法》的基本目的是通过保护大量的小竞争者来防止美国经济中的经济集中，因此，鉴于该合并会进一步减少独立商店的数量，所以违反了《克莱顿法》。

总起来看，在 20 世纪 60 年代，美国关于企业合并的司法实践强调保护小企业以及维护分散的市场结构，而对于合并带来的效率以及消费者有可能得到的利益则很少关注。但在 20 世纪 70 年代，最高法院改变了价值取向，从强调保护竞争者、维持分散的市场以及追求其他社会目标转向对市场势力进行经济分析上来。

1974 年最高法院关于通用动力案[1]的判决反映了这一变化。该案涉及两个生产和销售煤炭的公司之间的合并。由于该合并，市场上两个最大公司控制了大约一半的市场份额，使两个最大公司的集中率上升了 10% 以上。但是，斯图尔特（Stewart）大法官认为，关于市场份额和市场集中度的统计尽管是非常重要的，但并不是产生反竞争效果的决定性因素。市场份额仅仅是分析合并所造成的竞争效果的起点，因为，从逻辑上说，过去的生产并不必然能够合适地说明将来的竞争能力。本案中，被兼并公司所拥有的绝大部分煤炭储量已经通过长期合同卖出，因此，该公司不能操纵将来的煤炭价格，所以其作为一个独立公司被兼并，对于市场竞争没有负面影响。

最高法院对企业合并的态度和分析方式的变化主要是出于以下几个原因。第一，“芝加哥学派”的分析方法在经济学界占了上风。该学派认为，反托拉斯法的唯一目标应该是“消费者福利”（如今有时也被称为整体福利）最大化。也就是说，反托拉斯的目标应该是增加一个国家的整体福利，如果一个合并能够导

[1] United States v. General Dynamics Corp., 415 U. S 486 (1974).

致更有效地利用资源，就应该被允许，即使它可能产生市场势力、导致价格上升，因为它最终是对消费者有利的。第二，20 世纪 70 年代以后，美国社会各界更强调生产效率，因此这一时期通货膨胀和生产效率降低问题在美国受到格外关注。第三，美国日益感到外国企业竞争的威胁。美国人认为，日本和德国企业的生产效率已经赶上或超过美国，而美国企业由于规模过小，在与外国企业的竞争中处于劣势。

美国最高法院的态度也在学者、律师和竞争主管机构得到响应。司法部和联邦贸易委员会于 1982 年制定了新的合并指南，采纳了新的分析方式。新的分析方式放弃了以维护分散的市场结构为目标的做法，转而考察高度的市场集中是否可能为共谋行为提供便利，是否可能使一个企业获得垄断市场的势力。新的价值取向大大改变了美国对企业合并执法的方向。在里根政府时代，执法机构似乎认为，除了在极少数案件中，合并不会造成竞争状况的恶化。有研究显示，美国联邦执法机构在 1982—1986 年间，只对 0.7% 的企业合并案件提起了诉讼❶。

进入 20 世纪 90 年代以后，美国关于企业合并政策的价值取向没有发生根本的变化，但与 20 世纪 80 年代相比，仍然有一些微小的不同。企业合并政策的目标仍然是保护消费者利益，但所强调的不仅是合并产生的效率，而且也关注合并是否会提高产品价格，是否会降低产品质量，是否会减少产品和服务的种类等，也就是说，是否会对消费者利益造成直接损害。在分析一个合并是否带来竞争问题时，市场份额是重要的参考因素，但在对市场份额进行分析的基础上，还要对市场进入障碍等其他因素进行分析。

第三节　企业合并前的预先申报制度

一、概述

在西方国家的反垄断法或反托拉斯法中，多数规定了企业合并前的预先申

❶ See The Evolution of U. S. Merger Law, Debra A. Valentine, Assistant Director for International Antitrust, Federal Trade Commission, August 13, 1996, available at www. ftc. gov/speeches/other/dvperumerg. html.

报制度❶。这一制度规定,符合法律规定的一定规模的企业合并在合并进行前要向反垄断主管机关申报,在获得批准后,合并才能进行。尽管反托拉斯主管机关的批准并不能绝对保证参与合并的企业在合并完成后免受反托拉斯法的追诉,但实际上反托拉斯主管机关很少再对经其审查的合并进行惩罚。另外,经反托拉斯主管机关审查过的合并,也很少受到其他企业的民事诉讼。

因此这一制度无论是对参与合并的企业还是对反托拉斯执法机关,都有很大的好处。对前者来说,可以避免法律制度对企业造成的不确定性。因为如果合并完成后再因为违法而予以解散,则对企业正常的经营活动影响太大。对后者来说,则可以节约行政资源,同时也可以避免执法机关与企业界的对抗情绪。因此,合并前的报告制度有防患于未然、减轻损害的意思。

二、需预先申报的企业合并的标准

根据2001年修改的《克莱顿法》第7A条,美国有三条标准适用于企业合并前的申报。一是商业标准(the commerce test),二是"当事人规模"标准(the size-of-the-parties test),三是"交易规模"标准(the size-of-transaction test)。

所谓商业标准是指参与合并的企业必须是从事美国商业或进行对美国商业有影响的任何活动。这里的商业是指美国各州之间或与外国之间的贸易或商业。

所谓"当事人规模"标准和"交易规模"标准是指,由于合并,企业合并的主动方(acquiring person)必须持有被合并企业(acquired person)的有表决权的股票和资产的(1)2亿美元以上(这个数字自2004年9月30日以后要根据国民生产总值的增长比例进行调整,下同);或者(2)5千万美元以上2亿美元以下,同时(a)企业合并的主动方要有至少1亿美元的年销售额或总资产,并且(b)被合并企业的总资产至少要1千万美元,或者,如果被合并的企业从事制造业,其年销售额至少要1千万美元。

这里的销售额和资产,一般是根据企业定期准备的上一年度的收入报告和资产负债表来计算。

特别应当注意的是,这里的参与合并的企业,不仅指参与合并的企业法人本

❶ 有些国家虽然不要求企业一定要进行申报,但企业为了防止合并后受到追诉,往往主动向反垄断主管机关报告,以争取支持。英国等国采取这种方式。

身,而且指整个的企业集团。因此,这里的资产和销售额也是指整个企业集团在全球的资产和销售额,而不是指具体进行合并的企业(比如一个子公司)的资产和销售额。

根据美国反托拉斯主管机关的标准,适用于企业合并申报的企业集团概念,是指一个企业拥有另一个企业的(1)有表决权股票的至少50%,或者(2)在没有发行有表决权股票的情况下,拥有另一企业利润的至少50%,或在破产清算情况下拥有其资产的50%;或者(3)根据合同有权指定一个法人的至少50%的董事,或一个非法人企业的执行同类职能的个人。

三、企业合并预先申报的程序问题[1]

根据美国法律的规定,企业合并的预先申报程序可以分为两个阶段。第一个阶段是达到法定规模的参与合并的企业在合适的时间向反托拉斯主管机关进行申报。申报后,至少在30天(在现金邀约收购的情况下是15天)内,企业不能完成合并。在这期间,反托拉斯主管机构对合并是否对竞争造成威胁进行审查。期限届满后,如果反托拉斯主管机构没有采取任何行动,合并即可继续进行。反托拉斯主管机构不再给予一个正式的决定。企业合并的当事人也可要求提前给予一个准许合并的答复,反托拉斯主管机关可以给予这种答复,但必须将答复公布在指定出版物上。如果在规定日期结束之前,反托拉斯主管机构认为企业合并有可能造成竞争方面的问题,则可以要求当事人提供更多的信息(即再次询问,second request),这就进入了第二阶段。反托拉斯主管机构可将合并完成的日期再推迟,但再推迟的日期不得超过30天(如果是现金邀约收购,则为10天)。经过进一步的审查后,反托拉斯主管机构可以发布一个正式的决定允许企业完成合并;或者可以与合并企业谈判,对合并附加一些限制性条件。如果企业同意,就可以按照反托拉斯主管机构的要求继续完成合并;如果企业不同意,反托拉斯主管机关认为需要阻止该合并的,则必须向法院申请一个禁止令,反托拉斯主管机构自身没有发布禁令的权力。

司法部反托拉斯局于2001年10月1日发布了一个文件,叫做《合并审查过程安排》(Merger Review Process Initiative),就审查中所需要的信息和过程细节

[1] 本部分基于美国相关法律以及司法部反托拉斯局于2001年10月1日发布并于2004年8月4日修订的《合并审查过程安排》(Merger Review Process Initiative)。

进行了说明。

(一)第一阶段审查

1. 要求合并当事人自愿提供信息

反托拉斯局要求参与合并的当事人自愿提供有关信息,这些信息根据每个案件的具体情况可能有所不同。一般地,包括以下信息:

(1)列出并描述所有具有共同特征以及潜在的相关产品(relevant products);

(2)产品/市场营销手册;

(3)营业计划,市场研究,战略规划和关于市场份额的信息,定位竞争对手的信息;

(4)竞争对手、供应商和顾客名单;

(5)容易收集的关于销售额和产量的数据;以及

(6)关于合并交易的分析或研究。

2. 鼓励早期磋商(early consultation)

反托拉斯局强烈鼓励早期磋商。早期磋商的目的是使反托拉斯局能够判断,是否能够在发出"再次询问"之前完成调查。如果不能完成调查,早期磋商也能够使反托拉斯局设计一个合适的调查计划,包括一套有针对性的"再次询问"内容。磋商是为反托拉斯局和合并当事人提供一个交换观点的机会,以及需要进一步解决的问题。磋商的成功与否在很大程度上取决于反托拉斯局官员和当事人合作的程度。

反托拉斯局官员也可能主动要求与当事人磋商,讨论当事人关于交易的观点、公司组织架构、行业结构以及行业最近的变化等。多数情况下,反托拉斯局官员将要求合适的公司人员参加,并要求他们在可能的情况下提供相关文件支持其观点。

反托拉斯局可能要求与合并当事人的有关人员见面。在有限的情况下,为了解决某些重要的问题,也可以记录证词。

3."再次询问"的发出

如果反托拉斯局认为有必要发出"再次询问",则官员们会结合第一阶段所获得的信息,尽可能缩小"再次询问"的内容范围。当事人可以参考"再次询问范式"(the second request model),但反托拉斯局会根据案件具体情况进行调整。

4.“再次询问”发出之后

(1)经常性磋商

反托拉斯局和合并当事人均受益于坦率地交流意见和证据,双方因此得以利用和检验与交易有关的正反两方面的竞争理论。

在适当情况下,反托拉斯局可能同意在整个调查过程中与当事人定期(例如每两周)召开会议(或电话会议),以促进双方的对话,并提供一个讨论案件进展的机会。

在对多个问题的调查中,一旦反托拉斯局认为它不再关心以前提出或讨论过的某一问题,则它会迅速通知当事人。

(2)就具体程序达成协议

反托拉斯局的部门负责人,在与相关副助理检察长商讨后,将被授权与当事人就具体程序问题达成协议,以便当事人提交信息,以及遵守具体的调查要求。程序协议没有单一的模式,反托拉斯局部门负责人和副助理检察长将根据具体的事实和需要解决的具体问题行使决定权。这些程序问题涵盖广泛,也非常具体,例如互相交换经济数据和信息的日期,与当事人的经济学家进行讨论的日期等。

第四节　判断企业合并对市场竞争的效果

如前所述,司法机关或竞争主管机构在分析企业合并的时候,已经放弃了单纯依赖市场结构的方法。但是,市场的集中度以及合并企业在市场中所占的份额,仍然是重要的分析指标,因为如果市场集中度不高,或合并企业在市场中所占的份额非常低,那么该合并对市场竞争是不大可能造成影响的。因此,对于一个合并案件,一般而言,首先要衡量企业的市场份额以及测度市场集中度,看企业合并所涉及的市场是否是一个高度集中的市场。但市场情况受多种因素的影响,并不仅仅决定于市场集中一个因素。因此在决定是否进行干预前,各国一般还要考察与竞争有关的其他市场因素,以及市场的进入壁垒、对效率的影响以及被合并企业是否濒临破产等。

一、衡量市场份额和测度市场集中度

市场份额和市场集中度是判断企业合并对竞争影响的最重要的标准之一。

企业所占的市场份额越高,市场集中度越高,企业垄断市场的可能性越大,或者企业实施某种联合行为以排挤竞争对手的可能性越大,因此受司法机关或反垄断主管机关干预的可能性就越大。无论是在企业的横向合并,还是在纵向合并和混合合并案件中,衡量市场份额和测度市场集中度都是不可忽视的重要方面[1]。

衡量市场份额和测度市场集中度的前提是确定相关市场[2]。因为市场垄断地位或支配能力并不是抽象的概念,它们存在于和市场的关系之中。如果所确定的市场范围较宽,那么企业在这个市场中所占的份额就越小,市场集中度就越低;反之就较高。

[案例:费城银行案][3]

一、案情

费城国民银行(Philadelphia National Bank,PNB,下称"费城银行")和吉拉德银行(Girard)在费城都市地区分属第二和第三大商业银行,费城都市地区包括费城市及其相毗连的三个县。费城银行的资产总值超过10亿美元,在全国排名第21。如果两个银行合并完成,新银行将是费城都市地区最大的银行,约占当地银行所有资产、存款以及净贷款的35%。它与第二大银行联合起来的份额将是58%,前四名银行联合起来所占的份额将是78%。目前最大的银行是通过合并达到当前规模的,自从1947年以来,银行的数量从108家下降到42家。

二、最高法院关于相关市场的划分

关于相关产品市场,我们与地区法院的意见相一致,"商业银行"构成一个独立的商业领域。"商业银行"这个词代表一系列的产品(各种信贷)和服务(例如支票账户以及信托管理)。某些商业银行产品或服务特点非常鲜明,它们完全不受其他金融机构产品或服务的有效竞争,例如支票账户就是这样。其他产品或服务有成本低的优势,以至于在很大程度上不受其

---

❶ 但应当注意,对于非横向合并,需要进行测度的,是被兼并企业所在市场上的市场集中度。

❷ 详见本书第八章。

❸ United States v. Philadelphia National Bank, 374 U. S. 321 (1963).

他机构替代产品的冲击。例如,在个人贷款市场,商业银行与小信贷公司相竞争;但小信贷公司的利率总是比银行高很多,部分原因似乎是公司的资本很大部分来自于银行贷款。最后,尽管就成本和价格而言,有些银行产品或服务可能受到其他机构产品或服务的自由竞争,但是顾客对银行的偏爱相当牢固,这种偏爱使银行在相当显著的程度上免受竞争;储蓄存款似乎就是这种情况。总之,就贸易现实而言,商业银行是一个可以说明问题的有足够包容性的市场。

关于相关地理市场,在本案中,我们需要问的问题不是合并当事人在哪里营业,甚至也不是在哪里竞争,而是,在竞争性相互重合的地区内,合并对于竞争的效果在哪里是直接的和马上就会出现的。这个问题取决于"供应商—顾客关系的地理结构"。对于银行而言,像许多服务行业一样,营业地点的方便与否是有效竞争的关键。通常,个人和公司都会在其当地社区的银行处理大部分业务;他们发现在较远的地方处理银行业务不切实际。不方便这个因素,像在其他行业中的高运输成本一样,有效地把银行竞争当地化了。正如我们在其他相关案件中所言,关于确定在某一已知商业领域进行有效竞争的地区,要根据出售者的营业地区,以及购买者实际上能够获得供应的地区[1],谨慎地确定。因此,合并当事人办公室所在地的"四县地区"似乎应被确定为相关地理市场。事实上,合并当事人绝大部分的业务发源于这个"四县地区"。理论上,我们应当关注周边地区的银行办公室与该地区内的银行办公室形成有效竞争的可能性;但实际上,这似乎是一个没有多大意义的因素。

我们知道,当事人办公室所在的地区不能十分精确地代表合并对竞争产生影响的地理范围。证据显示,大额借贷者和大额储蓄者可能认为他们在其居住社区之外处理大部分的银行业务是切合实际的;非常小的借贷者和储蓄者可能就去邻近的银行办公室;中等规模的顾客可能介乎二者之间。而且,某些银行服务在性质上比其他服务更加当地化。但是,在银行业,相关地理市场与每一个独立顾客的经济规模相关联这一现象,意味着我们必须找到一个平衡点:也就是一个公平的中间范围,以避免把市场划得过宽或过窄。如果过宽,则合并对竞争的影响就显得微不足道,因为在划分市场的

---

[1] 着重号为原文所有。——本书作者注

时候只有那些特别大的银行顾客才被考虑在内;如果过窄,就会把合并当事人放在几个不同的市场内,因为只有最小的顾客才被考虑在内。我们认为,由四个县组成的费城都市区域作为相关地理市场,比任何更大的区域,或任何更小的区域,或任何不同的区域,在评估目前的合并方面,更为合适。州法律明显把这个区域作为一个银行社区,允许费城的各个银行在其中设立分支机构;并且,这个区域对既不很大又不很小的银行顾客而言,处理银行业务似乎是切合实际的。我们得出这个结论也得益于三个联邦银行机构的帮助,它们把这个银行在其中设立办公室的区域视为一个"有效竞争的区域"。关于当事人合并问题,联邦存款保险公司(FDIC)和联邦储备委员会(FRB)向货币总监(the Comptroller of the Currency)提交了一份报告,在该报告中,两个机构即如此看待这一区域。而且,货币总监在批准合并的声明中,也表示同意:"关于竞争的影响,涉及三个独立的层面和竞争的有效区域。它们是全国层面、区域层面以及费城城区及其周围的当地层面。"

确定相关市场后,就可以计算各企业的市场份额了。市场份额一般以企业的市场销售总额、运输量或生产量来计算,而且一般以其货币价值来衡量。市场份额确定之后,即开始分析市场集中度。

测度市场集中度的方法有两种。一是"市场集中率"(concentration ratios)法,二是赫芬德尔指数(Herfindahl-Hirschman index,HHI)法。第一种是美国传统的方法,现在已不大常用,或者仅仅是作为第二种方法的参考。第二种是美国司法机关或反托拉斯行政执法机关目前使用的方法。

"市场集中率"法是将市场上四个最大企业的市场份额加起来,看其占市场总份额的百分比。百分比越大,则表示市场集中度越高。如果市场上四个最大企业的市场份额达到75%,该市场就被视为高度集中的市场。在已经高度集中的市场上,进一步的企业合并势必要加剧这种集中。因此在这种情况下,合并被禁止的可能性就大。但这种方法有很大的局限性,一是不能反映个别企业的市场势力;二是所根据的数据一般是国家统计机关提供的数据,它们一般不能准确地反映执法机关需要的相关市场。

赫芬德尔指数是一种平方计算法。即在一个经过界定的市场上,将市场上所有企业的市场份额进行平方后再相加。这种方法能够比较准确地反映大企业对市场竞争有较大影响的实际状况。因为大企业在市场上所占的份额越大，则该指数就越大，由此显示的市场集中度就越高。美国反垄断执法机关将指数1000以下确定为集中度较低的市场，1000到1800之间是中度集中的市场，1800以上是高度集中的市场。(1)如果该指数在1000以下，则不会对市场竞争造成负面影响，一般也不必进行进一步的分析。(2)如果该指数在1000到1800之间，则要将合并后的指数与合并前的指数相比较：如果该指数上升了不足100点，则被认为不可能对市场竞争带来负面影响，因此也不需要进行进一步的分析；如果超过100点，则被认为有可能引起竞争问题，需要对合并进行进一步的分析。(3)如果该指数超过了1800，也要将合并后的指数与合并前的指数相比较：如果该指数上升了不足50点，则被认为不可能对市场竞争带来负面影响，因此也不需要进行进一步的分析；如果超过50点，则被认为有可能引起竞争问题，需要对合并进行进一步的分析；如果上升了超过100点，则被认为很有可能产生或增加市场势力，或者有利于市场势力的行使，除非市场的其他因素提供了相反证据。

二、市场状况

如果企业的市场份额或市场集中度达到一定水平，司法机关或竞争主管机关就要进一步对市场状况进行评估，考察企业合并所涉及的市场是否有利于合并后与其他企业一起达成限制竞争的协议或企业单方面提高价格。

至于哪些市场状况有利于合并后的企业与其他企业达成限制竞争的协议，或者有利于企业单方面提高价格，是相当复杂的，需要结合市场的具体状况进行分析，一般认为下列因素与之相关：有关市场状况、交易以及竞争对手的关键信息的可利用性；企业和产品差异的程度；企业采取的典型的价格竞争手段或市场销售行为；买卖双方的特点；典型交易的特点；竞争对手的实力；合并企业本身的实力等。例如，如果企业的性质、规模和产品非常接近，那么就容易达成限制竞争的协议，反之，则不容易达成协议；如果对于竞争对手的各方面都了解非常透彻，也容易达成协议。再如，如果企业过去曾经采取过协调一致的行为，那么合并后采取协调一致行为的可能性就更大。

三、市场进入壁垒(barriers to entry)[1]

有时候尽管市场集中度很高，但如果其他竞争者进入市场很容易，以致合并

---

[1] 详见本书第八章。

后的企业不可能通过集体或单方行为有利可图地维持一个高于合并前水平的价格,合并就不可能产生或者加强市场势力。如果市场进入壁垒较低,那就可能会将一个反竞争的合并遏制在其萌芽状态中,或者能够阻止其反竞争的效果。因此,考察企业合并所涉及的市场进入的壁垒是美国司法机关和反托拉斯执法机关的重要环节。如果进入该市场基本没有壁垒或壁垒不高,那么即使市场集中度很高,企业合并也可能被允许。从美国的实践来看,因为市场进入没有太大障碍而决定不干预企业合并的案件越来越多。

四、有关竞争的其他因素

除了以上两个因素外,法院或反托拉斯执法机关还要考虑很多与竞争有关的因素,包括合并所涉及的行业是否一直趋向于集中,合并在多大程度上有利于企业提高效率,被合并企业是否属于濒于破产的企业等。这些有关竞争的其他因素并不是可有可无的,而是起到相当重要的作用。如在贝克·雨果[1]一案中,根据美国司法部的测算,企业合并后的赫芬德尔指数达到4000,市场集中度远远超过司法部掌握的标准。但法院仍然判决企业可以完成合并,因为该企业的下游企业,即购买产品的企业有较大的市场势力。如果上游企业合并后任意抬高产品价格,那么下游企业就有可能抛开上游企业,自己进入这个市场。考虑到这个因素,法院认为,尽管企业合并后市场集中度很高,但企业并不能因此形成垄断势力,因此最终还是允许这次合并的。再如本书第一章提到的波音公司和麦道公司合并案,美国竞争主管机构之所以批准二者合并,其重要理由之一就是麦道公司濒于破产,已经丧失了市场竞争能力。

五、有关纵向合并与混合合并的特殊问题

一般而言,反托拉斯法认为纵向合并与混合合并是有利于经济效率的,它们只在特殊情况下才发生反竞争的问题。

(一)纵向合并

按照美国司法部1984年的合并指南,对于纵向合并,司法部主要关注三个方面的问题,一是市场进入障碍的增加,二是协调行为,三是费率管制的规避。

1. 市场进入障碍。如果纵向合并同时满足下面两种情况,司法部则有可能以构成市场进入障碍问题挑战纵向合并。第一,市场上的纵向合并是如此普遍,

---

[1] United States v. Baker Hughes Inc., 908 F.2d 981, 285 U.S. App. D.C. 222 (D.C. Cir. 1990).

以致欲进入市场的企业必须同时进入两个市场。如果市场上有足够多的没有实行纵向一体化的企业，市场进入者因此可以找到必要的供货或销售渠道，则司法部不会认为该合并增加了市场进入障碍。第二，仅仅同时进入两个市场的需要还是不够的，如果同时进入两个市场非常容易，司法部也不会根据市场进入障碍理论对该合并提出质疑。只有同时进入两个市场在相当程度上增加了市场进入障碍，司法部才有可能挑战该合并。

2. 协调行为。如果纵向合并有利于企业实施协调行为，司法部也有可能挑战该合并。当生产商或批发商有组织地兼并零售商时，则实施协调行为的危险会增加。因为如果生产商或批发商试图成立一个价格卡特尔，他们通常要解决卡特尔成员不遵守规则的问题，如果没有自己的零售商，他们很难探测到卡特尔成员是否遵守了价格协定，因为卡特尔成员可以采取多种措施隐瞒自己的实际价格，但在零售市场上，价格都是公开的。在这种情况下，他们兼并零售商的目的是为了有利于在公开市场上比较产品的价格，以探测卡特尔成员的违规行为，从而加强卡特尔的实施。但是，只有当生产市场或批发市场有利于卡特尔的形成时，才会发生这种有竞争问题的纵向合并。因此，如果生产市场或批发市场没有达到一定的集中度，则司法部一般不会挑战这种企业合并。

3. 规避费率管制。有时候，一个受管制市场上的企业会兼并一个不受价格管制的企业，以绕开价格管制。司法部也会挑战这种合并，但因为影响价格有多种因素，所以实际上很难判断企业是否在通过这种方式绕开价格管制，所以，只有在非常特殊的情况下，司法部才会根据这一理论挑战纵向合并。

除了司法部关注的这些问题外，在美国司法审判实践上还存在一个所谓纵向合并所产生的封杀竞争对手(foreclosure)的问题。例如，如果一个生产商兼并了一个零件供应商，则其他零件供应商可能因为没有销售渠道而被排挤出该产品市场；或者，竞争对手由于缺乏销售渠道而无法进入该市场。所谓封杀问题实际上是与市场进入障碍联系在一起的，所以司法部没有将该问题列为一个单独的问题。另外，该理论遭到众多经济学家的质疑，也可能是司法部放弃该理论的原因之一。

(二)混合合并

反托拉斯法对混合合并问题的关注，主要集中在“市场延伸型”合并上。也就是说，当生产或销售相同或相似产品的企业构成另一企业的“潜在”或“实际”

的竞争对手时，才成为竞争主管机关关注的对象。对于这种类型的企业合并，分析方式较类似于对横向合并的分析方式。

近年来，关于混合合并，欧盟又提出了一个“组合效应”（portfolio effect or range effect）理论。在吉尼斯诉大都市[1]一案中，欧共体委员会认为，企业拥有多种产品将有更大的灵活性设计其价格结构，实施促销和让利行为，有更大的实施搭售行为的可能性，并且在销售和市场行为中能够实现规模经济和范围经济。混合合并产生的这种效应使中小竞争者难以与之竞争。因此，在本案中，尽管合并双方的产品大部分属于互补性，只在某些很小的市场上产生竞争问题，委员会仍然命令当事人卖掉一些品牌，中止某些排他性合同，在这一前提下，才允许双方合并。欧盟的“组合效应”理论遭到某些经济学家，尤其是来自美国的强烈批评，因为他们认为这种“组合效应”是有利于企业提高效率的，这种理论是保护竞争者而不是保护竞争。

总而言之，考察与竞争有关的诸多因素对司法机关和反托拉斯执法机关提出了相当高的要求，因为它们都牵扯到很多经济学的问题。执法人员一方面要掌握经济学、统计学甚至数学的相关知识（当然在大多数情况下他们不得不聘请有关方面的专家），另一方面对一些尚无定论的问题，需要高屋建瓴，作出符合社会发展潮流的价值判断。

［案例：斯戴普和“办公室补给站”合并案（1997）］[2]

一、案情

1996年9月4日，美国两个最大的办公用品连锁超市，“办公室补给站”（Office Depot）和斯戴普（Staples），宣布就合并达成协议。

“办公室补给站”和斯戴普分别是美国第一和第二大办公用品连锁超市。办公用品连锁超市的概念为斯戴普所首创，到1997年的时候，斯戴普已在全国28个州开了550家商店。1996年，它的营业收入达到40亿美元；1996年底，其股票市值约为30亿美元。“办公室补给站”在全国38个州开了500多家商店，1996年的销售额为61亿美元；1996年底，其股票市值约为22亿美元。

---

[1] Guinness/Grand Metroplitan, D. Comm. Oct. 15, 1997, M. 938, point 40.

[2] Staples, Inc., F. T. C. v., 970 F. Supp. 1066 (D. D. C. 1997).

典型的办公用品连锁超市坐落在城市商业区，看起来像一个大仓库。“办公室补给站”和斯戴普约一半的收入来自消耗性的办公用品的销售，其余的来自电脑、办公家具及其他有关产品。两个公司都直接从制造商那里购货，以享受小商店无法享受的低价折扣。较低的成本导致了相当低的价格：连锁超市通常以低于供货商建议零售价的30%—70%出售给消费者。

曾有23个办公用品连锁商店被淘汰出市场。到两个公司宣布合并的时候，只有“超大办公室”公司（Office Max）还可以与“办公室补给站”和斯戴普相竞争。“超大办公室”在48个州220个地区开了575家商店和17家配送中心。“超大办公室”1997年财政年度的总营业收入是32亿美元，其中消耗性办公用品约占40%。

连锁超市的成功将成千上万个独立文具店赶出了市场。但竞争让消费者受益匪浅。每一个连锁店都大幅度降低了成本和价格，给消费者提供了方便快捷的一站式服务。

美国联邦贸易委员会在进行了7个月的调查后，决定向联邦法院起诉，禁止该合并。

二、联邦贸易委员会的理由

1. 相关市场

联邦贸易委员会认为相关市场为“通过办公用品超市销售的消耗性办公用品市场”。理由如下：(1)办公用品超市提供明显不同的产品和服务。办公用品超市提供范围广泛的消耗性办公用品以及有大量的储备，可以为消费者提供“一站式”服务的机会，而其他零售商或邮购服务商则无法提供类似服务。(2)办公用品连锁超市彼此视为主要竞争对手。(3)非连锁超市零售商对连锁超市的价格行为影响有限。(4)经济学的证据支持“办公用品连锁超市产品市场”。根据联邦贸易委员会和司法部的合并指南，是否将该市场界定为相关市场需要问这样一个问题：在一个城市中，一个在办公用品连锁超市之间进行的垄断市场的合并，是否允许合并后的企业将消耗性办公用品的价格提高5%或更多？如果答案是肯定的，则“通过办公用品连锁超市销售的消耗性办公用品市场”就是相关市场。联邦贸易委员会的专家预测，如果所有三个办公用品超市都在一个地区存在，则垄断市场的合并可以将通过办公用品连锁超市销售的办公用品价格提高8.49%。

2. 合并可能引起的反竞争效果

联邦贸易委员会认为，大量的证据证明，两个公司合并后将提高价格。第一，从市场结构上看，该市场仅有三家企业互相竞争，如果其中两家企业合并，那么市场上的竞争者将从三个减少到两个；在只有"办公室补给站"和斯戴普两个公司存在的市场上，合并将导致只剩下一个公司。第二，涉案公司自己的文件显示，如果没有这次合并，斯戴普计划在今后数年里大幅度削减产品价格，以应对"办公室补给站"的竞争压力。但拟议中的合并将消除这种竞争压力。第三，关于本交易潜在效果的统计分析显示，如果缺乏效率，则该合并将导致大幅度提高价格。此外，金融市场的资料显示，投资者相信，即使考虑到合并带来的效率，合并也将导致不容忽视的更高的价格。

3. 市场进入分析

联邦贸易委员会认为，其他办公用品超市公司的潜在市场进入无法阻止合并后企业提高价格，除非它们真的进入市场。通常，只有在市场进入的沉入成本(sunk cost)相当低，而且市场内的企业无法快速降低价格时，潜在的市场进入才会对市场内的企业起到牵制作用。但在办公用品超市市场内不存在这样的条件。相反，进入地方市场的成本中，沉入成本占相当大的比重；而且，市场内的企业为了对付潜在竞争对手进入市场，可以快速降低价格，导致新企业的进入无利可图。

4. 效率分析

联邦贸易委员会认为，本案中，合并企业夸大了合并带来的效率。第一，只有合并带来的效率才能说明问题，由于内在增长带来的效率不能与合并带来的效率相混淆。第二，合并企业所称的效率缺乏证据支持。第三，按照合并指南的要求，合并收益必须能为消费者带来较低的价格。联邦贸易委员会的分析显示，合并带来的效率收益仅仅占销售额的1.4%，并且，在该收益中仅有1/7可以传递给消费者。因此，合并造成的"净"价格效应是很大的：7.3%的价格上升(联邦贸易委员会根据自己的经济模型分析出来的结论)，减去传递给消费者的0.2%(1.4%×0.15)的效率收益，因此价格净上升率为7.1%。

三、被告的抗辩

被告企业认为合并不会带来反竞争效果，它们的论点集中在两个方面：

(1)联邦贸易委员会关于相关市场的定义是错误的;(2)抛开市场定义不论,从合并的效率收益、进入市场的容易度以及被告企业的历史记录来看,合并不会造成价格上升。

1. 市场定义

被告认为,联邦贸易委员会单纯依靠卖主的身份而不是产品或服务的特点来定义相关市场是错误的。一个零售产品市场应当根据产品的性质来确定市场范围。连锁超市出售的办公用品与其他零售商出售的用品并无不同,两种类型的零售商处于同一个市场上。连锁超市使用不同的零售模式意味着他们发现了与其他零售商竞争的好途径,并不意味着其他零售商处于不同的市场上。被告还递交了证据,显示它们经常查看非连锁超市的价格,例如Wal-Mart、Viking、Best Buy、Comp USA等,表明连锁超市与非连锁超市之间存在激烈的竞争。被告还递交了一份研究证据,该研究显示,如果有一家新电脑超市开张,斯戴普商店的销售额就下降1.4%;一家新Wal-Mart开张,Staple商店的销售额下降2.4%;一家新仓储式超市开张,斯戴普商店的销售额下降3.7%;一家新Best Buy开张,斯戴普商店的销售额下降7.2%。

2. 效率收益和净价格效应

被告称,连锁超市是建立在薄利多销的原则之上的。因此,合并将使其增加购买产品的数量并降低其向生产商支付的价格。同时,合并也将降低其管理、市场开发、广告和物流成本,并能将节约下来的成本的2/3传递给消费者,因此被告合并后将能够大幅度地降低价格。被告还认为,即使合并的效率收益最终能够通过内在增长取得,但合并却能够使企业以较快的速度取得这些收益。被告还递交了一份研究报告,认为合并带来的价格增长效应是微小的,考虑到效率收益后,合并预计能够给消费者带来2.2%的价格降低。

3. 没有市场进入壁垒,扩张也是容易的

被告认为,办公用品市场的进入是十分容易的,在几个月内就能建造一个商店,沉入成本并不高,因为产品不会腐烂,也不会很快过时。此外,"超大办公室"1997年计划增设新店,证明业内市场的扩张是容易的。最后,进入市场或扩大营业并不一定需要开设新店,现存的出售多种产品的零售商可以通过增加办公用品货架进入市场或扩大营业。

四、法官的判决

法官最终作出了有利于联邦贸易委员会的判决。判决基于如下理由：

1. 产品市场

法官同意联邦贸易委员会关于相关市场的定义。他说，所有零售商都在相互竞争当然是合乎逻辑的，但是，一个企业有可能是整个市场上的竞争者，并不见得必须被包括进“相关的反垄断市场”内。一个连锁超市“小幅度但有意义的价格上升”不会把顾客推向非连锁超市，而会把顾客推向另一个连锁超市。法官还认为，办公用品连锁超市与其他办公用品零售商在形象、面积、销售形式以及所提供的产品的数量和范围是非常不同的，人们不会把 Staples 与 Wal-Mark、Best Buy 等相混淆，这是实践中的经验，它表明办公用品连锁超市正在构成一个亚市场。

2. 对竞争可能造成的影响

法官认为合并有可能带来反竞争效果。第一，按照联邦贸易委员会的相关市场定义，两个企业合并后将在许多地区占有相当高的市场份额。在 15 个大城市，两个企业的市场份额为 100%；在 27 个其他大城市，连锁超市的数目将从 3 个减为 2 个，合并后企业的市场份额超过 45%。因为该合并，赫芬德尔指数将平均上升 2715 点。第二，定价方面的证据显示，两个企业合并后将很可能因为竞争的减少而提高价格。如果没有该合并，“办公室补给站”和斯戴普将很可能进行竞争并削减价格。

3. 市场进入

在联邦贸易委员会确定的相关市场上，法官强调是新连锁超市的进入，而不仅仅是任何办公用品零售商的进入。为了取得规模经济并营利，一个新的连锁超市公司必须开设许多店，因此沉入成本相当高。而且，一个新竞争者不可能在地区市场层面上很容易地获得规模经济，因为许多市场已经被现存的连锁超市所占领。因此，法官认为，一个新的连锁超市进入市场并克服合并带来的反竞争效果是相当不可能的。

4. 效率

法官认为，被告关于效率收益的估计是不可靠的、没有证实的和不切实际的。被告没有把合并带来的效率收益与其他种类的效率收益区分开，而且从被告过去的历史记录来看，把所节约的成本的 2/3 传递给消费者也是不切实际的。

第五节　效率抗辩和濒危公司抗辩

如果经过对市场结构以及企业行为的分析之后,法官或联邦反托拉斯行政执法机关认为一个合并将带来反竞争效果,则合并的当事人可以考虑从效率的角度进行抗辩(the efficiency defense),也可以声明企业的财务状况已经严重恶化,如果不合并则有倒闭的危险,后者称为“濒危公司”抗辩(the“failing company” defense)。

一、效率抗辩

美国司法部和联邦贸易委员会《1992年横向合并指南》指出,下列因素可以作为合并可能带来的效率因素进行考虑:能够“获得规模经济,更好地整合生产设施,带来生产的专业化,更低的运输成本,以及与合并企业的具体制造、服务或分销有关的类似的效率。执法机关也可能考虑基于总体的销售、管理和经营而产生的效率,或者与合并企业的具体生产、服务或分销无关的效率,尽管这些效率可能实际上难以证明”。但是,如果通过其他手段也可以获得相同的节省,则执法机关将拒绝这些效率抗辩。

无论在何种情况下,要把真正的效率与仅仅金钱方面的收益区分开来。例如,一个合并可能带来税收的降低,从而减少了企业的成本。但企业在税收方面的节约与政府的税收收入相抵消,所以不能算作效率收益。再如,一个合并可能造成股票上涨,从而给股东带来巨大的收益,这个收益也不能算作效率收益。因为股价上涨固然可以是效率的反映,但也有可能来自合并后企业市场势力的增加。

对于效率抗辩,美国司法机关的态度有所不同。一些法院认同该抗辩,一些法院拒绝该抗辩,还有一些法院虽然承认效率抗辩,但同时要求举证这些效率不能通过合并以外的途径取得。总体上,多数法院对效率抗辩持怀疑态度。

二、“濒危公司”抗辩

如果被合并的公司属于“濒危公司”,则即使该合并导致反竞争后果,也可以被允许。美国法院普遍认可这种抗辩。

在Citizen Publishing Co. v. United States❶案中,法院认为,如果适用“濒危公

---

❶ 394 U.S. 131, 138, 89 S. Ct. 927, 931 (1969).

司"抗辩,被告必须首先证明:(1)被合并的公司几乎肯定会破产,并且不可能被成功重整;并且(2)没有其他反竞争效果较小的收购方式(亦即被一个较小的竞争对手或一个非竞争对手收购)可以作为替代。

《1992年横向合并指南》也采纳了这一立场:"如果符合下列情况,则合并不可能造成或增加市场势力,或为市场势力的行使提供方便:(1)濒危公司在不太远的将来不可能偿还其金融债务(financial obligations);(2)它不可能根据《破产法》第11章成功重整;(3)为寻找合理的收购替代方式——该替代方式能够把有形资产和无形资产保留在相关市场上,而且给市场竞争带来的危险比合并对市场竞争带来的危险低——它确实进行了真诚的努力;以及(4)如果没有收购,濒危公司的资产将流出相关市场。"

除了"濒危公司"抗辩外,1992年的指南还认可"濒危部门"抗辩("failing division" defense)。该抗辩适用于一个多部门公司放弃其非营利的、单一市场的情况。指南指出:"'濒危'部门也可以提出类似于濒危公司的抗辩。首先,根据适当的分配成本的规则,该部门的经营必须产生负现金流。其次,必须能够证明,如果没有该合并,则在不远的将来,该部门的资产将流出相关市场。因为母公司有能力在其本身、子公司和各部门之间分配成本、收益以及公司内部的交易,所以执法机关将要求提供证据,该证据不能仅仅是为了证明负现金流或流出相关市场的可能而准备的管理计划。最后,濒危部门的拥有者也必须曾经寻找前述'濒危公司'所要求的有竞争力的购买者。"

[案例:通用动力案][1]

一、案情

本案涉及弗里曼采煤公司(Freeman Coal Mining Corp.)与联合电力煤炭公司(United Electric Coal Companies)合并。弗里曼的母公司通用动力公司(General Dynamics Corp.)逐渐获得了联合电力的股份,到1959年的时候,获得的股份达到34%并有效控制了联合电力。弗里曼采用深井采掘法,联合电力采用剥离开采发。在伊利诺伊州(Illinois)以及所谓东内陆产煤省(Eastern Interior Coal Province, EICP)销售的份额如下:

[1] United States v. General Dynamics Corp., 415 U.S. 486 (1974).

	Illinois		EICP	
	1959	1967	1959	1967
弗里曼	15%	13%	8%	7%
联合电力	8%	9%	5%	4%
前四名❶	55% *	75%	43% *	63%
前十名	84% *	98%	66% *	91%

*1957 年数据

在以前涉及竞争对手之间的横向合并的判决中,本法院主要依靠此类宏观数据,判断是否违反《克莱顿法》第七条。以此种进路判断是否"大幅度"减少竞争的效果,造成政府的眼睛盯在集中度已经很高或者新近提高集中度的行业,在这类行业中即使市场份额或市场集中度只有小幅提高,也会引起政府的警觉,因为"如果集中度已经很高,防止集中度即使轻微提高的重要性也是很大的"。

政府于本案中所提供数据的精确性并未受到地区法院和上诉方的质疑,如果照上述进路,这些数据——不考虑其他方面——足以支持一个"非法集中"的判决。但地区法院认为,考虑到煤炭行业和上诉方的其他有关因素,兼并联合电力并不会大幅度减少竞争。我们认为该法院的判决没有什么错误。

二、美国最高法院的判决要点

我们在"布朗鞋业"案中就提醒,关于市场份额和集中的统计尽管很重要,但并不是反竞争效果的结论性指标。本案中,地区法院评估了煤炭行业的"结构、历史和可能的未来",并在此基础上判决该合并不太可能带来反竞争效果。

地区法院描述了"二战"以来影响煤炭工业的各种变化。1954 年以来,发电业日益成为煤炭消费的主要领域。最重要的是,地区法院发现,几乎卖给发电业的所有煤炭,都是签订长期合同的,煤炭生产者在合同中许诺,在

❶ 此表中的"前四名"是指采煤行业中,销售额居前四位的公司。本行的数据是将居于行业前四位的公司的销售额相加,除以全行业的销售额而得出。该百分比越高,说明行业集中度越高。本表中"前十名"的意义与此相同。

一段固定的时间内,以预先确定的价格,满足电力行业的煤炭消费需求……

因为煤炭市场的这些根本变化,地区法院认为政府所依赖的统计数据不足以禁止该合并。逻辑上,过去的生产并不必然反映一个公司将来的竞争能力。当然,在多数情况下,人们可以假定,如果一个公司最近拥有一定的市场份额,则意味着今后一段时间仍然如此。因此,如果一个公司在一个高集中度的市场上控制足够大的份额,则会被禁止合并,这并不因为它过去的行为,而是因为它过去的表现意味着它有继续支配市场的能力。在日用百货市场或啤酒市场上(例如 Von's Grocery 案和 Pabst 案),关于年销售量的统计数据自然表明一个公司在将来进行竞争的力量。年销售量之所以与预测未来的竞争力量有关,因为在大部分市场上,销售系统和品牌认同是如此重要,以至于人们可以合理地假定,一个已经吸引了大量购买的公司将保持竞争力量。

但是,在煤炭市场上,关于煤炭生产的统计数据的意义就大大降低了。大量煤炭通过长期合同销售,而且这种销售不代表竞争力量的行使,只不过是以先前议定的价格完成先前议定的合同义务。在既定时间范围内,竞争的焦点不是处理已经生产的煤炭,而是获得新长期供应合同。在这种情况下,一个公司过去的生产能力只有有限的意义,因为公司的处境,既不是要约销售过去的煤炭,也不是目前能够生产的煤炭,这些已经在长期供应合同里规定好了。反映一个公司与其他公司有效竞争力量的一个更有意义的指标,存在于一个公司的可开发的但尚未签订合同的煤炭储备状况。如果两个公司同时与顾客就长期供应合同谈判,有大量煤炭储备的公司比小储量的公司对竞争的影响更大,即使后者目前生产更多的煤。在煤炭的供应和价格由长期合同而非暂时或短期买卖决定的市场上,储量而不是过去的产量,是衡量公司竞争能力的最好尺度。

证据显示,联合电力的煤炭储量前景是不乐观的。联合电力力量在储量上的相对状况比以前以及目前的生产能力弱得多。就年产量而言,尽管在伊利诺伊州联合电力名列第五,但在储量上它只名列第十,所控制的煤炭储量占伊利诺伊、印第安纳以及西肯塔基煤炭生产商的1%。更重要的是,地区法院发现,联邦电力在伊利诺伊、印第安纳、肯塔基共控制 52033304 吨当前可供开采的煤炭储备,仅 4 百万吨没有签订长期合同。此外,地区法院发现，联合电力既没有能力获得更多的煤炭储备，也没有能力开发更深的煤炭储备。

无论作为生产者，联合电力有多大规模，但作为竞争者，它的力量是比较弱的。因此地区法院判定兼并联合电力不会大幅度减少竞争。这个结论的有效性并没有被政府提出的三点反驳所减弱。

首先，政府强调，地区法院没有适当考虑1959年有效兼并之后的事实，所以犯了合法性错误。

本案中，地区法院的判决是基于煤炭工业发展模式和结构的变化，以及联合电力在1959年被兼并后的煤炭储备状况。根据这种证据，被兼并公司不可能故意暂时不采取反竞争行动，也不可能进行比没有兼并的情况下更积极的竞争。而且，煤炭资源储备较少，必然且合乎逻辑地显示，联合电力不仅仅是不倾向于，而且是没有能力就将来的合同进行竞争。此类证据与将来减少竞争直接相关，地区法院使用它们完全合理正当。

其次，政府声称，基于被开采的和已经签订合同的资源作出判决，实际上是"濒危公司"抗辩，该抗辩必须满足最高法院判例对其设定的严格限制。

政府断言，联合电力在合并发生的时候是一个健康的、发展良好的公司，不可能被认为处于失败的边缘，上诉方也没有证明弗里曼的母公司是唯一可能的兼并公司。如果地区法院因为联合电力是一个濒危公司而判决没有违背《克莱顿法》第七条，这些观点将是有意义的，但是，地区法院的结论与这样一个判决并不相同，甚至并不类似。濒危公司抗辩预先假定，公司继续存在——即使作为合并的一方，对竞争的影响、对公司股东的损失以及对工厂所在地的社区的损害，比它完全从市场上消失要小。在某种意义上，这是"两害相权取其轻"，合并可能对竞争造成的威胁，比没有合并对竞争造成的负面影响以及公司倒闭的其他损失，更可取一些。但是，上诉方关于联合电力煤炭储备状况较弱的证据，是要说明完全不同的问题。地区法院证明没有合适储备的目的，是针对政府基于生产数字的统计数据，同时也是为了说明地区法院的以下结论：即使联合电力留在市场上，也没有充分的储备去竞争长期合同，而不是为了说明"联合电力如果不与弗里曼的母公司合并就会倒闭"这一论点。濒危公司抗辩与此判决风马牛不相及，上诉方没有满足该理论的要件，也没有削弱法院分析的有效性。

最后，政府声称，地区法院所依据的事实不能为案卷中的证据所支持，应当由本院重新评估。我们认为，地区法院所做的判决是谨慎的，有案卷中的证据所支持，没有明显错误。

但是，政府提出的一个事实击中了地区法院推理的要害，因此值得在此一提。政府断言，联合电力煤炭数量少的重要性不像地区法院所强调的那样大，因为，所有采矿公司都会耗尽它们的储备，然后获得新的储备或从现存储备中开采更多矿产的新技术。联合电力或者可以购买新的可剥离开采的储备，或者获得新技术开发更深的储备。

但地区法院的判决认为，新的可剥离开采的储备是不存在的："审判期间专家、州政府官员、该工业证人以及政府自己提供的证据显示，经济上可行的可开采剥离储备是不存在的。政府没有提供当前[1]存在此种储备的证据。"

此外，审判期间的很多证词表明，联合电力和其他公司曾经试图发现另外的剥离储备，但大多数没有成功。

而且，联合电力可以在将来购买开采深储备煤矿的假定什么也证明不了，或者说离题太远了。正如政府指出的，近年来许多没有开矿经验的公司已经购买了煤炭储备，并已进入煤炭生产行业。联合电力有一天能够进入一个新行业并不降低以下结论的有效性：联合电力在审判时没有能力就长期合同的购买展开大规模的竞争。

三、案后缀语

本案的重要意义之一，是提醒我们不要仅重视数据，更重要的是要注重行业以及企业的具体状况。一个开始执行《反垄断法》的国家，往往过分注重市场份额等数据，而忽视市场的进入状况以及行业的具体状况，这是我国反垄断执法机构应当着力避免的。

第六节　国际合营企业

一个合营企业是两个或更多的企业所创立的独立实体。无论在国内商业还

[1] 着重号为原文所有。

是在国际贸易中，合营企业作为一种企业形式越来越受到欢迎。一个公司如果想在海外市场拓展业务，找一个当地公司作为合作方创立一个合营企业显然有很多好处。合作方可以分担投资和风险，可以提供宝贵的当地市场的知识。一般而言，合营企业也比较符合所在国的政治环境，所在国一般希望对设立在本国的企业有一定的控制和管理权。

一、企业合并法律与国际合营企业

如前所述，关于企业合并控制的法律同样适用于合营企业，国际合营企业也不例外，只要该合营企业的设立在相当程度上影响了美国商业或竞争。与其他合并情况下一样，法院和行政执法机关要考察一系列的因素，例如合营各方之间是否存在竞争或潜在竞争，在所涉行业中的市场集中趋势，以及对美国商业的影响等。

二、其他反托拉斯法律与国际合营企业

如果合营企业被用来达到非法目标，例如在竞争对手之间划分市场，则很可能会被判违法。在 United States v. Imperial Chemical Industries, Ltd.（ICI）案[1]中，法院判决，英国公司 ICI 与其美国竞争对手杜邦公司之间设立的合营企业违反了《谢尔曼法》。法院认为，被告所设立的每一个合营企业的历史“证明它们的设立是用来实现非法目的。它们被当作瓜分地区和国家以及分配贸易和商业的工具。同时也显示，这些公司企图并确实限制了美国的对外贸易，在没有被瓜分的地区压制了 ICI、杜邦和美国同行之间的竞争”。

国际合营企业很少被当作硬核卡特尔看待，它们通常有正当的商业目的。但是，如果它可能给美国商业带来损害，即使意图正当的合营企业也有可能是违法的，正如一个意图正当的合并也有可能是违法的一样。例如，一个国际合营企业可能消灭一个竞争对手或一个潜在的竞争对手，或者排斥一个供应商或顾客，因此使美国企业的竞争变得困难。如果存在这种威胁，则美国反托拉斯法有可能适用。

正如在合并案件中一样，是否对国际合营企业提起反托拉斯诉讼在很大程度上取决于美国商业在多大程度上受到影响，以及合营各方是否在美国有经营基地。如果合营企业全部属于外国公司，在美国没有设立分公司或子公司，也没

[1] 105 F. Supp. 215, 142.

有代理，则由于程序上的障碍或出于礼让的考虑，美国很可能不会起诉该合营企业。另一方面，如果其中至少一个合营者是美国人或者在美国有经营基地，则不存在诉讼管辖或程序上的障碍。

司法部曾经根据《谢尔曼法》第一条和《克莱顿法》第七条拆散了一个在特拉华州设立的合营企业 Mobay Chemical Co.。这是一个美国公司 Monsanto 与一个德国公司 Farbenfabriken Bayer A. G. 设立的合营企业，办公室设在匹兹堡，生产和销售聚氨酯软泡沫。合营企业的两个母公司都是世界上最大的化学公司之一。司法部认为，因为两个母公司是竞争对手，它们在美国生产相关联的产品。它们之间设立合营企业，消除了每一个母公司进入聚氨酯泡沫市场的可能性，从而避免了两个公司在美国的竞争。法院签发了一个命令，要求 Monsanto 将其在 Mobay 的所有利益出售给 Bayer。

第十章 知识产权许可与美国联邦反托拉斯法

知识产权许可是指专利、专有技术、商标、版权的权利人将其权利许可给他人使用。在国际贸易中，出现较多的是专利或专有技术的许可，称为国际技术转让，也就是指一个国家专利或专有技术的拥有者（通常是发达国家的跨国公司）依照授权协议将其专利或专有技术转让给另一个国家的受让者（通常是发展中国家或发达国家的公司）。就我国目前对美贸易的情况而言，通常是美国的权利人将其权利转让给我国企业。但是，随着我国企业越来越壮大，以及越来越多地走出国门，我国企业对美国的技术转让必然增加。这就发生遵守美国反托拉斯法的问题。因为知识产权许可常常需要附加限制条件，有些涉及竞争问题，所以有与反托拉斯法产生关联之处。

关于知识产权许可，美国司法部和联邦贸易委员会曾在1995年发布了一个《知识产权许可领域的反托拉斯法指南》（Antitrust Enforcement Guidelines for International Operations），详细说明了两个部门在该问题上的态度。本章将主要依据该指南，结合美国法院的判例，讨论知识产权许可领域的反托拉斯问题。

第一节　概　　述

一、知识产权法与反托拉斯法在目标上的一致性

知识产权是一种垄断权利，因此长期以来被认为与反托拉斯法相冲突。但

在美国，司法机关和联邦反托拉斯行政执法机关逐渐认识到，在促进革新和提升消费者福利方面，知识产权法与反托拉斯法实际上有共同的目的。知识产权法为新型有用产品、更有效率的方法以及原创性著作的创造者创立了财产权利，因此它可以鼓励创新，鼓励知识产权的传播和商业化。如果没有知识产权法，模仿者很快就可以利用发明创新者的努力而又不给予任何补偿。模仿将减少革新的商业价值，打击发明的积极性，最终对消费者造成损害。

反托拉斯法禁止通过垄断等不正当手段伤害竞争，目的同样是促使人们不断革新以增加竞争力，提升消费者福利。

二、分析知识产权许可反托拉斯案件的一般原则

（一）将知识产权与其他形式的产权同等对待

基于对知识产权法与反托拉斯法目标一致性的认识，美国司法部和联邦贸易委员会（以下称两个机构）对知识产权并不持敌意，而是把知识产权与其他形式的产权同等看待。两个机构认为，知识产权法赋予知识产权权利人某些排他性的权利。权利人可以利用这些权利赚取利润。知识产权权利人所享有的排他性权利，与其他形式的私有产权所享有的权利是相似的。但是，与其他形式的产权一样，知识产权也可能产生反竞争效果。因此，知识产权既不受反托拉斯法的特别监督，也不能逃脱反托拉斯法的监督。

（二）知识产权不等于市场势力

我们在本书前面讲过，市场势力是在一段相当长的时间内把价格维持在竞争水平之上，或把产量维持在竞争水平之下，而仍然获利的能力。拥有知识产权是不是意味着拥有市场势力？第一，两个机构不认为专利、著作权或商业秘密本身即意味着市场势力。尽管知识产权在具体的产品、方法或作品上赋予了排他性的力量，但这些产品、方法或作品的替代物时常是存在的，它们可以防止知识产权所有者行使市场势力。第二，专利或其他形式的知识产权确实赋予了市场势力，那种市场势力本身也不违反反托拉斯法。与利用其他形式的资产获得超额利润一样，仅仅通过“优越的产品、经营上的机警，或历史的偶然”而获得的市场势力（或者甚至是垄断）。这种市场势力本身也不意味着知识产权的拥有者有义务将其权利许可给他人使用。第三，但是，市场势力可能被非法获得或维持，或者，即使合法获得和维持，知识产权的所有者也可能利用市场势力，通过不合理行为伤害竞争。

最高法院2006年在Illinois Tool Works, Inc. v. Independent Ink, Inc[1]案的判决中就知识产权和市场势力问题表达了同样的立场。本案最初原告Independent Ink公司指控被告Tridnent公司及其母公司Illinois Tool Works公司违反《谢尔曼法》第一条。被告对压电喷墨印刷头以及印刷头油墨缸享有专利权,它要求买方在购买这些专利产品时必须购买其非专利产品。原告向法院起诉,指控被告的搭售行为违反了反托拉斯法。根据最高法院1947年的一个判例,拥有专利可以视为拥有市场势力。原告只要能够证明专利权人利用其专利产品搭售,就可以根据《谢尔曼法》第一条要求三倍损害赔偿。因此,原告没有提出被告及其母公司在其中一个产品喷墨印刷头上拥有市场势力的证据。

但联邦地区法院认为,上述判例已经被最高法院的许多判决推翻,所以原告必须提出被告拥有市场势力的证据。第三巡回法庭推翻了联邦地区法院的判决,认为最高法院关于该问题的判例仍然有效。案件上诉到最高法院。最高法院于2006年3月1日作出了一致判决,认定原告必须提出被告拥有市场势力的证据,最高法院以前的意见不再适用。

最高法院认为,企业拥有专利即意味着拥有市场势力的观念,起源于"专利滥用"理论(the patent misuse doctrine),而该理论已在1988年修改《专利法》的时候为国会所放弃。而且,该观念的产生,正值法院认为搭售安排没有任何合法目的因而强烈反对该安排的时候。但时过境迁,法院已经认识到,在某些情况下,搭售安排可能有利于竞争。因此原有的法理应该改变,即使卖方在"主卖品"(the tying product)上拥有专利,原告也必须提供证据,证明卖方拥有市场势力。

(三)许可限制和促进竞争的方面

1. 知识产权许可有利于竞争

知识产权是生产过程中众多要素的一种,它与其他互补性的因素结合起来产生价值。生产的互补性因素包括制造和销售设施、职工队伍,以及其他知识产权。知识产权所有者必须把知识产权与其他必要的因素结合起来,才能实现其商业价值。时常,所有者发现,将知识产权与其他人拥有的要素相结合,或将其出售给其他人,或与其他人联合组成一个合营企业,比之自己提供这些要素,更

---

[1] 547 U.S.28 (2006).

有效率。

知识产权许可或转让知识产权(以下简称"许可")可以促使被许可的产权与其他互补性的生产要素相结合。这种结合能够导致更有效率地使用知识产权,通过降低成本和引进新产品使消费者受益。对于消费者和技术开发者而言,这种安排提高了知识产权的价值。进而,许可也可以鼓励更多的创新,促进在研发领域的更多投资。

有时,使用一种知识产权要求首先使用另外一种知识产权。不能使用第一种,则第二种知识产权的使用就会被阻止。例如,对一种有专利权的机器的改进就可能受到阻碍。因此,知识产权许可可以促进技术的合作发展。

2. 许可协议中附加的限制条件也有促进竞争的作用

对知识产权许可的使用领域、地域以及其他限制可能带来促进竞争的效果,因为这些限制性安排使许可人更加有效率地利用其权利,也可以更有效果。这些不同形式的排他性可以鼓励被许可人在广告促销上投资,可以促进产品的销售,因为这些限制可以防止其他被许可人或许可人自己"搭便车"。这些限制性安排反过来甚至可以鼓励许可,因为许可人可以通过限制性安排阻止被许可人在专为自己保留的市场上与自己竞争。

三、知识产权许可的反竞争后果和分析模式

尽管知识产权许可协议通常是增进福利和促进竞争的,但仍然可能出现不利竞争的后果。例如,企业可以利用专利许可协议限制销售地域,限制销售地域表面上作为专利许可的附加条件,实际上达到多个被许可人分割市场的目的,下述"案例二"即涉及这一问题。因此,法院和两个反托拉斯机构在分析知识产权许可协议所产生的竞争后果时,并不仅仅关心协议的形式,而更关心协议产生的实质效果。

[案例一]

一、案情

Computer Co 公司开发了一个新的仓储管理软件,并获得了版权。该软件广泛应用于卫生健康领域。Computer Co 公司在将其软件许可给他人使用时,既限制软件的使用领域,又限制软件的使用地域。某些许可规定该软件只能在医院使用,另外一些许可则规定只能在美国的某些指定区域使用,

或者只能在指定的外国使用。许可协议不包含任何阻止被许可人开发、使用或出售任何其他软件的条款，也不包括阻止被许可人在其他商品或服务领域相竞争的条款。被许可人中没有 Computer Co 的实际或潜在的竞争对手。

二、讨论

该许可安排所引起的关于竞争的关键问题，是它是否损害了实际的或潜在的竞争对手之间的竞争。如果该许可排斥使用相竞争的技术（本案中，是与 Computer Co 仓储管理软件相竞争的电脑软件），或阻止被许可人开发相竞争的技术，或为竞争对手之间分割市场、固定价格提供便利条件，则这种损害就有可能发生。如果许可协议包含了此类条款，执法机关将分析其可能的竞争效果。本案例中，许可协议并不包含此类条款，它仅仅是对不同的使用领域和地区进行了更为细小的划分。许可附加的限制看起来不可能损害实际的或潜在的竞争对手之间的竞争，即使 Computer Co 选择不许可该软件。执法机构不会对这种安排提起异议。基于以上事实，无论该技术是否为专利、版权或商业秘密所保护，反托拉斯分析的结果将不会不同。但如果许可协议阻止被许可人使用其他的仓储管理软件，则执法机构将可能得出不同的结论。

法院和两个反托拉斯行政主管机构认为，在绝大多数的案件中，知识产权许可协议中的限制要根据合理原则进行分析。这是因为，一方面，技术转让对于知识产权的拥有者而言非常重要。因为授权人经由授权合同，可以收取技术转让费，因此而增加发明或创新的报偿。被授权人则可获得其原来无法取得的专利或其他新的资源。因此技术转让对于技术的充分利用与增加竞争机会而言，有其正面的作用。另一方面，就授权人而言，倘若其完全无法限制被授权人使用其知识产权的方式，则其有可能根本不愿意将自己的知识产权授予他人使用，以免技术转让的结果，反而对自己造成不利；就被授权人而言，如果其无法要求授权人不得将其知识产权授予在同一地区的其他企业，则被授权人在当地辛苦经营而得来的品牌信誉及其他投资的成果，恐为他人所利用（搭便车）。所以在授权合同内附带合理的条件，对于双方以及社会而言，均有积极的作用。法院和两个机构在应用合理原则时，主要是分析该限制是否可能有反竞争效果，如果有的话，还要分析该限制是否带来促进竞争的好处，并且分析该限制是否合理必要。

虽然知识产权许可行为常对竞争有益，但在某些案件中，两个机构认为一项限制的性质和必然效果明显是反竞争的，因此应当用本身违法行为来处理。在适用本身违法原则时，两个机构不分析限制所带来的竞争效果。适用本身违法原则的主要是赤裸裸的固定价格，限制产量，横向竞争对手之间划分市场，以及某些联合抵制和转售价格维持。例如，当事人之间另行订有卡特尔协议，而许可行为仅作为违法卡特尔协议的掩护，被认为本身违反了反托拉斯法。在 Timken Roller Bearing Co. v. United States 一案中，最高法院认定美国、英国及法国的关联企业的合资行为及授权协议为非法。在该案中，除了当事人对 Timken 的商标有授权协议之外，当事人另订协议对于该商标所标示的产品瓜分销售领域，并且固定价格，以对抗其他竞争者。商标授权协议实际上是为当事人的限制竞争行为服务的，因此法院不认为其合法。

在判断一项特定的许可协议适用合理原则还是本身违法原则时，两个机构将评估该限制是否会导致提高效率的经济活动的整合。一般而言，许可协议有利于这样的整合，因为它们把许可人的知识产权与被许可人拥有的与之互补的生产要素结合起来。许可协议中设定的限制可以加强这种整合，因为它可以加强许可人和被许可人在开发和销售许可技术的一致性，或者可以极大地减少交易成本。如果没有提高效率的经济活动的整合，而且，如果限制的类型属于适用本身违法原则对待的一种，则两个机构将适用本身违法原则。否则，它们将适用合理原则进行分析。

[案例二]

一、案情

伽玛公司使用自己的专利方法制造产品 X。它向所有其他制造产品 X 的公司许可其专利技术，这些公司无论在制造领域还是在销售领域都在世界范围内与伽玛相竞争。实际上，尽管许多制造商从伽玛公司接受许可，但没有一个公司实际上使用被许可的技术。许可协议规定，每一个制造商有在某一指定地域销售产品 X 的排他性权利，任何制造商不能超出该指定地域销售产品 X。

二、讨论

产品X的制造商在产品X市场上属于一种横向关系。如果制造商以相当的费用控制伽玛公司专利技术的替代技术,那么在相关技术市场上也是伽玛公司的横向竞争者。伽玛的专利方法的被许可人属于一种纵向关系,尽管本案中这种纵向关系并不重要,因为它们实际上没有使用伽玛的技术。

许可协议在相关产品市场上限制竞争,因为它要求每一个制造商把产品的销售限制在一个排他性的地域内。根据以上事实,许可协议不涉及有用的技术转让,因此对销售的限制不可能有助于提高效率的经济活动的整合。因此,反托拉斯机构将可能应用本身违法原则挑战该协议,把该协议的知识产权方面视为一个意图掩盖其实质的外衣。

第二节 适用合理原则评估许可协议的一般原则

一、知识产权许可反托拉斯分析所涉及市场的特殊性

在一般案件中,反托拉斯分析主要涉及一定地域内的产品市场。但在知识产权许可案件中,除了涉及产品市场(goods markets)外,还可能涉及技术市场(technology markets)和创新市场(innovation markets)。

(一)产品市场

在评估许可协议的竞争效果时,可能会涉及许多不同的产品市场。许可协议中设定的限制可能会对最终产品或中间产品市场的竞争产生影响,也可能对上游原料市场产生影响。如何划定相关产品市场,我们已在本书第八章述及,于知识产权案件中市场划定适用相同的原则。

(二)技术市场

技术市场包括"许可技术(licensed technology)"的知识产权及其紧密替代物(亦即,可以替代许可技术的技术或产品,它们可以对许可技术产生的市场势力形成制约)的知识产权。如果该知识产权与含有该知识产权的产品分别许可或转让,则反托拉斯机构可能会分析许可协议对技术市场的竞争所造成的影响。

[案例三]

一、案情

阿尔法公司和贝塔公司独立开发了不同的方法专利技术，它们用于制造相同的非专利用药品。两个公司没有使用自己的技术，也没有把它们许可给第三方，而是宣布联合制造药品，并把制造方法许可给它们共同成立的合营企业。许多公司有能力使用并希望能使用许可技术，制造及销售该药品；因此，药品制造和销售市场是竞争性市场。一个反托拉斯机构正在评估拟成立的合营企业的竞争效果。

二、讨论

该反托拉斯机构为了分析拟成立的合营企业的竞争效果，首先必须划定相关市场。本案中，对于制造和销售药品的相关产品市场而言，合营企业对竞争不可能产生太大的影响，因为除了该合营企业之外，仍有许多其他企业在这个市场上竞争。但是，合营企业却可能减少制造该药品的相关技术市场的竞争，从而提高使用阿尔法或贝塔公司技术所制造的药品的价格。

反托拉斯主管机构将划定一个技术市场，以评估合营企业的竞争效果。该机构将找出其他用以制造该药品的技术，这些技术与阿尔法和贝塔公司拥有的技术相比，在药效和成本上应该相当。此外，主管机构将考虑来自其他替代药品的竞争，这些竞争可能会限制一个同时拥有阿尔法和贝塔公司技术的假想垄断者提价的能力。

为了找出该技术的紧密替代技术并划定相关技术市场，只要能找到相关数据，主管机构将识别出一组技术和产品，拥有这些技术和产品的假想垄断者可以在此范围内行使市场势力。反托拉斯主管机构认识到，技术许可所采取的方式，常常不易用金钱的数量来衡量。在这种情况下，反托拉斯主管机构划定相关市场的方式，是识别出与许可技术成本相当的、购买者用以替代许可技术的其他技术和产品。

在评估一个技术市场上当前和潜在的参与者的竞争地位时，反托拉斯主管机构将考虑所有相关证据。如果可以找到市场份额数据，而且这些数据可以精确地反映市场参与者的竞争地位，反托拉斯主管机构将在评估中使用市场份额数据。反托拉斯主管机构也将寻找购买者和市场参与者如何评估技术市场参与者的竞争地位的证据。当无法找到市场份额数据时，或者市场份额数据不能精确地反映市场参与者的竞争地位时，上述证据尤其重要。如果无法找到市场份额数据和关于市场势力的其他证据，而相竞争的技术看起来同样有效率，则反托拉斯主管机构将为每项技术设定相同的市场份额。对新技术而言，反托拉斯主管机构将使用最相关的信息，估计其在两年内（自投入商业使用时计算）市场的接受程度。

（三）研究和开发：创新市场

如果一个许可协议可能对开发新产品（或改进产品）、新方法（或改进方法）的竞争产生负面影响，反托拉斯主管机构将就这种影响进行分析。这种分析或者在相关产品市场或相关技术市场上进行，或者在一个独立的创新市场上进行。许可协议对革新所产生的竞争效果，可能很难通过对产品市场或技术市场的分析显现出来。例如，许可协议可能影响尚不存在的产品的开发。

一个创新市场既包括直接针对某个具体新产品、新方法的研发，也包括其紧密替代物的研发。紧密替代物是指相关的研发努力、技术以及产品，它们能够在相当程度上制约由上述具体新产品、新方法研发而产生的市场势力。例如，它们可以对垄断者故意拖慢研发步伐形成制约。只有当相关研发能力可以与专业化资产或特定企业的特性联系在一起时，反托拉斯主管机构才会划定一个创新市场。划定创新市场的方法与划定技术市场的方法相同。

［案例四］

一、案情

两个擅长高级金属技术的公司就开发一种飞机发动机新部件达成协议，约定互相许可将来获得的专利。在该部件上的革新要求有能力处理极高强度的材料。许可协议有可能减少在该部件以及相关部件上的竞争。一个反托拉斯主管机构正在考虑是否划定一个创新市场，以评估协议的竞争效果。

二、讨论

如果有能力以及有兴趣处理极高强度材料的公司能够被确定，反托拉斯主管机构将考虑为新部件的开发划定一个相关的创新市场。如果具有相关能力和兴趣的企业数目非常少，反托拉斯主管机构可能使用创新市场的概念，以分析许可协议在该市场上的竞争效果，或作为分析技术或产品市场竞争效果的参考。

如果有能力和兴趣的企业数目很大（或者因为在飞机发动机工业有大量此类企业，或者因为在其他行业有很多企业有能力和兴趣），则反托拉斯主管机构将会认为创新市场有竞争性。

如果反托拉斯主管机构不能识别出有能力和兴趣的企业，则不划定一个创新市场。

[案例五]

一、案情

三个最大的塑料生产商计划成立一个合营企业，联合研发一种可以快速降解的新型塑料。该合营企业将把所有的专利权和专有技术的使用权许可给合作伙伴（但不许可给其他人）。一个反托拉斯主管机构正在评估拟成立的合营企业的竞争效果。

二、讨论

主管机构将使用与其他合营企业类似的方法分析该研发合营企业。主管机构将首先划定一个相关市场。本案中，相关市场是一个创新市场，即可降解（以及其他于环境有利）的塑料研发市场。主管机构将在该相关市场上识别出合营企业的实际和潜在竞争对手。如果合营企业的研发有紧密替代物，那么那些有能力和兴趣进行紧密替代物研发的企业也将包括在内；主管机构将考虑此类企业的现有技术以及正在开发的技术、研发设施以及其他有关资产和经营环境。拥有此种能力和兴趣的企业将被包括在研发市场内，即使它们在相关产品市场上不属于竞争对手。

在划定一个相关创新市场后，主管机构将评估合营企业在该市场中是否有反竞争效果。首先，主管机构将分析该相关市场的集中度，以及合营各方的市场份额。如果，除了合营各方外，至少四个其他独立控制的企业有与合营企业相当的能力和兴趣从事可降解塑料的研发，或者这种新型塑料的紧密替代物的研发，合营企业在相关研发市场中一般不会有负面竞争效果。如果这样的企业少于四个，主管机构将考虑合营企业是否给合营企业各方当事人提供了在研发上减少投资或延缓研发步骤或范围的激励。如果合营企业在创新市场上在相当程度上产生反竞争效果，主管机构将进而考虑合营企业是否带来效率，例如是否有把互补性资产联合在一起的潜力，以使成功的研发成为可能或减少研发成本。

主管机构也将评估合营企业对其他相关市场带来负面竞争影响的可能性，包括合营各方所生产的产品市场。例如，合营企业是否为合营各方交换敏感信息提供了便利条件，是否增加了产品市场上反竞争的危险。主管机构将检查合营企业是否设定了另外的限制条件，这些条件将会在很大程度上限制合营各方在产品市场上的竞争，也将检查这些附加限制条件在提高效率方面是否合理必要。

二、如何分析一项限制性条件是否有反竞争效果

(一)市场结构、协调和排斥

当一项许可协议涉及处于横向关系中的当事人时，也就是说，当知识产权的许可方和被许可方是竞争对手时，如果在该协议中存在一项限制，则可能会增加价格协调、产量限制、获得或维持市场势力的危险。如果该协议延迟或限制了新产品或方法的开发，那么也会损害竞争。损害竞争的可能性，部分依赖于相关市场的集中度、市场进入的难度以及对价格变化的供求反映，一如我们在本书前几章所分析的。

当许可人和被许可人处于垂直关系时，例如双方属于买卖关系时，反托拉斯机构或者分析许可协议是否损害了与许可人处于横向关系的企业之间的竞争，或者分析与被许可人处于横向关系的企业之间的竞争，或者分析另一个相关市场。如果许可协议所附加的限制条件排除了竞争对手获得重要资源的可能性，或增加了竞争对手获得重要资源的难度，或者为竞争对手协调价格或限制产量提供了方便，则所附加的限制可能会损害竞争。出现反竞争的排挤效果或增加竞争对手成本的危险程度，与受限制条件影响的市场比例有关，与相关市场的其他特点，例如集中、难以进入和价格供求的反应有关，也与限制的时间长短有关。一项许可协议并不仅仅因为一个行业中的某些或全部被许可人选择使用该许可技术而排斥其他许可技术，而被认为排斥了竞争。排他性的使用可能是由于该项技术有最低的成本或最高的价值。

如果一项纵向协议为处于横向关系的竞争对手协调价格或限制产量提供便利条件，则该限制也可能损害竞争。例如，如果相竞争的技术的拥有者对其被许可人施加了同类的限制，许可人可能会更容易协调价格。与此类似，如果被许可人之间属于竞争关系，则他们会发现，如果一个共同的许可人或相竞争的许可人强加了共同的限制，则被许可人更容易协调其价格。当相关市场集中度较高并难以进入时，反竞争协调的可能性就增加了。但是，也不能绝对地看问题。在该行业中使用类似的限制可能很普遍，也可能是促进竞争的，因为它们有助于有效率地使用被许可的技术。

（二）涉及排他性的许可协议

一项许可协议可能在以下两个方面涉及排他性。首先，许可人可能授予一个或多个“排他性的许可”，这种许可限制许可人将技术许可给其他人的权利，也许限制许可人自己使用这项技术的权利。一般而言，只有当被许可人相互之间，或许可人与被许可人之间，处在横向关系的时候，一项排他性的许可才会引起反托拉斯问题。可能引起竞争问题的排他性许可包括拥有整体市场势力的当事人之间的交叉性许可（cross-licensing）、回头授权（grantbacks）以及收购知识产权（acquisitions of intellectual property）[1]。

第二种形式的排他性是“排他性交易”。当一项许可禁止或限制被许可人许可、销售、分销或使用其他竞争性技术的时候，排他性交易就出现了。这种排他性可以通过许可中一项明确的排他性交易条款取得，或者也可以通过诸如补偿条款或其他经济激励等条款获得。这种限制可能会限制竞争对手获得重要的资源，或增加竞争对手获得重要资源的成本，或为联合提价或减少产量提供便利，但他们也可能有促进竞争的效果。例如，一项禁止被许可人使用其他技术的许可协议可能会鼓励被许可人开发和销售被许可的技术，或专业化地适用那项技术。在评估该协议的合理性时，两个机构将考虑到这种促进竞争的效果。

两个机构将重点放在实际行为和效果上，而不是放在协议的形式上。一个被称为非排他性的协议可能导致与排他性协议相同的竞争问题。如果一项非排他性协议使许可人不可能许可其他人或者他自己也不能使用该技术，那么这项协议就可能有排他性许可的效果。然而，一项许可协议将不仅仅因为一方当事

[1] 相关概念见下文。

人选择与一个被许可人或许可人做交易,或把他的行为局限于一个单一的使用领域或地点,或者因为仅有一个单一的被许可人选择这项许可,而自动地引起这些问题。

[案例六]

一、案情

NewCo发明和制造了一种新的仪表盘展示技术,但它缺乏把这种产品推向市场的能力,于是它授予BigCo一项排他性许可协议,让BigCo销售含有其技术的产品。目前,BigCo没有出售,也没有开发(或可能开发)一种与含有新技术的产品相竞争的产品,也没有控制另一项展示技术。另外一些企业提供相竞争的技术。BigCo仅占一小部分的销售市场,并且进入该类产品的制造和分销市场相当容易。对新技术的需求前景并不确定,因此需要付出相当大的促销努力才可能成功地进入市场。该许可协议包含一个排他性条款,即禁止BigCo销售与新技术相竞争的产品。

二、讨论

该案例与两种类型的排他性都有关系。许可是排他性的,在于它限制了许可人授予其他许可的权利。另外,许可还有一个排他性交易的因素,在于它限制了被许可人销售相竞争的产品。

该展示技术的发明人和其被许可人处于一种垂直的关系,在展示盘产品的制造和销售领域,或者在该技术的销售和开发领域,他们不是实际和可能的潜在竞争对手。因此,排他性许可的授予不影响许可人和被许可人之间的竞争。该排他性许可可以促进展示盘产品制造和销售的竞争,因为这种协议为BigCo公司的努力提供激励,从而可以鼓励BigCo公司在面临不确定的销售前景的时候开发和促销新的产品。尽管许可协议禁止被许可人销售相竞争的技术,但不可能伤害竞争,因为独家交易限制仅影响一小部分的销售渠道,并且进入该市场是容易的。根据这些事实,反托拉斯机构将不会挑战该安排。

三、对效率以及其他合理理由的考虑

经过以上分析后,如果反托拉斯机构认为许可协议附加的限制条件不可能

有反竞争效果，则它们将不会挑战该限制。但如果反托拉斯机构认为限制有（或可能有）反竞争效果，它们也并不马上向法院提起诉讼。它们还要考虑该限制是否有利于提高效率，以及该限制对于获得促进竞争的效率是否必要。如果限制是合理必要的，反托拉斯机构将平衡促进竞争的效率和反竞争效果，以判断在每个相关市场上关于竞争的净效果。

在判断一项限制是否合理必要的时候，要看是否存在对竞争限制较少的替代措施。如果很清楚，协议各方可以采取另一种较少限制的措施，那么反托拉斯机构将不会过多考虑协议各方所声称的效率。当然，限制性较小的替代措施不能仅仅存在于理论上，而应当是实际上可行的。

当一项限制有（或可能有）反竞争效果，该限制时间的长短可能是判断该限制是否合理必要的一个重要因素。一项限制的有效期限可能取决于多种因素，包括被影响的协议方是否可以选择单方面结束协议以及某些鼓励被许可人续约的合同条款。反托拉斯机构在期限问题上没有划一条鲜明的分界线，但如果该期限清楚地超过获取促进竞争的效率所必要的期限，将成为反托拉斯机构的分析重点。

应当注意，对促进竞争的效率的评估，对限制的合理必要性的评估，对限制期限的评估，在不同的市场环境中可能得到不同的结果。

四、反托拉斯"安全区"

因为许可协议时常促进革新以及增加竞争，所以为了提供一定程度的稳定性以及鼓励此类行为，反托拉斯机构在以下情况下将不会挑战一项限制：(1)限制不是明显反竞争的（facially anticompetitive，一般是指需要适用本身违法原则处理的行为），以及(2)对于在较大程度上受限制影响的每一个相关市场而言，许可人和被许可人联合起来的市场占有率不超过20%。该"安全区"不适用于通过收购而转让知识产权的情况。

如果涉及技术市场或研发市场，而市场资料无法找到或不能精确地反映竞争的状况，将适用以下安全区标准。在技术市场上，如果(1)限制不是明显反竞争的，以及(2)除了协议当事人控制的技术外，有四个以上的独立控制技术与许可技术相替代，而且使用者可以大致相当的花费使用这些技术，则除非有特殊情况，反托拉斯机构将不挑战影响技术市场竞争的限制。在研发市场上，如果(1)限制不是明显反竞争的，以及(2)除了协议当事人外，四个以上独立控制的实体拥有所需要的专业资产或产权以及进行研发的动力，这些研发可以紧密替代协议当事人的研发活动，则除非有特殊情况，反托拉斯机构将不挑战影响研发市场的限制。

第三节 一般原则的具体应用

一、横向限制

在许可协议中存在一项影响横向关系的当事人的限制并不必然导致该协议是反竞争的。就像横向竞争者之间成立合营企业一样，如果这类竞争者之间的许可协议可以带来整合效率，则他们可能会促进而非阻碍竞争。这类效率可能由于规模经济的实现，以及互补性研发、生产和市场开拓能力方面的整合。

横向限制时常应用合理原则进行评估。对于某些限制，例如固定价格、划分市场或顾客、联合限制产量以及某些联合抵制，可能适用本身违法原则。

[案例七]

一、案情

两个企业在生产家庭电子产品的市场上处于领先地位之列。它们拥有专利，这些专利覆盖不同的电路设计。两个制造商把他们的专利转让给一个由这两家公司全资拥有的一个独立的子公司。然后由子公司把使用该电路设计的权利许可给其他家庭电子产品制造商，并确定许可费。这些专利中没有一个是互相制约的，也就是说，使用每一项专利都不会侵犯另一项专利。另外，不同的电路设计是可以替代的。

二、讨论

本案中，制造商在商品市场和相关的技术市场上是横向竞争者。一个联合转让专利权的协议所引起的竞争问题是，该转让是否对技术和商品市场的竞争产生负面影响，而且该负面影响是否会被促进竞争的效率(例如使用和传播这种技术的好处)所超过。每一个专利拥有者都有权排除其他人使用自己的专利，但该权利没有延伸到联合转让专利的协议。因为专利权覆盖的技术是紧密替代性技术，比之拥有者独立许可或使用其专利技术来说，联合确定许可费可能导致更高的费率和更高的产品价格。在没有证据证明联合许可可以带来资源整合并促进效率的情况下，反托拉斯机构可能会认为，联合推销互相竞争的专利的行为构成固定价格，并可能适用本身违法原则进行挑战。如果联合推销协议导致资源整合和效率的提高，反托拉斯机构将用合理原则评估该协议。然而，反托拉斯机构对于此案的结论可能会是：反竞争效果相当明显，而所主张的整合与效率相当脆弱，而且它们与所采取的限制措施并非合理地联系在一起，这些因素表明，没有必要对特殊的工业环境进行详细的分析，亦即没有必要适用合理原则。

（一）固定价格、限制产量

在 General Electric 案中，最高法院判决，一个企业可以将其技术许可给其竞争对手，并规定被许可人出售应用其技术制造的产品的价格❶。法院的推理是，如果不允许许可人固定产品价格，那么许可人可以不把其技术许可给被许可人，转而自己制造产品，并设定一个垄断价格，这与固定被许可人的价格是一样的。同理，法院一般情况下也允许许可人限制被许可人的产量❷。

但以上原则有两个例外。第一，许可协议中的价格固定条款不能延伸到非专利产品或方法❸。第二，被许可人如果再将技术许可给第三人，则不能限定第三人出售产品的价格❹。

（二）关于专利许可费

美国法院普遍认为，收多少专利许可费是专利权人的事情，即使收取高额许可费也不违法。

如果专利权人利用专利许可费作为手段，在非许可技术生产的产品上赚取利润，则违反反托拉斯法❺。但是，如果基于非许可技术产品的产量所收取的许可费是出于当事人的方便，而不是垄断势力，则该行为属于合法。例如，假设被许可人受让了一种生产方法专利，被许可人利用这种方法可以提高效率，但所生

---

❶ U. S. v. General Electric Co., 272 U. S. 476, 47 S. Ct. 192 (1926).

❷ U. S. v. Parker-Rust-Proof Co., 61 F. Supp. 805 (E. D. Mich. 1945).

❸ Cummer-Graham Co. v. Straight Side Basket Corp., 142 F. 2d 646, 647 (5th Cir. 1944), cert. denied, 323 U. S. 726, 65 S. Ct. 385 (1965).

❹ United States v. Line Material Co., 333 U. S. 287, 293 – 315, 68 S. Ct. 550, 553 – 564 (1948).

❺ Zenith Radio Corp. v. Hazeline Research, Inc., 395 U. S. 100, 89 S. Ct. 1562 (1969).

产的产品却是一种非专利产品，则专利许可费按照非专利产品的数量收取是合法的。再如，如果被许可人用所受让的生产方法生产部分产品，而另一部分产品不用该方法生产，许可人无法或难以弄清楚哪些用了许可技术、哪些没用。在此种情形下，按照所有产品数量收取许可费也是合法的。

（三）地域和其他限制

在国际知识产权许可协议中，双方最关心的问题之一，时常是在什么样的地理范围内进行授权。许可人可能愿意让被许可人在境外使用其知识产权，而不愿意在许可人本国使用知识产权，以免被许可人成为自己的竞争对手。而被许可人可能愿意获得尽可能大范围的授权。从反托拉斯法的角度来看，并非所有的地区限制都有反竞争性。最明显的，例如发明人在甲国及乙国就同一发明均享有专利权，而发明人将在甲国的专利权授权给他人使用，此时被授权人无法将其所制造的专利物品运往乙国，因乙国的专利权可以排除侵害专利物品进口。因此某一发明在不同国家同时取得专利权的情形，本身即可造成合法的地区划分。如果授权人与被授权人在授权协议中重申这种地区划分，也属合法。

从美国的司法实践来看，专利权人可以合法地将被许可人的销售范围限定在一个特定地区，即使专利权人和被许可人是竞争对手也没关系[1]。美国《专利法》（The Patent Act）明确规定，专利权人所授予的排他性许可可以涉及“美国的任何具体部分”[2]。但是，知识产权许可协议不能是“赤裸裸”的划分市场的协议，这种协议本身违法。

同样，对“使用领域”（field of use）的限制一般而言亦属合法。所谓使用领域的限制，是限制被许可人使用许可技术的产品范围或用途。例如，在 General Talking Pictures[3] 案中，专利权人使用专利技术为剧院生产扩音器，授权被许可人用该专利技术生产收音机。法院认可该协议。

二、转售价格维持

根据美国司法部和联邦贸易委员会 1995 年发布的《知识产权许可领域的反托拉斯指南》，对转售价格维持适用本身违法原则。但在 2007 年 Leegin 案[4]的

---

[1] Ethyl Gasoline Corp. v. United States, 309 U. S. 436, 456, 60 S. Ct. 618, 625 (1940).

[2] 35 U. S. C. A. § 261.

[3] General Talking Pictures Corp. v. Western Electric Co., 304 U. S. 175, 58 S. Ct. 849.

[4] Leegin Creative Leather Products, Inc. v. PSKS, 127 S. Ct. 2705 (2007)。详见第六章。

判决中,最高法院已经确认对转售价格维持案件适用合理原则。因此估计司法部和联邦贸易委员会将根据最高法院的判例修正自己对转售价格维持的态度。

三、搭售安排

搭售安排是指协议的一方出售产品以购买者购买另一种不同的商品为条件,或至少同意他将不从另一个供应商那里购买那种产品。尽管搭售协议可能导致反竞争效果,这种安排也有可能产生较高程度的效率和促进竞争的好处。在以下情况下,反托拉斯机构很可能会挑战该搭售协议:(1)出售者在“主卖品”上有市场势力,(2)协议对于“搭卖品”相关市场上的竞争有负面影响,以及(3)协议所产生的效率不超过其反竞争效果。反托拉斯机构不认为一项专利、版权或商业秘密必然为其所有者带来市场势力。

如果许可一种产品以接受另一种独立的产品为条件,那么打包许可——在一个单一的许可协议或在一组相关的协议中许可多个知识产权——可能是一种形式的搭售协议。在一般情况下,打包许可是促进效率的。例如,当使用一种单一的知识产权需要许多许可时,打包许可可能提高效率。所以打包许可一般而言是合法的。但如果一个打包许可构成一个搭售协议,反托拉斯机构将适用在其他搭售协议中同样的原则评估其竞争效果。

四、排他性交易

在知识产权领域,当一个许可协议禁止被许可人许可、销售、分销或使用相竞争的技术时,排他性交易就产生了。排他性交易安排适用合理原则进行评估。在判断一项排他性交易安排是否可能减少相关市场上的竞争时,美国反托拉斯机构将考虑该安排(1)促进许可人技术的利用和发展的程度,和(2)排除相竞争技术的利用和发展的程度,或限制竞争技术之间的竞争的程度。

排他性交易产生反竞争效果的可能性与相关市场上的排除程度、排他性交易安排的期限以及原料和产品市场的其他特点(例如集中、进入难度以及相关市场价格变化的供需反映)相关联。如果反托拉斯机构认为一项排他性交易安排可能具有反竞争效果,他们将进而评估该限制鼓励被许可人开发和推销被许可技术(或该项技术的专业性适用)的程度,提高许可人开发或改进被许可技术的激励的程度,或者在相关市场上增加竞争和提高产量的程度。

五、交叉许可、联合许可(pooling)

交叉许可是两个或更多的不同项目的知识产权的所有人互相许可所拥有的

知识产权。联合许可是两个或更多的不同项目的知识产权所有人把各自的知识产权放在一起，许可给第三人。如果联合许可的对象是专利技术，我国通常称之为"专利池"(Patent Pool)。这些安排可能通过整合互补技术、减少交易成本以及避免昂贵的侵权诉讼产生促进竞争的好处。通过促进技术传播，交叉许可和联合许可时常是促进竞争的。

但在某些情况下，交叉许可和联合许可可能产生反竞争效果。例如，在联合许可中，如果存在集体定价或限制产量现象(例如以集体定价或协调限制产量联合推销所汇集的知识产权)，而集体定价或限制产量又没有促进参与者之间的资源整合和效率提高，则集体定价或限制产量就是非法的。如果交叉许可或联合许可的目的不过是取得赤裸裸的固定价格或瓜分市场，则反托拉斯机构可能会以本身违法原则挑战这些协议。

在两个专利互相关联的情况下，签订交叉许可协议是解决专利权冲突的一个有效方法，法院一般支持签订这种交叉许可协议。但如果交叉许可涉及横向的竞争对手，反托拉斯机构就要考虑交叉许可是否有减少竞争的效果。如果有减少竞争的效果，而交叉许可协议又不能带来提高效率的好处，则这种协议有可能被作为非法限制贸易而受到挑战。

联合许可协议一般不必对所有愿意加入的人开放。但是，如果协议各方集体拥有市场势力，把某些企业排除出交叉许可协议或联合许可协议之外就可能伤害竞争。一般而言，把某些企业从一个联合许可或交叉许可安排中排除出去不可能有反竞争效果，除非(1)被排除的企业在相关市场上不能与含有被许可技术的商品进行有效的竞争，(2)联合许可协议的参加者在相关市场上集体拥有市场势力。如果这些情况存在，反托拉斯机构将评估协议对参加对象的限制是否与资源整合以及效率提高相关，并将评估限制条件在相关市场上的净效应。

如果协议阻碍或压制了参加者进行研发并因此阻碍了革新，则联合许可的另外一个可能的反竞争效果就发生了。例如，如果一项联合许可协议要求成员方以最小成本对当前和将来的技术彼此授予许可，则可能减少其成员进行研发的动力，因为成员必须共享其成功的研发，每一个成员可以搭其他成员成功的便车。然而，这样一个安排也可能有促进竞争的效果，例如可以利用规模经济以及可以整合联合许可协议成员的互补能力。只有当协议所涉及的潜在研发能力在创新市场上占有较重要的地位的时候，才有可能引起竞争问题。

[案例八]

一、案情

两个企业在生产家庭电子产品的市场上位于领先地位之列。它们拥有专利,这些专利覆盖不同的电路设计。两个制造商把他们的专利转让给一个由这两家公司全资拥有的一个独立子公司。然后该子公司把使用该电路设计的权利许可给其他家庭电子产品制造商,并确定许可费。但两个制造商向独立公司仅仅转让互相制约的专利,也就是说,转让给该公司的专利中没有一项在被使用的时候不侵犯另一专利权的。

二、讨论

该案例涉及两个市场,一是相关技术市场,另外一个是相关商品市场。

第一,因为制造商的专利是互相制约的,所以就其专利技术而言,两个制造商不是竞争对手,不属于横向关系。第二,在技术的使用上,许可安排很可能产生促进竞争的好处,因为许可协议消除了技术使用的障碍。第三,因为每一项专利的使用必须使用另外一个公司拥有的专利,所以两个专利不是互相可以替代的。因此,将专利权联合转让给该全资子公司并不在技术市场上对竞争产生负面影响。

但在相关商品市场上,企业是横向竞争对手,它们都生产家庭电子产品。但如果共同限制不可能抬高相关商品市场或任何其他相关反托拉斯市场上的价格或降低产量,并且该限制可以带来资源整合并提高效率,则反托拉斯机构将不可能挑战这项协议。

六、回头授权

所谓回头授权,是指许可人与被许可人商定,将来被许可人若由原来的许可而有任何发明或发现,应将其授权给许可人。回头授权又分为排他性回头授权和非排他性回头授权。前者是指被许可人将改进后的技术只能授权给许可人;后者是指被许可人除了将改进后的技术授权给许可人外,也授权给其他人。

回头授权可以有促进竞争的效果,尤其是当协议是非排他性的时候。这种安排为被许可人和许可人共担风险提供了一个途径,也激励许可人基于改进后的被许可技术进行进一步的革新。如果回头授权在较大程度上减少被许可人从事研发从而限制在创新市场上的竞争,则它们可能对竞争有负面影响。例如,原来授权人可能借回头授权,更加强化其已经具有的市场力量;而且,由于被授权人的发明必须授权给原来的授权人,所以会丧失其进一步发明的积极性,使得原来的授权人减少竞争者。最高法院已经判决,应当根据合理原则处理回头授权问题,而且多数案件判决回头授权合法❶。

一个非排他性的回头授权使被许可人有权使用其技术并将其许可给其他人使用。这样一个回头授权条款对于保证许可人进行有效的竞争可能是必要的,因为如果没有这样一个条款,许可人可能无法获得根据自己的技术而改进的技术。与排他性回头授权相比,一个非排他性回头授权使被许可人自由向其他人许可改进后的技术,因此较少可能有反竞争效果。

反托拉斯机构将用合理原则评估回头授权条款,根据整个许可协议的整体结构和相关市场的条件考虑其可能的效果。反托拉斯机构分析回头授权的一个重要因素是许可人是否在相关技术或创新市场上有市场势力。如果反托拉斯机构认为一个特别回头授权条款可能在较大程度上降低被许可人改进被许可技术的积极性,则它们将考虑回头授权条款冲销促进竞争效果的程度,例如(1)是否促进被许可人对被许可技术改进的传播,(2)是否增加许可人传播被许可技术的积极性,或者(3)是否在相关技术或创新市场上提高竞争和产量。另外,反托拉斯机构将考虑回头授权条款在相关市场的总体上增加许可人革新的积极性的程度。

七、以收购方式获得知识产权

如果知识产权所有人出售其知识产权,或者一个人通过赠与、买卖或其他方式获得了一个知识产权的排他性许可(这种许可排除其他所有人,包括许可人,使用被许可的知识产权),则两个机构适用合并原则分析这些行为。

[案例九]

一、案情

Omega 开发了一种治疗某种疾病的享有专利权的新药。市场上正在出

❶ See Transparent-Wrap Machine Corp. v. Stokes & Smith Co., 329 U. S. 637, 67 S. Ct 610, rehearing denied, 330 U. S. 854, 67 S. Ct. 859 (1947).

售的治疗此种疾病的唯一药物是Delta公司出售的。Omega的专利药品已基本上完成了审批手续。Omega在产品开发和市场测试上已经投入了很大一笔资金,最初的结果显示,Omega的药品将会是Delta公司的一个强劲的竞争对手。但是,Omega公司却没有作为Delta公司的一个直接竞争对手进入市场,而是许可Delta公司制造和出售Omega的专利药品。给Delta公司的许可协议是非排他性的。然而,Omega拒绝其他公司制造和销售专利产品的要求,尽管那些公司提出的条件与Delta公司的条件相比是合理的。

二、讨论

尽管Omega对Delta的许可表面上是非排他性的,但事实上它是排他性的,因为Omega已经拒绝了其他公司所有合理的要求。案件事实表明,如果没有许可协议,Omega将是Delta一个潜在的竞争对手,因此它们在相关产品市场中属于横向关系。负责评估的机构将适用合并原则分析该交易,因为该交易卷入了一个可能的潜在的竞争对手。

第十一章
国际运输与美国反托拉斯法

国际运输的形式，主要是航运和空运。在这两个领域，不同的反托拉斯规则在起作用。海运领域较为独特，基本上排除了联邦反托拉斯法的适用，代之以航运领域的独特竞争规则，中国学界称之为“海运竞争法”。在空运领域，联邦反托拉斯法一度也是豁免适用的，但自 20 世纪 70 年代放松管制以来，联邦反托拉斯法开始普遍适用，仅在国际协作合同方面，还有些微不同。本章主要介绍美国海运和空运领域的反托拉斯规则。

第一节　美国的海运竞争法[1]

一、美国海运竞争法的历史

19 世纪 80 年代末期，海运运力超过需求，引起航运费率降价大战。为了稳定市场，航运经营者们开始组成承运人公会[2]，商定费率，协调货物运输，以及分配收益。为了达到效果，承运人公会必须争取尽可能多的航运公司加入公会，同时必须尽可能减少来自独立承运人的竞争。

[1] 本节内容曾发表于《中国海商法协会通讯》2004 年第 2 期，全文题目为《论竞争法在国际海运领域的适用》。

[2] 承运人公会是指，承运人根据一个被批准的或有效的协议而成立的协会，其目的是采取联合行动和使用一个共同的运价本。请注意美国法上使用的承运人公会的概念比欧盟法所使用的班轮公会的概念要宽。

早期公会采取了一系列手段排挤独立承运人,其中最常见的手段之一是"延期回扣"(deferred rebate)。延期回扣是指,如果托运人将其所有或一部分货物在一个固定的期间内交给承运人公会的成员运输,则承运人承诺给予托运人一定的折扣,但折扣要推迟到运输完成之后,并且只有在托运人签订一个新的合同,同意将更多的货物交给该承运人公会的成员托运之后才支付。如果托运人选择非承运人公会成员,则将丧失折扣。另外一个常用的手段是拒绝交易。如果托运人使用了非承运人公会成员的船舶,承运人公会将拒绝向该托运人提供服务。

承运人公会的反竞争行为最终引起了美国国会的重视。摆在国会面前有两条路:或者适用反托拉斯法解散公会;或者在海运领域豁免适用反托拉斯法,但同时对公会行为进行管制,消除某些恶劣的反竞争行为。国会最终选择了后者,因为国会担心强制解散公会将引发新的费率大战,并导致航运业进一步集中。并且,国会没有权力解散在美国境外成立的公会,如果仅解散美国的公会,将使美国承运人处于不利的地位。

1916 年,美国通过了第一部《航运法》(the Shipping Act of 1916)。该法要求承运人向美国航运委员会(the US Shipping Board)提交他们之间签订的协议。如果协议得到批准,则排除适用美国的反托拉斯法。同时,该法也允许承运人公会固定费率❶和进行其他行为,但禁止歧视性费率和服务,也禁止使用延期回扣和低于成本价等手段排挤竞争对手。1961 年,美国对《航运法》进行了修改。修改后的《航运法》虽然坚持了其反托拉斯法豁免立场,但在许多方面进行了限制,如允许双费率合同(dual-rate contract,即如果托运人将其货物独家交付一个承运人公会运输,则可以享受比该公会统一费率更低的费率),规定承运人之间的协议不能与公共利益相冲突,要求公会对所有够资格的成员敞开并允许公会成员自由退出。修改后的法律还要求所有的承运人和公会向航运委员会提交包含所有费率和额外收费(rates and charges)的运价表,并向公众公开。

1984 年,美国通过了新的《航运法》。该法继承了 1916 年《航运法》在竞争

---

❶ 竞争对手之间签订固定费率的协议是竞争法所禁止或限制的行为,因为它们排除了竞争对手之间开展竞争。航运法允许、容忍这些行为的存在,因而实际上是豁免适用竞争法的规定。

问题上确立的原则，规定承运人之间签订的某些类型的协议不适用反托拉斯法❶。但所有这些协议必须在生效之前提交联邦海事委员会(Federal Maritime Commission，FMC)审查，以保证其符合《航运法》和联邦海事委员会规章的要求。《1984年航运法》同时还包含防止承运人滥用反托拉斯法豁免的条款以及促进承运人之间开展竞争的规定❷。《1998年海运法》(the Ocean Shipping Act of 1998)对1984年的法律进行了进一步的改革，增加了对反托拉斯法豁免的限制。这次修改总起来讲促进了海运市场上的竞争。由于这次修改的具体内容已经变成了1984年法律的一部分，所以我们在以下的部分将不再具体指明修改的具体内容，而是与1984年的法律一并论述。

美国是执行竞争法最严厉的国家，为什么允许在海运市场上豁免适用竞争法？按照美国联邦海事委员会主席Harold J. Creel, JR.先生的解释，主要是因为国际海运市场有其特殊性，不宜将其与一般的市场等同对待。他认为：第一，除了要具备较大的资本外，海运市场没有其他进入障碍；第二，货物运输量具有周期性，并且在许多贸易中货物运出量和运入量是不平衡的；第三，由于在世界范围内广泛存在对造船业和承运人的补贴，所以海运业长期受运力过剩的困扰；第四，对航运的需求受季节和经济波动的影响非常大；第五，承运人同时受数个国家法律或规章的影响。鉴于此，允许承运人进行一定的协调是必要的。❸

二、豁免适用竞争法的具体规定

《1984年航运法》第七条规定：总体而言，美国的反托拉斯法不适用于承运人公会的协议、海运承运人之间的协议、承运人公会之间的协议、船舶共享协议以及劳资谈判方面的协议等，也不适用于该法规定范围内的联合行动。

该法所豁免的协议的具体类型包括：对费率、货物空间协调或其他服务条件的讨论、固定或管制；运输业务、收入、利润或亏损的集中或分担；港口的分配或起航的管制；对货物运输量或所运输的货物性质的限制或管制；进行排他性的(exclusive)、优先性的(preferential)或合作性的(cooperative)工作安排；控制、管制或阻止国际海洋运输领域的竞争；讨论并就任何涉及服务合同方面的事项达

---

❶ 关于所豁免的协议的具体类型，见本章二“豁免适用竞争法的具体规定”。

❷ 见本章三“豁免适用竞争法的限制”。

❸ Statement of the Honorable Harold J. Creel, JR. (Chairman, Federal Maritime Commission) before the committee on the judicial United States House of Representatives, May 5, 1999.

成一致。[1]

以上任何协议都必须提交联邦海事委员会进行审查。如果委员会没有拒绝,则协议自提交审查后第45 日生效。但在这个期间内,委员会可以要求提交补充信息或材料,生效日期也从材料补齐之日起计算。[2] 任何已经提交并已生效的协议都豁免适用反托拉斯法。另外,对于根据一个已提交并生效的协议而实施的行动或签订的协议,或其本身是一个不需要提交或公布的任何行动或协议,反托拉斯法也不适用。

根据第七条的规定,反托拉斯法豁免不能被延伸到以下协议:(1)与航空、铁路、汽车承运人或不受《1984 年航运法》管辖的航运承运人签订的协议或他们之间签订的协议;(2)受《1984 年航运法》管辖的航运承运人之间就整体运费(through rate)中的应付给内陆承运人的部分(注意不是航运承运人向公众提供的整体运费中的内陆部分)所进行的讨论或签订的协议;(3)受《1984 年航运法》管辖的航运承运人就建立、经营或维持一个海运码头所达成的协议;(4)任何忠诚合同(loyalty contract)[3]。

同时,涉及海运企业的兼并问题,不受《1984 年航运法》的管辖,因而不能享受反托拉斯法豁免。[4]

三、豁免适用竞争法的限制

尽管美国基于国际海运市场的特殊性豁免适用竞争法,但它并没有完全否认竞争对国际海运市场健康发展的重要性。如果在一个市场上反竞争行为可以肆无忌惮、大行其道,必然给消费者的利益带来极大损害,同时也给一个国家的整体经济带来不良影响。因此,为了尽可能地消除反竞争行为带来的消极后果,美国法律也采取了不少措施,限制承运人或其组织滥用反托拉斯豁免谋求不正当利益。这些措施主要有:

1. 美国《1984 年航运法》包括不少条款,防止承运人不正当地利用反托拉

[1] 见该法第4 条。
[2] 见该法第6 条。
[3] 忠诚合同是指托运人与海运承运人签订的合同或达成的协议,托运人根据这个合同或协议将其所有的或确定部分的货物交给该承运人运输或按照协议规定的内容运输,并且该合同就延期回扣作出了规定。
[4] 见《航运法》第4(c)条。

斯豁免。例如，它要求承运人公会协议必须具备合理和平等的条款，允许承运人加入或重新加入该班轮协会；必须允许承运人公会的任何成员退出该公会，且不能给予任何惩罚，只要该成员在合理的期限内通知了承运人公会[1]。这样规定主要是为了防止部分承运人利用承运人公会协议排挤竞争对手、限制或消除海运市场上的竞争。

该法第十条规定，任何承运人公会或者两个以上的承运人不得进行下列反竞争行为：

(1)联合抵制交易(boycott)，或采取其他任何导致不合理地拒绝交易的联合行为；

(2)从事不正当地限制使用多式联运服务或技术革新的行为；

(3)进行掠夺性定价(即以低于成本价格进行竞争)，意在排除其他经营者进入该市场；

(4)与一个或一组非海运承运人，例如汽车、铁路或航空运输承运人，商讨有关费率或服务，除非这种商讨或由此产生的协议不违反反托拉斯法且与航运法的目标相一致；

(5)为承运人分配顾客。

该条同时禁止承运人的一些不公平竞争行为，如恶意排斥其他承运人的老顾客，不合理地拒绝与托运人谈判或交易等。

2. 允许承运人公会成员采取独立行动(independent action)。所谓独立行动，是指承运人公会成员可以设立自己的、不与承运人公会一致的费率或服务条件。对于承运人公会内部的协议而言，《1984 年航运法》第 5(b)(8)条规定，承运人公会的任何成员有权就任何费率或服务条件采取独立行动，只要在采取该行动 5 日之前通知承运人公会即可。承运人公会要把新的费率或服务条件包括在其运价本内(被准许不在承运人公会运价本公布的商品除外)，新的费率或服务条件在承运人公会接到通知后 5 日内生效。不仅最先采取独立行动的承运人公会成员可以采用新的费率或服务条件，而且其他成员在通知承运人公会后也可采用。对于承运人公会之间的协议而言，根据该条(c)项的规定，同样允许任何一个承运人或任何一个承运人公会采取独立行动。

---

[1] 见《1984 年航运法》第 5(b)条。

允许采取独立行动，是《1984 年航运法》所规定的一个非常有利于竞争的措施。它是对承运人公会利用确定费率或服务条件进行排除或限制竞争行为的极大削弱，意味着承运人不仅面临着承运人公会之外的独立承运人的竞争，而且面临着承运人公会内部的承运人之间的竞争。在美国贸易中，独立行动的应用还是很广泛的。例如仅在 1998 年，"泛太平洋西行费率协议"的成员就采取了 1208 次独立行动，在北大西洋贸易中，公会成员采取了 671 次独立行动[1]。

3. 允许签订秘密的服务合同（service contract）。所谓服务合同是指一个或多个托运人与一个单一的海运承运人之间签订的书面合同（货物清单或收据除外），或者是海运承运人之间签订的协议，根据这个合同或协议，托运人承诺在一段确定的时间内交付一定数量的货物，海运承运人承诺给予某种优惠费率和某种明确的服务水平，例如有保证的舱位、运输时间等。根据《1984 年航运法》第 5（c）条的规定，一个海运承运人的协议不能禁止或限制协议的当事人与一个或多个托运人就服务合同问题进行谈判，不能要求协议的当事人公开服务合同的谈判情况和合同的条件（除非按照航运法的要求必须公开），也不能规定影响协议当事人谈判或签订服务合同权利的强制性的规则或条件。

允许签订秘密服务合同同样是对促进竞争非常有力的措施。它意味着，尽管承运人之间可以签订协议限制他们之间的竞争，但承运人可以不遵守这个协议。根据经济学家的观察，一个限制竞争的协议其实是很难执行的，因为每一个当事人都希望别人遵守协议，而自己不遵守，以便通过秘密降低自己价格的手段来争取更大的市场份额。所以签订了一个限制竞争的协议之后，对于协议的参加人来说，当务之急就是采取措施发现和惩罚不遵守协议的人，以保证协议得以有效的执行。而《1984 年航运法》允许签订秘密合同，就等于是掐断了发现当事人背离协议的途径，使得一个限制竞争的协议难以发挥其作用。

4. 设立联邦海事委员会，监督协议的订立和执行。我们上面提及的豁免适用反托拉斯法的协议，都要向这个委员会提交，委员会对其进行审查，以保证协议符合航运法和其他规章的要求。对于一个已经提交或生效的协议，如果海事委员会认为它可能减少竞争并且可能不合理地减少运输服务，或者可能不合理

[1] Statement of the Honorable Harold J. Creel, JR. (Chairman, Federal Maritime Commission) before the committee on the judicial United States House of Representatives, May 5, 1999.

地增加运输费用,那么它可以向法院申请救济令(Injunctive Relief),要求禁止该协议的执行❶。

四、美国海运竞争法的发展趋势

尽管对于国际海运市场,发达国家基本上采取了豁免适用竞争法的态度。但这一状况多年来不断受到抨击,并在20世纪90年代后期达到顶峰。从1995年开始,作为发达国家俱乐部的OECD开始对这一问题进行调查与研究,并于2000年发布了一个报告。这个报告呼吁取消在国际海运市场上的竞争法豁免。在美国,Henry J. Hyde议员于1999年向议院提交了一个称为"自由市场反托拉斯豁免改革法"(Free Market Antitrust Immunity Reform Act of 1999)的法案,目的在于废除目前国际海运市场上的反托拉斯法豁免。

总体来看,受利益的驱使,承运人以及班轮公会赞成继续对这一领域适用竞争法豁免,托运人及其组织则强烈反对豁免。以下我们对赞成和反对豁免适用竞争法的观点进行简要的介绍和评述。

(一)赞成豁免的人认为,海运市场是一个不同于其他市场的独特的市场。例如货物运输量有明显的周期性,进出港口的货物量也是不平衡的,同时在目前海运市场上运力过剩,因此需要协调。反对豁免的人认为,海运市场与其他市场没有什么不同,既然航空、铁路能够放开竞争,海运领域为什么不能?航空、铁路领域的竞争并没有带来诸如价格剧烈波动、毁灭性竞争等问题。事实上,很多领域都强调"独特性",但是当放开竞争的时候,这些领域与其他领域没什么不同。

(二)赞成豁免的人认为,如果没有竞争法豁免,海运市场会发展成一个寡头垄断的市场,因为竞争会造成小企业的倒闭。反对的人认为,享受竞争法豁免更容易导致寡头垄断,因为更有利于他们协调一致,因为任何协调一致的行动都不会受到法律的追究。

(三)赞成的人认为,海运市场运力过剩,竞争法豁免会使企业避免因运费的不稳定造成的毁灭性打击。反对的人则认为,正是缺乏竞争造成了海运市场的运力过剩,因为垄断高价吸引企业不断进入这个市场。同时,从其他市场上的经验来看,运力过剩能使运输的使用者享受到低廉的价格,因而对于消费者是有利的。

---

❶ 《1984年航运法》第6(g)、(h)条。

（四）在美国，赞成豁免的人认为，竞争法豁免对维持一个美国的船队是必需的。反对的人则认为，如今实际上并没有，或者至少是很少，悬挂美国国旗的船舶，所以豁免所保护的是外国船舶的拥有者，而美国的托运人则不得不支付较高的价格。其实这一讨论也适用于其他国家。海运市场相当国际化，本来为保护本国企业所设计的豁免，实际上受益的却是其他国家的企业。

从目前的情形来看，反对继续在国际海运市场上豁免适用竞争法的呼声比较高。但以下两点原因决定了这个豁免在短期内恐怕还要继续存在。第一是《1974年联合国班轮公会行动守则公约》的存在。这个公约对班轮公会所下的定义本身就包括统一的费率。几十个国家，包括欧洲发达国家，加入了这个公约。如果作为国际法的班轮公会公约允许统一定价，国内法则很难作出相反的规定。第二，海运市场的国际性非常强。同一条航线要受不同国家法律的管辖。现在大部分国家的竞争法对海运市场是豁免的。如果要改变这种做法，需要很多国家采取较一致的行动，这是很难做到的。

但是，从长期来看，取消海运市场上的竞争法豁免是可能的，因为第一，作为发达国家俱乐部的OECD已经发出了取消豁免的呼吁，这个呼吁势必影响各个成员国的态度。第二，如果美国和欧盟能够带头修改现在的做法，对其他国家的影响也是非常显著的。总之，从短期来看，竞争法豁免恐怕会继续在国际海运市场上存在，而从长期来看，则存在着取消豁免的趋势。我国的海运竞争法应该审时度势，增加有利于竞争的规定，这对我国海运市场的健康发展是有利的，也符合国际发展的潮流。

分析：中国海运竞争法的特点

中国的海运竞争规则的法律渊源主要是2001年颁布的《中华人民共和国国际海运条例》（以下简称《海运条例》）。该条例关于竞争的直接规定具体体现在第22、27、35、36条和第50条，主要有以下几个特点：

一、采取了行业管理部门与竞争主管部门联合管理的体制。《海运条例》第36条规定：“国务院交通主管部门实施调查，应当会同国务院工商行政管理部门和价格部门共同进行。”第50条又规定：“依据调查结论应当给予行政处罚或者有本条例第27条所列违法情形的，由交通主管部门、价格主管部门或者工商行政管理部门依照有关法律、行政法规的规定给予处罚。”这个体制非常具有中国特色，既不同于美国，也不同于欧盟。美国专门设立了联邦海事委员会负责海运市场的管理。欧盟则由竞争主管部门欧盟委员会负责海运市场的竞争事宜。

二、对各种协议的规定，也走了一条有中国特色的道路，基本上是美国和欧盟体制的综合。《海运条例》第22条规定：“从事国际班轮运输的国际船舶运输经营者之间订立涉及中国港口的班轮公会协议、运营协议、运价协议等，应当自协议订立之日起15日内将协议副本向国务院交通主管部门备案。”

从这一条可以看出以下两个特点：

第一，中国不禁止上述协议的制定，不认为制定这些协议本身就是违法。至于是否违法，要看协议是否产生损害公平竞争的后果。

第二，中国法律所允许的协议，范围比欧盟的规定要宽。欧盟海运竞争法仅豁免班轮公会和联营组织的协议，而中国的法律则既允许班轮公会的协议，也允许船舶经营者之间订立的运营协议和运价协议。美国海运法所豁免的协议的范围与中国法律的规定类似，但美国法律要求在协议生效之前要得到联邦海事委员会的批准，中国法律则仅要求备案，协议的生效并不要求得到交通主管部门的批准。

三、某些条款的规定欠科学，容易产生反竞争的效果。第27条第（一）项规定：“经营国际船舶运输业务和无船承运业务，不得以低于正常、合理水平的运价提供服务，妨碍公平竞争。”这一条初步看上去对保护竞争是有利的，但实际上有可能造成反竞争的效果。因为所谓正常、合理水平的运价，按照《海运条例实施细则》的解释，是指“同一行业内多数经营者的运价水平以及与被调查人具有同等规模经营者的运价水平”。如果是这样的话，行业内运营成本比较低、效率较高的企业所定运价只能参考行业内多数企业的定价，如果低于“正常水平”，则有可能受到调查或惩罚，这就意味着企业无法进行正常的价格竞争。因此，所谓运价水平的衡量，不能以平均水平为准，要根据企业的具体情况确定。

四、我国法律的规定缺乏鼓励竞争的规定，既缺乏美国法律中的类似于独立行动、秘密合同的规定，也缺少类似于欧盟法律对豁免附加条件和义务的规定,这对促进海运市场上的竞争是非常不利的。

第二节 国际空运领域的联邦反托拉斯规则

一、美国反托拉斯规则在国际空运领域的沿革

在空运领域,1938 年的《民用航空法》(the Civil Aeronautics Act)也规定了反托拉斯法豁免条款。该法规定,航空公司的合并,航空公司之间任命连锁董事和管理人员,航空公司在工作上的合作,例如就费率和飞行时间表达成协议等,不适用美国反托拉斯法。在制定《民用航空法》的时候,美国航空工业已经是世界上最强大的。所以美国在航空领域制定反托拉斯法豁免条款主要目的不是保护美国公司在外国市场上的竞争能力,而是出于对国内市场的考虑。在制定《民用航空法》之前,美国航空公司发生了几次价格大战。特别是在竞争邮政合同的时候,各航空公司更是竞相压低费率。价格大战导致航空公司利润锐减,并因此导致进入航空工业的投资降低。美国国会希望加强美国的航空工业,以保证在战时以及和平时期的运输,而反托拉斯法豁免是加强美国航空工业措施的一部分。

20 年后,美国国会废除了《民用航空法》,制定了新的《联邦航空法》(the Federal Aviation Act),但以上这些豁免条款仍然出现在新的法律中,没有大的变化。

变化发生在 20 世纪 70 年代。1978 年的《放松空运管制法》(the Airline Deregulation Act of 1978)使空运从一个被管制的领域逐渐过渡到一个竞争的领域,美国反托拉斯法不再被排除适用。到目前为止,美国反托拉斯法全面适用于空运领域。一个唯一的例外是,对于美国航空公司与外国航空公司之间达成的合作协议,运输部(the Department of Transportation, DOT)有权给予反托拉斯豁免,美国司法部可以提供意见。

二、关于国际航空协议豁免的具体规定

如果一个美国航空公司与外国航空公司签订合作协议,它们可以向运输部长提交一份协议(如果属书面协议)或者协议的完整备忘录(如果属口头协议)。对该协议的修改或取消,也可向运输部长提交。

运输部长如果认为该协议不违背公共利益,则应予批准。如果运输部长认

为该协议减少或消除竞争，则应当不予批准，除非运输部长认为该协议对于满足重要的运输需要实属必要，或对于获得重要的公共利益（包括国际礼让和外国政策的考虑）实属必要，并且，没有其他方式（较少影响竞争的方式）可以满足该运输需要或取得该公共利益。

当合作协议提交之后，运输部长应当通知总检察长和国务卿，为他们提供表达意见的机会。运输部长可以就该协议召开听证会。

三、关于国际代码共享协议（international code sharing agreements）

代码共享，是目前航空公司的通常做法。但它却没有确切的含义。在最窄的意义上，代码共享是指一个航空公司允许另外一个航空公司使用其电脑订位系统，出售飞行在某航线上的飞机的座位，而在该航线上，第二个航空公司无法与第一个航空公司形成竞争。在较宽的意义上，代码共享是指市场开发和运作的整合，包括在价格、运力、航班时刻等事务上共同决策。

对于所有美国国内的代码共享协议，美国反托拉斯法无疑是适用的。对于国际代码共享协议，如果运输部长没有给予豁免，则美国反托拉斯法同样适用。

美国反托拉斯主管机构认为，在某些情况下，代码共享协议可能有利于竞争。例如，它们可以产生新的服务，改进现在的服务，减少支出，提供效率。但代码共享协议也可能产生反竞争效果。例如，航空公司可以代码共享为名，行划分市场、限制运力、提高运价、封杀竞争对手之实。反托拉斯主管机构的任务，就是将促进竞争的协议与反竞争的协议区分开来。

在对代码共享协议进行调查时，反托拉斯主管机构首先要定义相关市场，衡量市场集中程度以及协议当事人的市场份额。反托拉斯主管机构尤其关心协议当事人是否是实际的或潜在的竞争对手。如果同一条航线上的航空公司数量本来就不多，而其中两个又要代码共享，则会引起反托拉斯主管机构的极大关注。在定义以及测度相关市场之后，反托拉斯主管机构将考察该协议对竞争所可能产生的负面效应。在这个阶段，反托拉斯主管机构主要关心协议当事人是否仍然独立就其运力、航班时刻以及价格作决定。所谓独立，是看当事人是否更有动力出售其独立运作的飞机座位，而不是更有动力出售代码共享合伙人的座位；另外，也看当事人是否有动力降低价格和提供运力，以获得更大的市场份额。如果当事人的独立决策成问题，主管机构必须考虑市场进入情况。如果其他竞争对手可以容易、及时地进入该市场，则代码共享协议较不可能产生协议当事人的市场势力。总之,反托拉斯主管机构将就与代码共享协议有关的市场状况进行全面考察,并根据每个案件的具体情况对竞争状况进行评估。

分析:美国航空公司与TACA集团的代码共享协议

1998年,几个美国航空公司与TACA集团将其签订的代码共享协议递交运输部,请求批准。TACA集团包括6个中美洲公司,所提供的服务涵盖哥斯达黎加、厄瓜多尔、危地马拉、洪都拉斯、尼加拉瓜和巴拿马。在几乎所有迈阿密和上述中美洲国家的中心城市之间的航线上,都有美国航空公司与TACA集团的某个航空公司提供的互相重合的直达航班服务。1997年夏天,美国航空公司所提供的所有每日21个往来美国和中美洲中心城市之间的直达航班,都属此类航班。TACA集团提供的每日8个往来美国和中美洲中心城市之间的直达航班,有7个属于此类航班。换言之,在互相重合的迈阿密——中美洲中心城市的直达航班中,美国和TACA所占的市场份额为88%—100%。同时,美国航空公司为之提供直达航班服务的、往来美国和较小的中美洲城市之间的旅客数目,或者反过来,TACA集团为之提供直达航班服务的、往来中美洲中心城市和美国迈阿密以外的城市之间的旅客数目,只占往来中心城市之间的旅客数目的一个很小的百分比。况且,这些旅客当时可以简单地通过转换到TACA集团或美国航空公司的已经提供的航班,获得中心城市之外的城市的服务。因此,美国/TACA集团航班网络的扩展,只对一小部分旅客(他们的起点和终点都不是中心城市)带来好处。美国司法部认为,该代码共享协议所声称的效率好处实际上非常轻微,而对竞争所可能造成的危险将不可避免地存在。美国司法部建议运输部不予批准该协议。

参考书目

1. ABA Section of Antitrust Law, *Antitrust Law Developments(5th ed. 2002)*.
2. Herbert Hovenkamp, *Federal Antitrust Policy: The Law of Competition and Its Practice*, West Publishing Co., 1994.
3. Ernest Gellhorn and others, *Antitrust Law and Economics: in a Nutshell*, 5th edition, West Publishing House, 2004.
4. Phillip Areeda and Louis Kaplow, *Antitrust Analysis: Problems, Text, Cases*, Fifth edition, Aspen Law & Business, 1997.
5. Wilbur L. Fugate, *Foreign Commerce and the Antitrust Laws*, Forth Edition, Volume I, II, Little, Brown and Company, 1991.
6. Earl W. Kintner and Mark R. Joelson, *An International Antitrust Primer*, Macmillan Publishing Co., Inc., 1974.
7. Don E. Waldman, *The Economics of Antitrust: Cases and Analysis*, Little, Brown and Company, 1986.
8. Phillip I. Blumburg, *The Law of Coporate Groups: Statutory Law-General*, Little, Brown and Company, 1989.
9. 吉尔伯特·C. 菲特等著:《美国经济史》,司徒淳、方秉铸译,辽宁人民出版社 1981 年版。
10. 马歇尔·C. 霍华德著:《美国反托拉斯法与贸易法规——典型问题与案例分析》,孙南申译,中国社会科学出版社 1991 年版。
11. 黄东黎主编:《国际经济法》,社会科学文献出版社 2006 年版。

策划编辑:李春林
责任编辑:张 立
装帧设计:周涛勇
责任校对:吕 飞

图书在版编目(CIP)数据

穿行于规则之间——中国对美贸易与美国反托拉斯法/王长斌 著.
-北京:人民出版社,2009.11
ISBN 978-7-01-007976-9

Ⅰ.穿… Ⅱ.王… Ⅲ.①中美关系-双边贸易-研究②反托拉斯法-研究-美国
Ⅳ.F752.771.2 D971.222.9

中国版本图书馆 CIP 数据核字(2009)第 088390 号

穿行于规则之间

CHUAN XING YU GUI ZE ZHI JIAN

——中国对美贸易与美国反托拉斯法

王长斌 著

人民出版社 出版发行

(100706 北京朝阳门内大街 166 号)

北京新魏印刷厂印刷 新华书店经销

2009 年 11 月第 1 版 2009 年 11 月北京第 1 次印刷

开本:710 毫米×1000 毫米 1/16 印张:17

字数:280 千字 印数:0,001-5,000 册

ISBN 978-7-01-007976-9 定价:36.00 元

邮购地址 100706 北京朝阳门内大街 166 号

人民东方图书销售中心 电话 (010)65250042 65289539